R & K

„Tausend Jahre wie ein Tag ..."

Das zweite Jahrtausend im Spiegel von zehn Tagen

herausgegeben von

BERND H. STAPPERT

Würzburg
Religion & Kultur - Verlag
2001

Die Radioessay-Reihe „Tausend Jahre wie ein Tag ...“ wurde erstmals vor der „psychologischen“ Jahrtausendwende zwischen 20. September und 22. November 1999 im Südwestrundfunk ausgestrahlt und vor der „mathematischen“ Jahrtausendwende zwischen 16. Oktober und 18. Dezember 2000 – ebenfalls auf SWR 2 – wiederholt.

Die Deutsche Bibliothek – CIP-Einheitsaufnahme

„Tausend Jahre wie ein Tag ...“ Das zweite Jahrtausend im Spiegel von zehn Tagen. Würzburg : Religion-und-Kultur-Verl. – 2001.

NE: Bernd H. Stappert [Hrsg.]

ISBN 3-933891-08-6

Elektronische Datenverarbeitung, Layout des Textes und Umschlaggestaltung: Holger Hunger

© 2001   Religion & Kultur Verlag, Bismarckstr. 15,
          D – 97080 Würzburg
          http://members.aol.com/rkverlag

ISBN 3-933891-08-6

INHALTSVERZEICHNIS

VORWORT

Schon ein Jahrhundert, ein „saeculum" zu erfassen, ist schwierig, überdauert es doch die Lebenszeit und so auch die Erinnerung der meisten Menschen: Stets geht es im Rückblick also zumindest um Wissen aus zweiter oder dritter Hand. Wie also nicht nur einem Jahrhundert, sondern einem ganzen Jahrtausend begegnen?

Als ich Mitte der Neunziger Jahre überlegte, ob und – wenn ja – wie im Radioessay des Süddeutschen Rundfunks Jahrhundert- und Jahrtausendwechsel thematisiert werden sollten, führten mich die Relativierungen der Reflektion in vielerlei Sackgassen. Doch dann konstellierte sich die Idee, im Rahmen einer zehnteiligen Essayreihe jeweils einen Tag vom 11. bis zum 20. Jahrhundert auszuwählen, einen einzigen Tag, der eminent war für das jeweilige Jahrhundert, von Bedeutung aber auch für die nachfolgenden Zeiten.

Viele Gespräche und Korrespondenzen mit prospektiven Autoren und schließlich mit den zehn Fachleuten, deren Arbeiten dieses Buch wiedergibt, schlossen sich an, bis die zehn Tage ausgewählt waren und dann das Geschehen dieses einen Tages im zweiten Jahrtausend christlicher Zeitrechnung in einem Essay dargestellt war: Das Geschehen in seiner Genese und seiner Wirkmächtigkeit bis heute.

Der äußere Rahmen war klar umrissen, begrenzt auch durch die christliche Prägung dieser Zeitrechnung auf das Abendland – geographisch wie mental. Was sich dennoch an Diversität und Identität herausstellte, das kann allein die Lektüre der Essays erweisen: Nennen will ich nur einige gleichbleibende Grundlinien wie das Gegenüber von Individuum und Gemeinschaft als Spannungsverhältnis und Ergänzung – sowohl in der Vision und dem Appell Heinrichs III. im 11. Jahrhundert wie dem Handeln von Sophie und Hans Scholl im 20. Jahrhundert; da ist des Weiteren die drängende Frage nach der Heilsgewissheit bei Franziskus von Assisi, bei Martin Luther und bei Blaise Pascal mit jeweils verschiedenen Motivationen und Antwortversuchen, eine Frage, die sich in säkularisierter Form wiederfindet in der Sinnfindungssuche der Aufklärer des 18. Jahrhunderts, im Toleranzbegehren eines Jan Hus oder im Widerstandsmut der „Weißen Rose". Die gewichtigste Evidenz war für mich aber, als sich das Mosaik der zehn Essays mehr und mehr zusammenfügte, der Einblick in die Wirkmächtigkeit des Einzelnen, und dass gerade deshalb das Geschehen an einem einzigen Tag gerade so ablief im weiten Meer von Jahrhunderten, ja eines ganzen Jahrtausends.

Welche Verantwortung für das eigene Handeln und welche ethischen Folgerungen sich daraus ergeben, konnte und kann wiederum nur jeder Einzelne selbst ermessen und für sich in Beziehung zu seinen Einbindungen in Gruppen und Gesellschaften immer wieder neu justieren.

Die Essayreihe „Tausend Jahre wie ein Tag...“ wäre ohne die Dialogbereitschaft der zehn Autoren und ohne die großartige Assistenz von Ulla Baum und Monika B. Hoernisch so nicht zustande gekommen: Ihnen und Dr. Stefan Hilsbecher, der die Studioaufnahmen der Radioessays seit vielen Jahren in freundschaftlicher Zusammenarbeit gestaltet, gilt mein herzlicher Dank.

Bernd H.Stappert

Die Utopie der einen Welt
– Das 11. Jahrhundert –

BERNARDIN SCHELLENBERGER

Der 5. Juli 1044 – ein Tag im zweiten Jahrtausend christlicher Zeitrechnung, der Tag, an dem der deutsche König Heinrich III. auf dem Zenit seiner Macht in einem befriedeten Mitteleuropa den Traum der einen Welt träumte: barfuß und in härenem Gewand.

Bernardin Schellenberger schildert in seinem Essay den Sieg Heinrichs III. in der Schlacht bei Menfö an der Raab und zieht die Linien in Vergangenheit und Zukunft, die Heinrichs Utopie der einen Welt möglich machten und zerstörten: Das Wiedererwachen des römischen Papsttums, der Paradigmenwechsel hin auf Kreativität und Individualität, die Kreuzzugsbewegung und der bedeutende Einfluss, den Eremiten, Mönche und Häretiker gewannen.

Die Utopie des geeinten Europa, der Traum der einen Welt, virulent am 5. Juli 1044 und immer noch wirksam im zwanzigsten Jahrhundert. Genügend Anlass, sich über die Relativität und Bedeutung eines einzigen Tages in tausend Jahren Gedanken zu machen. (St)

Man schreibt den 5. Juli 1044 im Feldlager des deutschen Königs. Und es ist am Abend dieses siegreichen Tages, als dort in Menfö an der Raab ein denkwürdiges Schauspiel stattfindet: Man sieht den sechsundzwanzigjährigen König Heinrich barfuß und in härenem Gewand vor einer Reliquie des heiligen Kreuzes in die Knie sinken, und die Umstehenden, die diesen Genuflex spontan nachahmen, vernehmen aus dem Munde ihres Königs, er wolle jedem, der irgendwie gegen ihn gefehlt habe, verzeihen und fordere alle auf, auch untereinander zu Frieden und Versöhnung zurückzukehren.

Es ist der 5. Juli 1044 und der deutsche König Heinrich III. hat soeben in der Schlacht bei Menfö den selbst ernannten ungarischen König Samuel-Abas besiegt. Dieser Usurpator hatte drei Jahre zuvor den rechtmäßigen Ungarnkönig, Peter I., in einer Revolte vertrieben. König Heinrich setzt nach diesem Sieg Peter I. wieder in seine Herrschaft ein. Dieser dankt ihm umgehend mit dem Vasalleneid. Erstmals besitzt damit der deutsche König die Lehenshoheit über alle drei östlichen Nachbarländer seines Reiches: 1041 waren bereits Böhmen und Polen unterworfen worden. Mit den westlichen Nachbarn lebt der deutsche König zu diesem Zeitpunkt nicht nur in gutem Einvernehmen, er ist mit einigen von ihnen sogar verwandt: seine im Jahr 1038 verstorbene erste Frau Gunhild war eine Tochter des Königs Knut von England und Dänemark, und im November 1043 hat er in zweiter Ehe Agnes von Poitou, die Tochter des Wilhelm von Aquitanien geheiratet. Frankreich und Burgund versuchen zwar gerade, Gottfried II. dabei zu unterstützen, ganz Lothringen zu gewinnen; doch ist das nur eine geringe Gefahr, die bereits 1045 behoben werden kann. So steht König Heinrich III. im Sommer 1044 auf dem Zenit seiner Macht in einem allseits befriedeten Mitteleuropa; der staunende zeitgenössische Chronist verzeichnet einen „bislang unerhörten Frieden", „pacem hactenus inauditam". Ein gutes Jahrzehnt zuvor hatten sich zwar Pläne der Heirat Heinrichs mit der Tochter des Kaisers von Byzanz zerschlagen; aber dass diese Möglichkeit überhaupt erwogen wurde, zeigt, wie großräumig jetzt in Mitteleuropa politisch gedacht und gehandelt wurde: 972 hatte sich bereits einmal ein Kaiser, nämlich Otto II., mit einer oströmischen Kaisertochter vermählt, mit Theophanu.

Am Abend des siegreichen 5. Juli 1044 findet also dieses denkwürdige Schauspiel statt: König Heinrich, barfuß und in härenem Gwand, vor einer Reliquie des heiligen Kreuzes auf den Knien, und auf den Lippen die Aufforderung, zu Frieden und Versöhnung zurückzukehren. Bei des Königs Aufforderung zum allgemeinen Frieden handelt es sich eigentlich bloß um eine Bekräftigung seiner Anordnung, jeder solle jedem vergeben, die er an Weihnachten 1043 zu Trier geradezu als „Gesetz" erlassen hat.

Dieser denkwürdige Abend Anfang Juli 1044 nach der Schlacht von Menfö jedoch stellt einen Gipfelpunkt nicht nur des elften Jahrhunderts, sondern der Geschichte Europas dar. Gleichzeitig hat er etwas Archetypisches an sich: Augenblickshaft scheint ein Menschheitstraum verwirklicht zu sein, ein Traum, der auch heute noch lebendig ist. Verkündete doch der amerikanische Präsident George Bush Anfang 1991, kurz vor Beginn des Golfkriegs, Amerika stehe im Begriff, eine „neue Weltordnung" durchzusetzen. Und George Bush sprach davon, am Horizont leuchte bereits der Tag auf, an dem alle Aggressoren endgültig besiegt seien, eine globale Versöhnung stattfinde und alle Schwerter zu Pflugscharen umgeschmiedet würden. Was sich dann schon im Sommer 1991 als fromme Illusion erwies, scheint im Sommer 1044, an jenem Juliabend in Menfö, für ganz Europa erreicht zu sein. Doch auch diese von der obersten Macht des Kontinents verordnete „neue Weltordnung" hält nur wenige Jahre: In der zweiten Hälfte des 11. Jahrhunderts werden die Menschen zu Tätern, Zeugen und Opfern einer erbitterten Polarisierung all der Kräfte, die jetzt kurz vereint sind. Als der päpstliche Legat Humbert von Silva Candida am 16. Juli 1054, also zehn Jahre später, auf dem Hauptaltar der Hagia Sophia zu Konstantinopel die römische Exkommunikationsbulle gegen den orthodoxen Patriarchen Michael Kerullarios niederlegt führt das nicht nur zu einer jahrhundertelangen Kirchenspaltung, sondern es beschleunigt bis hinauf in das 20. Jahrhundert das Auseinanderdriften von West- und Osteuropa auf den Gebieten der Kultur, der Politik und der Mentalität.

Die politische Feier des deutschen Königs am Abend des 5. Juli 1044 steht als Liturgie im Zeichen der Religion. Dieses Charakteristikum scheint der säkularisierten Gegenwart an der Wende zum dritten Jahrtausend christlicher Zeitrechnung am fremdesten geworden zu sein. Allerdings trügt der Schein: Denn das politische Sendungsbewusstsein der US-amerikanischen Präsidenten, das sich ausdrücklich religiöser Begründungen, Sprachformeln und biblischer Bilder bedient, ist ebenso selbstverständliche Wirklichkeit wie jene Tatsache, die vor zehn Jahren noch als absurde Vorstellung erschienen wäre: dass nämlich im Kreml zu Moskau die Würdenträger der orthodoxen Kirche bei Staatsakten wieder zum engsten Gefolge des Präsidenten gehören. Der in der islamischen Welt fundamentalistisch orientierte, religiös-politische Messianismus gehört in die gleiche Kategorie zivilreligiös-säkularistischer Phänomene.

Für den deutschen König des 11. Jahrhunderts war eine liturgisch geprägte politische Feier selbstverständlich: Heinrich III. ist im Alter von zehn Jahren, am Ostertag, den 14. April 1028 von Erzbischof Pilgrim von Köln zum deutschen König gesalbt worden und wurde mit Szepter, Stab und Krone ausgestattet, auf den Karl dem Großen zugeschriebenen Thron zu Aachen erhoben. Sein Sohn, Heinrich IV., empfängt im Juli 1054 die gleiche Weihe bereits mit knapp vier Jahren. Man muss sich eine solche Szene der sakralen Weihe eines Kindes deutlich vor Augen halten, um ahnen zu können, welche Vorstellung dahinter steht und wie sie sich auf die Psyche dieser Kinder auswirken muss. Am ehesten lässt sie sich vielleicht vergleichen mit der heute noch üblichen Kür des Nachfolgers eines tibetischen Groß-Lama, wenn ein fünfjähriger Knabe ermittelt, unverzüglich ins Kloster geholt und systematisch auf seine künftige Rolle vorbereitet wird. Aus einer Weihe wie der im Jahre 1028 oder 1054 entwickeln sich religiöses Herrscherbewusstsein und Herrscherkompetenz. Tatsächlich nimmt Heinrich III. aus seiner Königsweihe ein unauslöschliches Bewusstscin von der Hoheit des Herrscheramtes mit, zu der er sich nach Gottes Willen bestellt sieht; noch Jahrzehnte später beruft er sich ausdrücklich auf dieses Ereignis.

Dass der König der oberste Friedenswahrer sei, ist keine neue Idee. Diese Vorstellung war längst von der antiken Tradition und mehr noch vom christlichen Herrscherethos vorgezeichnet. Aber Heinrich III. nimmt sie auf eine derart persönliche und konkrete Weise wahr, dass seine Zeitgenossen darüber staunen. In Frankreich gibt es gleichzeitig eine Bewegung, die das Gesetz des „Gottesfriedens", der „Treuga Dei" durchsetzen will. 1040 erlässt eine aquitanische Synode das Gebot, allwöchentlich müssten von Mittwochabend bis Montagfrüh alle Fehden ruhen, und wer dagegen verstoße, verfalle der Strafe des Kirchenbannes. Heinrich ist sicher von solchen Tendenzen angeregt, aber es ist kennzeichnend, wie er diesen Impuls umsetzt: er ordnet die Versöhnung und den Frieden nicht auf dem Weg über eine kirchliche Synode an, sondern kraft seiner rechtlichen und persönlichen Autorität als König.

Diesem Selbstverständnis des Königs entspricht der Glaube seiner Untertanen. Für sie ist der König nicht nur die Person, die die Lehnspyramide krönt, und insofern Erster unter Gleichen, sondern der König ist heilig, anders und übermenschlich: In seinem Amt vereinigen sich Züge des biblischen Priesterkönigtums mit der vorchristlichen, germanischen Idee des Heils eines Stammes, das sich in der Person des Herzogs verwirklicht. Kraft der Salbung mit dem heiligen Öl bei seiner Krönung ist der König der

Beauftragte Gottes zur Wahrung des Rechts der Einzelnen wie der Gemeinschaft, Bewahrer des Friedens nach innen und außen, er ist Schützer der Kirche. Man schreibt ihm übernatürliche, magische Fähigkeiten zu; er gilt als „gemischte Person" (mixta persona), als „menschlich von Natur und göttlich durch die Gnade".

Der Hofkaplan Wipo bezeichnet den König sogar als „vicarius Christi", als „Stellvertreter Christi", und legt ihm damit eine Qualität zu, die herkömmlicherweise der Papst für sich beansprucht.

Die Überzeugung, dass der weltliche Herrscher als „Gesalbter des Herrn" auch über geistliche Gewalt verfüge, und zwar im Sinn der Vollmacht wie der Pflicht, hat Heinrich III. von seinen Vorgängern geerbt. Diese Auffassung war nicht zuletzt durch den Niedergang des Papsttums im „saeculum obscurum", dem zehnten, „finsteren" Jahrhundert, bedingt: Der gelehrteste Mann des Frankenreiches, Gerbert von Aurillac, späterer Freund Kaiser Otto III., hatte im Jahre 985 Papst Bonifaz VII. als „schreckenerregendes Ungeheuer" bezeichnet, „das alle Sterblichen durch seine Nichtsnutzigkeit überbietet". Tatsächlich war Bonifaz der Mörder zweier seiner Vorgänger und wurde nach einem knappen Jahr auf dem Stuhle Petri selbst ermordet, zerfetzt und dann durch die Gassen Roms gezerrt. Nicht zu Unrecht hatte sich Gerbert empört:

> Solchen Ungeheuern, erfüllt mit Schande, die jedes Wissens über göttliche und menschliche Dinge bar sind, sollen ungezählte Priester des Erdkreises, die aufgrund ihres Wissens und Lebenswandels geachtet sind, unterworfen sein? Es gibt in unserer Zeit, wie man hört, in Rom beinahe keinen, der Latein beherrscht und richtig lesen kann. Diese Kenntnisse wären eigentlich vonnöten, um auch nur den niedrigsten Weihegrad zu erhalten. Mit welcher Stirn wagt einer von diesen Männern in Rom, andere zu belehren, (ein Mann,) der selbst nichts gelernt hat?"

Kein Wunder, dass bei solchen Verhältnissen der sechzehnjährige König Otto III. auf Änderungen aus war: Im Jahr 996 designierte er seinen vierundzwanzigjährigen Verwandten Brun von Kärnten, derzeit Bischof von Augsburg, zum Papst. Der legte sich den Namen Gregor V. zu, und die beiden jugendlichen Herrscher schmiedeten Pläne, gemeinsam Kirche und Reich von Grund auf zu erneuern. Otto baute sich gegen Ende des Jahrhunderts als erster deutscher Kaiser in Rom eine Pfalz, sichtbarer Ausdruck seines Willens, dort präsent zu sein. Er geriet in Italien stark unter den Einfluss eines Eremiten, Romuald, des späteren Gründers des Kamaldulenserordens. Während des Jahres 1000 begab sich Otto III. auf Pilgerfahrt nach Polen und nannte sich „Servus Jesu Christi", „Knecht Jesu Christi". Nach

Rom zurückgekehrt, nahm er schließlich den Titel „Knecht der Apostel" an. Sein Freund, Gregor V., war bereits 999 gestorben, und Otto hatte als dessen Nachfolger den bereits genannten scharfen Kirchenkritiker, Gerbert von Aurillac, zum Papst erheben lassen. Mit dessen Papstnamen, Silvester II., gedachte Otto ein Stück kirchengeschichtlicher Tradition zu revidieren. Der Überlieferung nach hatte nämlich der erste Papst dieses Namens im vierten Jahrhundert Kaiser Konstantin getauft und von ihm in der sogenannten „Konstantinischen Schenkung" das „Patrimonium Petri" erhalten, die Kernländer des nachmaligen Kirchenstaats. Kaiser Otto erklärte diese Überlieferung – historisch übrigens richtig – für erfunden und gefälscht und tat kund, erst er schenke dem Papst Silvester II. als Nachfolger Petri rechtsgültig sein Land.

„Wir schenken dem heiligen Petrus, was unser ist; wir übertragen ihm nicht sein Eigentum, als wenn es unser sei."

Als „Knecht der Apostel" verstand sich Otto als Schutzherr, der verfügen konnte, was in den Ländern geschehen sollte, die er Petrus geschenkt hatte. Otto III. blieb bis zu seinem frühen Tod als Einundzwanzigjähriger im Jahr 1002 in Italien.

Sein Vetter und Nachfolger, Heinrich II., übernimmt dieses Sendungsbewusstsein, für Papst, Kirche und Geistlichkeit verantwortlich zu sein. Da seine Ehe mit Kunigunde kinderlos bleibt, entwickelt Heinrich die fromme Idee, Christus zum „Erben" einzusetzen und stattet Kirchen und Klöster mit reichen Schenkungen aus. Die Frömmigkeit und das religiöse Sendungsbewusstsein nicht nur Heinrichs II., sondern aller Kaiser dieses Jahrhunderts haben im Reich eine rege Bautätigkeit zur Folge, die wiederum einen wirtschaftlichen Aufschwung bewirkt. Es entstehen die großen Kirchen- und Profanbauten der Romanik, an ihrer Spitze der Dom zu Speyer als Grablege der Herrscher. 1022 hält Heinrich gemeinsam mit dem Papst zu Pavia eine Reformsynode ab, auf der festgelegt wird, dass Priester und Diakone ehelos und die Söhne von Priestern unfrei bleiben sollen, so dass ihnen jeder Gütererwerb unmöglich ist. Dies soll dazu dienen, die zeitlichen Güter der Kirche, die nach des Kaisers Auffassung Gott gehören, vor dem Übergang in Privatbesitz zu schützen.

Heinrich II. wird später der „Mönch auf dem Thron" genannt; die Legende verklärt seine kinderlose Ehe mit Kunigunde zur „jungfräulich keuschen Ehe", was Papst Eugen III. anlässlich der Heiligsprechung des Kaiserpaars 1146 eigens hervorheben wird. Eine Darstellung im Evangeliar, das Heinrich um 1020 in Auftrag gab, zeigt sein Selbstverständnis. In einer

Mandorla thront statt Christus Kaiser Heinrich II., über seinem Haupt schwebt die Taube des Heiligen Geistes und in den seitlichen Dreiviertelmedaillons sowie den äußeren Rechtecken sind die Tugenden plaziert. Unterhalb des Kaisers findet eine Gerichtsszene statt. Die Botschaft der Miniatur ist eindeutig: Der Kaiser, von Gottes Gnaden und durch Gott Inspirierter, stellt sich als Verkörperung der Tugenden dar, um Recht zu sprechen. Nicht einmal der Papst hätte es gewagt, sich in dieser christusgleichen Pose ins Bild bringen zu lassen.

Dieser selbstbewusste Kaiser Heinrich II. und seine Gemahlin hegen große Sympathien für die Klöster. In Deutschland hatte sich schon seit dem 10. Jahrhundert eine Gruppe von Benediktinerklöstern um die Abtei Gorze zusammengeschlossen und eine Reformbewegung vorangetrieben, die das spirituelle und kulturelle Niveau der Mönche spürbar hob. Noch bekannter wurde die Klosterreform, die zur selben Zeit vom burgundischen Kloster Cluny ausging und sich im 11. Jahrhundert auf ganz Europa und bis nach Rom auswirkt. Da die benediktinischen Klöster seit jeher das Prinzip wirtschaftlicher Autarkie verfolgten, mussten sie sich immer wieder gegen lokale Herren, Bischöfe wie Adlige, und deren Ansprüche auf ihre Klostergüter wehren. Aus diesem Grund suchen sie den Schutz von Kaiser und Papst und unterstellen sich diesen direkt. Dadurch wächst dem Kaiser die Sorge um zahlreiche Klöster zu, die er durchaus als geistliche Sorge begreift und deshalb die Reformbestrebungen persönlich unterstützt. Seine großzügigen Dotationen führen in den Klöstern zu einer Blüte der Literatur, der Buchmalerei und vieler anderer Künste. Denn die wirtschaftlich reichliche Ausstattung vieler Klöster setzt die Mönche frei von der Mühsal unermüdlicher Arbeit um den Broterwerb; sie können sich den für damalige Zeiten unerhörten „Luxus" gönnen, längere Zeiten allein in ihren Zellen zu bleiben. Wer einige Zeit in einer Kultur verbracht hat, in der die Menschen immer in der Gruppe leben, das private Zimmer unbekannt ist und das Alleinseinwollen als unnatürlich empfunden wird, kann ermessen, welche Errungenschaft für das Abendland die Mönchszelle und später die Gelehrtenstube bedeutet – der Ort, an dem Literatur geschrieben, Melodien komponiert, Kunstwerke geschaffen, Erfindungen ersonnen werden können.

Als Heinrich II. im Juli 1024 mit 51 Jahren stirbt, erlöscht mit ihm das Geschlecht der Ottonen. Bei der Wahl seines Nachfolgers noch im selben Jahr einigt sich der Adel auf einen fränkischen Adligen namens Konrad, der in weiblicher Linie ein Ururenkel Ottos des Großen ist. Mit diesem Konrad II. –der erste gleichen Namens hatte von 911 bis 918 regiert – beginnt die Dynastie des später als „Salier" bezeichneten Geschlechts, das bis zum Ende des 11. Jahrhunderts die deutschen Kaiser stellen wird. Konrad II. ist bei Antritt seiner Herrschaft 34 Jahre alt und lässt schon zwei Jahre später seinen Sohn Heinrich von den Fürsten zu seinem Nachfolger und Mitherrscher designieren. Im Umgang mit den Geistlichen folgt Konrad den Gewohnheiten Heinrichs II., obwohl er selbst geistlicher Bildung ermangelt: Er ist der letzte Analphabet auf dem Kaiserthron. Ganz selbstverständlich nimmt er für sich das Recht in Anspruch, die Bischöfe in ihr Amt einzusetzen. Er führt den Brauch ein, auf die kaiserlichen Bullen den Spruch zu setzen: Roma caput mundi / regit orbis frena rotundi - „Rom, das Haupt der Welt / die Zügel des Erdkreises hält".

An Pfingsten 1039 besucht Konrad mit seinem Sohn Heinrich zu Utrecht die Messe. Beim Mittagessen wird er plötzlich von heftigen Schmerzen befallen. Er sucht sie zu verheimlichen, um die Freude des Festtages nicht zu stören. Am folgenden Morgen aber muss er die Bischöfe rufen und sich Kreuz und Reliquien bringen lassen. Nachdem er das Abendmahl empfangen hat, verabschiedet er sich von seiner Frau und seinem Sohn und stirbt noch am selben Tag.

Sein Sohn folgt ihm als Heinrich III., einundzwanzigjährig, in der Regentschaft. Bewusster noch als sein Vater versteht er sich nicht nur als weltlicher, sondern auch als geistlicher Herrscher des Römischen Reiches. Das äußert sich zum Beispiel darin, dass er die Tradition begründet, bei der Einweisung eines Bischofs durch den König jenem neben dem Hirtenstab auch den Bischofsring zu überreichen, also die – später so umstrittene – „Investitur mit Ring und Stab". Zugleich aber stellt Heinrich III. diese seine staatskirchliche Hoheit in den Dienst einer Reform der Gesamtkirche. Das Papsttum liegt nämlich abermals politisch und moralisch darnieder, und die Vertreter des Anliegens einer radikalen Reform der Kirche hoffen mehr auf den deutschen König als auf den römischen Papst. So ist sich Heinrich des Rückhalts weiter Kreise von Klerus und Volk bewusst, als er sich daran macht, nicht nur wie seine Vorgänger als Förderer der kirchlichen Reformbewegung zu wirken, sondern deren Führung zu übernehmen.

Die bestimmenden Antriebe dazu kamen aus der monastischen Bewegung. Ihre geistigen Führer, Richard von St. Vannes in Verdun, Poppo von Stablo und die Cluniazenser, stehen bei Heinrich in hohem Ansehen; der Abt Hugo von Cluny wird 1051 sogar Taufpate des Thronerben, Heinrich IV. Die Förderung der Klöster und ihrer Freiheit ist ein wichtiges Anliegen des Königs. Diese „Freiheit" aber bedeutet Schutz vor Eingriffen der Bischöfe und der Aristokratie, Schutz durch Reichsunmittelbarkeit, durch verstärkte Bindung der Reichsklöster an den König. Heinrich III. geht es um eine Erneuerung der kirchlichen Zucht in verfassungsrechtlich konservativen Bahnen, nämlich durch enge Anbindung an die theokratische Herrschergewalt.

Dem jungen Heinrich ist kampflos zugefallen, was seine Vorgänger geschaffen haben: eine einmalige Machtentfaltung nach innen und außen. Er vereinigt auf seinem Haupt die drei Kronen von Deutschland, Italien und Burgund und verwirklicht damit jene Idealvorstellung eines befriedeten Großreiches in Zentraleuropa, die seit dem Mittelalter als das „Heilige Römische Reich" bezeichnet wird. Der Titel „Rex romanorum", „König der Römer", verdrängt seit Heinrich III. den fränkisch-deutschen Königstitel; und ab der späten Salierzeit wird regelmäßig der noch nicht gekrönte deutsche Kaiser „König der Römer" genannt. Das ist ein anscheinend völlig „unhistorischer" Titel, aber mit ihm will sich die damalige Welt geschichtlich begreifen. Das antike römische Reich war längst vergangen, aber die Weiten des Kontinents waren immer noch überzogen von dem Netz der gepflasterten, schnurgeraden Chausseen, das vor mehr als einem halben Jahrtausend das römische Weltreich zusammengehalten hatte. Doch die Straßen sind verfallen, die Zeichen des Niedergangs kann man allenthalben erkennen.

Hagen Schulze kennzeichnet die Situation um die erste Jahrtausendwende rückblickend so:

Die Natur hatte ihre Rechte über weite Strecken hin zurückerobert, die kunstvoll errichteten Brücken waren zusammengebrochen, die nächsten Furten erforderten tagelange Umwege, und wer dennoch den alten Straßen folgte – und andere gab es nicht – , der musste mit unerfreulichen Abenteuern, mit Überfällen und fremden Heerhaufen rechnen. Die gerodeten Ackerflächen Westeuropas hatten sich in Urwald zurückverwandelt; die spätantiken Riesenstädte verfielen, die Aquädukte – und damit die städtische Wasserversorgung – brachen zusammen, und die Bevölkerung war so geschrumpft, dass von einem städtischen Tagesablauf nicht mehr die Rede sein konnte. Gras und Sträucher drangen vor, die leerstehenden Häuser stürzten langsam ein, auf den Foren weidete Vieh, und in Amphitheatern wuchs das Getreide, aus dem hier und da noch Hermen und Statuen hervorragten. Aber obwohl um das Jahr 1000 nach Christi Geburt das römische Reich längst vergangen war, war es zugleich lebendige Gegenwart. Lebten nicht die Menschen Germaniens und Italiens auch jetzt noch im Imperium romanum? War da nicht der Römische Kaiser, vom Papst zum Herrscher des Reichs gekrönt, Augustus und Beschützer der Kirche, Nachfolger Cäsars und Konstantins? Und stand daneben nicht die Kirche, deren Hierarchie sich auf die antike römische

Staatsbürokratie zurückführte, und deren Oberhaupt, der Bischof von Rom, als Nachfolger des Apostelfürsten Petrus in der universalen christlichen Kirche eine unvergleichliche Würde besaß? Über die Sprachen und Dialekte der Völker wölbte sich wie vor tausend Jahren das Latein als selbstverständlicher Ausdruck der Politik, des Glaubens und der Weltweisheit, und in den Klöstern beugten sich die Mönche immer noch über die Schriften des Boetius und Ciceros.

So lebten die Menschen des frühen und des hohen Mittelalters zugleich im Römischen Reich und in einer ganz anderen, archaischen Welt. Die Germanenstämme der Völkerwanderungszeit hatten sich in den leerstehenden Gehäusen des alten, zerfallenen Imperiums eingenistet, hatten die unendlich komplexe, verfeinerte römisch-vorderasiatische Mischzivilisation der Spätantike den einfachen Kulturformen ihrer Herkunft anverwandelt. An die Stelle des niedergeworfenen Reichs, das das Mittelmeer umspannt und Westeuropa beherrscht hatte, waren die Stammesverbände der Sieger getreten, Franken und Bajuwaren, Langobarden und Westgoten, Angeln und Sachsen. Europa wäre in eine unzusammenhängende Vielfalt primitiv verfasster Stämme auseinandergefallen, wäre da nicht die einigende Kraft der Kirche gewesen, und die fortdauernde Erinnerung an Rom."

Kaum ist seine Herrschaft politisch gefestigt, da macht sich König Heinrich III. ans Werk, im Bewusstsein, dazu berufen und dafür verantwortlich zu sein, die Kirche zu reformieren. Im Dezember 1046 setzt er auf zwei Synoden in Sutri und Rom alle drei derzeitigen korrupten Konkurrenten um das Papstamt ab und lässt auf den Stuhl Petri einen deutschen Bischof erheben: Suidger von Bamberg; der nimmt den Namen Clemens II. an, und bekennt sich damit zum Ideal jener Urkirche, die sein Namensvorgänger im zweiten Jahrhundert geprägt hatte. Am Weihnachtstag 1046 empfangen Heinrich und seine Gemahlin Agnes aus der Hand des neuen Papstes die Kaiserkrone. Dabei verbindet man das althergebrachte Zeremoniell mit einem neuartigen Rechtsakt: Heinrich läßt sich von den Römern den Titel eines „Patricius" verleihen. Damit greift er einen Ehrentitel früherer Jahrhunderte auf, an den jetzt ein entscheidendes Mitspracherecht bei künftigen Papstwahlen geknüpft wird. Die neue Ära kirchlicher Reformpolitik von Rom aus, die damit gesichert werden soll, eröffnet Clemens II. gleich nach Neujahr 1047 mit einer ersten Synode; bei der räumt er dem Kaiser den Platz zu seiner Rechten ein und führt Beschlüsse gegen das Eigenkirchenwesen, gegen die Simonie, also den Ämterkauf, und gegen die Priesterehe herbei.

In der kurzen Zeit zwischen 1046 und 1058 kommen hintereinander fünf Deutsche auf den Papstthron, alle bis auf Leo IX. mit auffällig kurzen

Pontifikaten. In Rom laufen bald Gerüchte um, man helfe beim Ableben der deutschen Päpste mit Gift ein wenig nach. Als man den Sarkophag des in seiner Heimatkathedrale Bamberg beigesetzten Papstes Clemens II. im 20. Jahrhundert öffnet und das Skelett untersucht, stellte sich ein Bleigehalt der Knochen heraus, der einen Giftmord nicht ausschließen lässt. Das könnte darauf hinweisen, dass es in römischen Kreisen von Anfang an eine aktive Opposition gegen die deutschen Päpste von Kaisers Gnaden gibt. Mit dem Tod Heinrichs III. im Jahre 1056 endet in den nachfolgenden Jahren der Schwäche des Kaisertums deren Reihe ganz offensichtlich.

Immerhin, das folgenreiche weltgeschichtliche Ergebnis der Tage von Sutri und Rom ist der Wiederaufstieg des Papsttums zu universaler Geltung und Wirksamkeit. Den Anstoss dazu hat allein ein Machtwort der höchsten weltlichen Gewalt gegeben, ein Machtwort Kaiser Heinrichs III., der seinen Anspruch auf Schutz und Herrschaft gegenüber der Kirche entschlossen wahrnahm und zugleich sichtbar zu legitimieren vermochte.

Ironischerweise ist es dieses vom Kaiser kraft seines religiösen Anspruchs reformierte und gestärkte Papsttum, das in der zweiten Hälfte des Jahrhunderts eben diesen Anspruch des Kaisers auf religiöse Autorität erbittert in Frage stellt und bekämpft. Im Jahr 1073 besteigt der Mönch Hildebrand den Stuhl Petri; er hat bereits mehreren Päpsten als Sekretär, Begleiter und Berater gedient und nennt sich Gregor VII. Mit Genie und rigoroser Konsequenz macht Gregor sich daran, seiner Überzeugung zum Recht zu verhelfen, dass der Papst und kein anderer der Herr der Welt sei. Dazu reformiert er zunächst die kirchliche Verwaltung und schafft innerhalb der Kirche autoritäre Strukturen. Für die Bischöfe wird der Gehorsam gegen Rom zum obersten Gebot; wer ungehorsam ist, verliert sein Amt. Grimmig schreibt 1074 Erzbischof Liemar von Bremen nach seiner Suspendierung:

> „Dieser gefährliche Mensch möchte die Bischöfe wie Haushälter herumkommandieren. Und wenn sie nicht sogleich alle seine Forderungen erfüllen, dann zitiert er sie nach Rom oder suspendiert sie ohne Gerichtsverfahren."

Um die Regional- und Reichskirchen besser überwachen zu können, führt Gregor das Institut der päpstlichen Legaten ein, bis heute als Nuntien bekannt. Er reformiert das Steuer- und Abgabenwesen, und im Finanzgebaren wird das Reformpapsttum zum Lehrmeister der europäischen Monarchien. Auf politischem Gebiet stellt Gregor mit einer Grundsatzerklärung zu Anfang seines Pontifikats, dem „Dictatus Papae", jene Ordnung auf den Kopf, die Heinrich III. selbstverständlich gewesen war. Gregor dekretiert, der

König sei nichts als ein Laie wie jeder andere Laie in der Kirche, der Papst dagegen das höchste Haupt der Christenheit. Er könne nicht nur in die Rechte der Bischöfe eingreifen, sondern sei kraft seiner geistlichen Obergewalt auch über Könige und Kaiser gesetzt, die er sogar absetzen könne, wenn es aus religiös-sittlichen Gründen notwendig erscheine. Gregor VII. versteigt sich in seinem „Diktat" zu der Behauptung, allein der Papst dürfe die kaiserlichen Insignien tragen; in kirchenrechtlichen Sammlungen der Zeit taucht sogar die Sentenz auf: „Der wahre Kaiser ist der Papst." Bald darauf prallen im Investiturstreit die beiden radikal entgegengesetzten Auffassungen hart aufeinander. Für den kurzfristigen Triumph des Papsttums stehen die Tage vom 26. bis 28. Januar 1077, als der sechsundzwanzigjährige Heinrich IV. im Büßergewand zu Canossa den Papst um Absolution vom Kirchenbann bitten, also auf dramatische, ja pathetische Weise zu Kreuze kriechen muss. Der Machtkampf zwischen Kaiser und Papst zieht sich dann über ein weiteres Jahrhundert hin.

Vom Abend des 5. Juli 1044 her gesehen, der politisch-liturgischen Feier des Traums der Einen Welt durch Heinrich III., ließe sich dieser Konflikt so deuten: Er dient dazu, auf lange Sicht den Grundsatz der Gewaltenteilung durchzusetzen. Ein zentralisiertes geistlich-moralisch-weltliches Gewaltmonopol, das per Gesetzeskraft der ganzen Welt Frieden auferlegt, mag kurzfristig wohltuend sein, früher oder später aber wird es zum lähmenden Zwangs- und Willkürsystem. Eine gesunde, gerechte Politik bedarf immer der Dynamik einander widersprechender, sich gegenseitig korrigierender und ergänzender Kräfte. Was geschieht, wenn diese Dynamik fehlt, lässt sich im Osten beobachten, der sich 1054 von der gesamteuropäischen Entwicklung abkoppelte: Byzanz und später in dessen Nachfolge das Russland eines Iwan des Schrecklichen bezogen einen großen Teil ihrer despotischen Machtfülle daraus, dass in ihnen weltliche und geistliche Gewalt nicht geteilt waren. Staat und Kirche waren eins; im byzantinischen Reich blieb der Kaiser heilig, stand als Stellvertreter Christi, des Pantokrator, an der Spitze der Reichskirche und konnte jederzeit die religiösen Kräfte für die Aufgaben des Staates mobilisieren. Hier fand nie ein Prozess statt, der dem Investiturstreit oder der europäischen Aufklärung vergleichbar wäre; und selbst noch die Sowjetunion im 20. Jahrhundert blieb die säkularisierte Spielart eines heiligen Reiches, in dem Politik, Moral und Weltanschauung von ein und derselben Zentrale aus dekretiert wurden. Zum Glück entging West-Europa, mit Jacques Le Goff gesprochen, „der monolithischen Theokratie, die Byzanz und vor allem den Islam gelähmt hat, nachdem es dessen Ausbreitung zunächst gefördert hatte".

Die Trennung von Kirche und Staat, auf die schließlich der mittelalterliche Investiturstreit hinauslief, hatte zur Folge, dass der moderne europäische Staat von Anfang an die Konzentration staatlicher Macht in einer einzigen Hand nicht zuließ.

Es gibt auch andere Gründe dafür, dass im zweiten Römischen Reich das Gewaltmonopol nie lange unangefochten ausgeübt werden konnte. Der Kaiser mochte zwar jahrhundertelang eine unverzichtbare Symbolfigur der Einheit des Reiches sein, faktisch jedoch war er merkwürdig machtlos. Anders als der französische und englische König hatte der deutsche nicht einmal eine feste Residenz; die Notwendigkeit, immer wieder nach Italien und Rom zu ziehen, um sich die Kaiserwürde zu holen, bedeutete einen gewaltigen Verschleiß von Kräften, die andere Herrscher dem Auf- und Ausbau ihrer Hausmacht widmen konnten. Im 11. und 12. Jahrhundert verbrachten die deutschen Könige rund fünfzig Jahre auf Romfahrt, also ein Viertel ihrer Regierungszeit! Machtpolitisch gesehen, bedeuteten die Fixierung der deutschen Könige auf das Ideal des Römischen Kaisertums und der Zug über die Alpen ins ferne Italien einen fast ständigen Aderlass; der naheliegende Gedanke, es könne strategisch sinnvoller und erfolgversprechender sein, die Alpen als Südgrenze zu befestigen und, statt den Süden zu erhalten, nach Westen zu expandieren, kam überhaupt nicht auf.

Ein anderer Grund für die Schwächung des Gewaltmonopols im Reich war die Doppelmacht von Fürsten und Ständen, die sich aus dem Lehnswesen ergeben hatte. Heinrich IV. sollte sie nur zu deutlich zu spüren bekommen. Sie war bereits zu seiner Zeit gute alte Tradition und gehört zum Urgestein der europäischen Gesellschaftsordnung. Als im Jahr 956 eine Gesandtschaft Kaiser Otto des Großen den Kalifen von Cordoba besuchte, äußerte der Kalif, die christlichen Herrscher seien offenbar schwach und hilflos; denn selbst der Kaiser dulde es, dass seine Fürsten und Adligen ihre Herrschaft kraft eigenen Rechts ausübten. Der Kaiser habe in der trügerischen Hoffnung, dass sie ihm treu dienten, sein Land unter ihnen aufgeteilt. So dürfe er sich nicht wundern, wenn daraus nur Hochmut und Rebellion erwüchsen. Papst Gregor VII. wusste diese Konstellation geschickt und systematisch zu nutzen: Er verlegte sich darauf, die Fürsten und den niederen Adel auf seine Seite zu ziehen und dadurch die Macht des Kaisers zu unterhöhlen.

Es ist interessant, zu beobachten, wie nicht erst der scharfe Konflikt zwischen Kaiser und Papst das Ideal des politisch-geistlichen Monopols, wie es Heinrich III. vertreten hatte, ins Wanken brachte. Die kurze, annähernd ideale Verwirklichung dieses Prinzips scheint geradezu die Antithese, das Gegengewicht herausgefordert zu haben. Wo die zentralen und kollektiven Kräfte zu stark sind, meldet das Individuum seine Rechte an und gewinnt in der Auseinandersetzung ein neues Bewusstsein und Profil. So bricht in dieser Zeit vehement der Wunsch nach Mündigkeit und Selbständigkeit auf. Politisch äußert es sich im Erstarken lokaler Instanzen und in der Vorliebe für das Partikuläre und Regionale. Die Ministerialen, ursprünglich die abhängigen Verwalter der Feudalherren, emanzipieren sich zu einer neuen Gesellschaftsschicht von Rittern und niederen Adligen. Allenthalben werden Burgen gebaut. „Einem jeden Neuerungssüchtigen bietet sich die Gelegenheit, eine Burg zu bauen", konstatiert Alpert von Metz in der ersten Hälfte des Jahrhunderts, und Laurentius von Durham verleiht hundert Jahre später der Freude an überschaubaren Territorien mit dem Satz Ausdruck: „Der hochaufragende Burgturm ist eine Königin, eine Gebieterin über alles, was sie um sich herum sieht."

Die Zusammenballung staatlicher Macht in einer Hand in den vierziger Jahren des elften Jahrhunderts unter Heinrich III. ist in der mittelalterlichen Geschichte Deutschlands einmalig. Doch Heinrich III. muss bald einsehen, dass die politisch-administrativen Möglichkeiten der Zentralgewalt hoffnungslos überfordert sind, wenn sie die mittleren Instanzen fast ganz aufsaugt und auszehrt. Der König muss die territorialen Instanzen wieder stärken und in eine gewisse Eigenständigkeit entlassen. So hat er schon 1042 bei Beginn der Ungarnkämpfe Bayern an den Lützelburger Heinrich VII. gegeben, einen Neffen des letzten dortigen Herzogs. Schwaben erhält 1045 der rheinische Pfalzgraf Otto II., und Kärnten kommt 1047 an Welf III., den Letzten aus der älteren Linie dieses Geschlechts. Die rechte Balance der Gewichte hat Heinrich auch gegenüber Burgund zu finden, das er im Winter 1041/42 – und danach noch mehrmals – als 'rex Burgundionum' bereist. Seine Herrschaft stößt hier zwar ebenfalls auf keinen grundsätzlichen Widerspruch, aber er ist doch gut beraten, die eigenständige Tradition des Landes durch Einrichtung einer besonderen burgundischen Kanzlei zu betonen. An ihrer Spitze lässt er als Erzkanzler den Erzbischof Hugo von Besançon treten, der selber noch Kapellan des letzten einheimischen Königs Rudolf III. gewesen war und nun als Heinrichs maßgeblicher Berater zum eigentlichen Regenten in Burgund wird.

Und dennoch nehmen die Schwierigkeiten zu, mit denen Heinrich in seinen letzten Lebensjahren zum Erhalt seiner Zentralgewalt zum Beispiel in Bayern, Kärnten und Lothringen zu kämpfen hat. Als er 1056 jäh stirbt und am 28. Oktober, an seinem neununddreißigsten Geburtstag, im Speyrer Dom beigesetzt wird, verliert die weltliche Gewalt auf viele Jahre die Fähigkeit zu verantwortlichem maßvollem Handeln. Sein Sohn, Heinrich IV., ist erst sechs Jahre alt, und die vormundliche Herrschaft muss notgedrungen seine Mutter, die fromme Kaiserin Agnes von Poitou übernehmen. Sie übt diese Pflicht mit viel gutem Willen, aber wenig Talent aus. Als Agnes aus Protest und Resignation den Schleier nimmt, ohne sich jedoch in ein Kloster zurückziehen zu wollen, kommt es zu einer Verschwörung der über das Weiberregiment längst unzufriedenen Fürsten und schließlich im April 1062 zum Staatsstreich von Kaiserswerth. Der junge König wird aus der Inselpfalz am Rhein auf ein Schiff des Kölner Erzbischofs gelockt und so seiner Mutter entführt; es nützt dem zwölfjährigen Knaben nichts, dass er kopfüber in den Strom springt; man zieht ihn heraus und bringt ihn nach Köln. Während die Kaiserin, auch der Reichsinsignien beraubt, bald nach Rom pilgert, geht die Regierung auf den herrischen und hochmütigen Erzbischof Anno von Köln über und auch die Erziehung des Königskindes. Der noch nicht fünfzehnjährige Heinrich wird dann zu Ostern 1065 in Worms durch die Schwertleite für mündig erklärt, und ab 1066 regiert Heinrich IV. selbständig, wozu der Sechzehnjährige natürlich noch nicht fähig ist. So verselbständigen sich die Fürsten, werden unbotmäßig und sind auf ihren Eigennutz bedacht. Vor allem der sächsische Adel versucht im Umfeld des Harz, mit Lehnsgut und Rodungsunternehmen territoriale Eigenherrschaften aufzubauen. Heinrich wiederum ist darauf aus, mit allen Kräften seine Position zu wahren, gelegentlich durchaus mit diplomatischem Geschick, aber auch verschlagen und skrupellos in der Anwendung seiner Mittel. Man traut ihm sogar Mordpläne gegen die Herzöge zu, wie er umgekehrt das Gerücht von einem gegen ihn gerichteten Mordkomplott geschickt zu nützen weiß. Doch er überschätzt seine eigenen Kräfte, als er sich schließlich nach einem ermutigenden Sieg im Sachsenaufstand 1075 auch noch mit dem Papst anlegt. Die römische Kirche entzog sich nämlich während der Minderjährigkeit Heinrichs IV. dem Eingriff des deutschen Königtums in die Papstwahl: Papst Nikolaus II. erließ zu diesem Zweck 1059 ein Papstwahldekret und verbot auf der selben römischen Synode dem Klerus, aus Laienhänden kirchliche Würden zu empfangen. Heinrich lässt sich allerdings durch die wiederholten Investiturverbote aus Rom nicht beeindrucken. Ein in scharfem Ton gehaltenes Mahnschreiben Gregors VII. erreicht den König Anfang 1076 in Goslar just nach einem glänzenden Hoftag, auf dem man die siegreiche Wiederherstellung von Friede und Ordnung im Reich feierte und Heinrichs kleiner Sohn Konrad von den Fürsten zum Nachfolger des Vaters und künftigen König gewählt wurde. Derart in seiner königlichen Position gestärkt, lässt Heinrich die päpstliche

Absetzungsdrohung auf einer rasch einberufenen Wormser Synode Ende Januar 1076 mit einer freilich teils erzwungenen Gehorsamsaufkündigung des deutschen Episkopats beantworten: Unter Berufung auf seine Rechte als römischer Patricius fordert der König in einem Schreiben den Papst auf, er möge von seinem Thron herabsteigen, weil er der verderblichste Feind seines Lebens und seines Reiches sei. Den Papst redet der König nur mit seinem Taufnamen an:

> „Heinrich, nicht durch Anmaßung, sondern durch Gottes fromme Fügung König, an Hildebrand, nicht mehr den Papst, sondern den falschen Mönch."

Am Schluss dieses königlichen Schreibens heißt es ultimativ:

> „Du also, durch das Urteil aller unserer Bischöfe und das unsere verdammt, steige herab, verlasse den angemaßten apostolischen Sitz! Ein anderer möge den Thron des heiligen Petrus besteigen, der nicht mit religiösem Deckmantel seine Gewalttat zu verdecken sucht, sondern die gesunde Lehre des seligen Petrus kündet. Denn wir, Heinrich, von Gottes Gnaden König, mit allen unseren Bischöfen sagen Dir: Steige herab, steige herab! „

Aufgrund von Nachrichten über eine römische Revolte gegen den Papst hofft man am deutschen Königshof auf die Hilfe der Römer; sie werden brieflich gebeten, das Wormser Synodalurteil notfalls mit Gewalt zu vollstrecken, falls Gregor dem königlichen Abdankungsbefehl nicht gehorche. Als der Brief des Königs auf der römischen Fastensynode 1076 unter größter Entrüstung aller Anwesenden verlesen wird, antwortet Papst Gregor mit der Exkommunikation und Suspension Heinrichs IV. Diese päpstliche Anmaßung ist propagandistisch höchst geschickt in Form eines Gebetes an den Apostelfürsten Petrus gehalten:

> „Um Deinetwillen ist mir von Gott die Gewalt verliehen, zu binden und zu lösen in Himmel und auf Erden. Gestützt auf dieses Vertrauen untersage ich daher zur Ehre und zum Schutz Deiner Kirche im Namen des allmächtigen Gottes, des Vaters, des Sohnes und des Heiligen Geistes, kraft Deiner Vollmacht und Gewalt dem König Heinrich, dem Sohn Kaiser Heinrichs, der sich in unerhörtem Übermut gegen Deine Kirche erhoben hat, die Regierung des ganzen Königreiches der Deutschen und Italiens und löse alle Christen von den Banden des Eides, den sie geleistet haben oder leisten werden, und verbiete, dass irgend jemand ihm als König diene. Denn es ist billig, dass der, welcher die Ehre Deiner Kirche zu mindern sich bemüht, selbst die Ehre verliere, die er innezuhaben scheint. So binde ich ihn an Deiner Statt mit der Fessel des Fluches, und so binde ich ihn im Vertrauen auf Dich, auf dass die Völker wissen und erfahren,

dass Du bist Petrus, und dass auf Deinem Fels der Sohn des lebendigen Gottes seine Kirche erbaut hat und die Pforten der Hölle sie nicht überwältigen werden."

Die weiteren Auseinandersetzungen führen zwar im März 1077 zur Erhebung des glücklosen Gegenkönigs Rudolf von Schwaben, machen aber vor allem augenfällig, wie eine Zentralgewalt verfällt, die in der ersten Jahrhunderthälfte ideal gedacht und erfolgreich ausgeübt als politisch-geistliche Macht den Frieden garantierte. Heinrich IV. gerät damit Unversehens in die Rolle des Repräsentanten einer überholten alten, archaisch-religiös-herrschaftlich begründeten Ordnung.

Der Zerfall der monolithischen Reichsidee, die Schwächung der Zentralgewalten, die Zersplitterung der politischen Kräfte – all das reisst die Menschen aus ihren alten Selbstverständlichkeiten und Sicherheiten und befreit sie gleichzeitig zu Neuem. Es setzt ein nachhaltiger Prozess ein, in dessen Verlauf sich die Menschen aus alten Einbindungen herauslösen: sie nehmen Distanz zu sich selbst, zu anderen Menschen und schließlich zu Sachen und Realitäten. Die Folge ist, dass das 11. Jahrhundert zu einer Epoche intensiver Kreativität wird. In der Literatur tauchen die ersten „autobiographischen Experimente" auf. Es sind die frühen Regungen des kritischen europäischen Menschen. Theophilus, ein deutscher Verfasser, der um das Jahr 1100 unter diesem Pseudonym schreibt, appelliert in seinem Traktat „Über die verschiedenen Kunstfertigkeiten", einem Kompendium verschiedener Berufsvorschriften und Handwerksrezepte, bereits in erster Linie an den menschlichen Verstand. Das Vermögen, kritisch Distanz zu nehmen, führt zu sozialen und wirtschaftlichen Umbrüchen, und diese wiederum ermutigen zu einer neuen inneren Einstellung. Diese Entwicklung läuft für Westeuropa darauf hinaus, dass sich Gedankenfreiheit und individueller Wille festigen und Menschen sich gleichzeitig aus Solidarität mit anderen freiwillig unterordnen. In vielen Städten zum Beispiel schließen sich die Bürger zu Interessenverbänden zusammen und ringen ihren Herren weitgehende Rechte der Selbstverwaltung ab. Gedankenfreiheit, individuelles Wollen und solidarisches Zusammenstehen finden sich in der Zeit des eigentlichen Frühmittelalters noch kaum, werden aber für das kollektive Denken Europas seit dem Ende des 11. Jahrhunderts charakteristisch. Die Menschen werden also beweglicher; sie können sich anderes vorstellen als das, was schon immer gewesen ist.

Bei den Bauern nördlich der Alpen setzt sich die Dreifelderwirtschaft durch. Bisher hat die Zweifelderwirtschaft mit ihrem jährlichen Wechsel von Anbau und Brache die Böden zwar zur Hälfte genutzt; jetzt kann die

Produktivität auf 66 % erhöht werden. Außerdem werden vermehrt eiserne oder metallbeschlagene Werkzeuge eingeführt, der Pflug wird verbessert: mit Rädern, einem senkrechten Messer, einem Streichbrett und Metallbeschlägen, so dass auch schwerere Böden bearbeitet werden können. Die Egge verhindert das Vergrasen der Äcker und fördert, das Wachstum der Getreidekulturen. Die sich verselbständigenden kleinen Feudalherren brauchen eine wirtschaftliche Grundlage und ermutigen die Bauern, Waldflächen zu roden und neue Höfe zu gründen. Als Anreiz bieten die Herren ihnen größere Freiheiten und geringere Abgabenlasten als bisher. In manchen Gegenden, zum Beispiel im Herzogtum Aquitanien, schießen die „Freihöfe" und „Freidörfer" wie Pilze aus dem Boden. Das löst eine Bevölkerungsbewegung aus, die örtlich sogar zu Wüstungen führt; denn die Bauern geben alte Siedlungsräume auf, um im Neuland nach besserem Recht leben zu können. Die Bevölkerung nimmt zahlenmäßig merklich zu.

Auch die städtischen Gemeinden geraten – wie erwähnt – in Bewegung. Sie konstituieren sich unter Führung von kleinen Adeligen und Kaufleuten zu politischen Verbänden und setzen so ihre Forderungen nach Selbstverwaltung, Marktrecht, Militärhoheit, persönlicher Freiheit durch – sei es mit Gewalt oder durch Verhandlungen mit den feudalen Stadtherren oder Bischöfen. Der Aufstieg der Städte erleichtert die Arbeitsteilung zwischen Landwirtschaft, Handwerk und Handel sowie das Vordringen der Waren- und Geldwirtschaft. Dieser Steigerung der Beweglichkeit und Freizügigkeit der Bauern sowie der Handwerker und Kaufleute ist seit dem 11. Jahrhundert eine erste Blüte des städtischen Lebens in Europa zu verdanken. Auf beruflichem Gebiet verlangt die Entwicklung in Handwerk und Handel von den Menschen größere Eigeninitiative und überlegteres Vorgehen, als sie für eine Tätigkeit in der Landwirtschaft erforderlich sind. Zwar eröffnet das Leben vor allem in den Städten zahlreichere und günstigere Möglichkeiten für die persönliche Entfaltung, gleichzeitig aber stellt es an jeden auch höhere Anforderungen. Auf der psychischen, der geistlichen und geistigen Ebene wird den Menschen abverlangt, zu begreifen, dass an die Stelle ihrer gewohnten Welt der geheiligten Traditionen, der ein für allemal festgelegten Bräuche und der magischen Rituale eine Welt zu treten beginnt, in der vernunftbegründete Handlungen eine immer größere Rolle spielen. Der Wunderglaube bleibt zwar ungebrochen, doch er verbindet sich jetzt – jedenfalls im Bewusstsein der Gebildeten – mit der Vorstellung von einer Gesetzmäßigkeit des Laufs der Dinge in der Natur.

Kein Wunder also, dass ab dem elften Jahrhundert in Europa auch die großen Häresien entstehen, die dann etliche Jahrhunderte lang von kirchlichen wie staatlichen Autoritäten grausam bekämpft werden. Das Wort „Häresie" stammt aus dem Griechischen und bedeutet aus der Sicht derer, die eine ihrer Meinung nach vollständige Weltdeutung verwalten, eine willkürliche Auswahl aus ihrer kompletten Systematik. Der „Häretiker" wählt für sich einige Elemente aus, die er persönlich für plausibel hält. Häretiker sind sozusagen die Vertreter des Regionalismus auf dogmatischem Gebiet. Den unterschiedlichen Häretikern des 11. Jahrhunderts sind einige typische Züge gemeinsam: sie betonen die Weltflucht – was auf die Schwierigkeiten bestimmter Kreise deutet, mit der sich verändernden Welt zurechtzukommen; sie sind erpicht auf „Reinheit" - griechisch „katharsis", davon abgeleitet die Bezeichnung „Ketzer"; sie verachten alles Materielle, werten den menschlichen Leib und seine Gelüste ab, und folglich auch Sexualität und Ehe. Ein Jahrhundert später werden diese Häretiker dann kirchenpolitisch aktiv und rufen aggressiv nach einer Reform der Kirche. Im 11. Jahrhundert jedoch bleiben die „Häretiker" noch weltabgewandt und mönchisch.

Ihre orthodoxe Entsprechung sind die zahlreichen Eremiten, die trotz ihres Individualismus im Schoß der Kirche bleiben. Die eremitische Bewegung des 11. Jahrhunderts wird von der orientalischen Tradition der Wüstenväter inspiriert, einer Tradition, die jahrhundertelang in einigen süditalienischen Klöstern sozusagen „überwintert" hatte. Als die Normannen die Byzantiner und Muslime aus Sizilien verdrängen und 1030 den Grund für das Königreich Sizilien legen, wird Süditalien wieder an die mitteleuropäische Entwicklung angekoppelt; und in einigen der süditalienischen Klöster scheint der Schlüssel zur Lösung aktueller spiritueller Fragen zu liegen. Das ist vergleichbar der Entdeckung alter Traditionen der Klöster Tibets und Japans im 20. Jahrhundert, die von Abendländern als faszinierende Inspiration begrüßt werden. Im 11. Jahrhundert ist das alt-neue eremitische Ideal, abgesehen vom Erwachen des Individuums in dieser Zeit, auch eine Reaktion gegen die eher kollektiv verfasste Lebensform der Cluniazenser, die inzwischen zu einer Art von wohlbestalltem Beamten-, Kult- und Fürbitt-Mönchtum erschlafft ist. Cluny überzieht im 11. Jahrhundert ganz Europa mit einem dichten Netz von Klöstern mit gewaltigem Grundbesitz: In der zweiten Hälfte des Jahrhunderts regiert Abt Hugo von Cluny wie ein Monarch über einen zentralistisch organisierten Verband von knapp 2000 Klöstern mit ungefähr 50.000 Mönchen. Mit einigem Geschick könnte er von Cluny bis Rom fast ganz auf klostereigenen Ländereien reisen. Die unvergleichliche Abteikirche, die Abt Hugo von 1088 an erbauen lässt, ist zu dieser Zeit die größte Kirche der Christenheit. Sie bietet mit ihren 68 Pfeilern und 300 Fenstern, ihrer Marmorkolonnade, der Apsiskuppel und ihren

Kapellen, Mausoleen und Kunstschätzen ein wahres Wunder an Herrlichkeit. Die Mönche von Cluny haben sich im Lauf der Zeit ganz in das Feudalsystem eingefügt und bilden darin einen privilegierten Stand. Zahllosen Menschen steht aber das Ideal eines armen, einfachen Mönchslebens vor Augen, das evangeliumsgemäß ist und die subjektive Frömmigkeit nährt, fern der großen und reichen Abteien. So ziehen Unzählige allein und in Gruppen in abgelegene Gegenden, in die Berge und Wälder. Diese Individualisten und kleinen Gruppen von Eremiten legen den Grund zu vielen späteren Ordensgemeinschaften; einige wenige davon tradieren sich bis ins 20. Jahrhundert, so die Kamaldulenser, Vallumbrosaner und Kartäuser. Auch Citeaux, das Mutterkloster der Zisterzienser, die das 12. Jahrhundert prägen werden, erwächst 1098 aus einer Eremitenkolonie.

Die Mönche und Eremiten vermitteln Europa ein besonderes Verhältnis zur Zeit, das heute noch nachwirkt: Wer in Musse und Kontemplation leben will, muss paradoxerweise seine Zeit klug und rationell verwalten. Die Regel Benedikts aus dem 6. Jahrhundert, die ab dem 9. Jahrhundert zur vorherrschenden christlichen Mönchsregel wird, enthält sehr detaillierte Anweisungen für die Zeiteinteilung jedes Tages; denn, so sagt Benedikt, „otiositas inimica est animae", „Müßiggang ist der Feind der Seele"; und echte Musse ist etwas anderes als das Totschlagen unstrukturierter Zeit. Die Mönche führen die entscheidende Trennung ein zwischen einer Zeit des Gebets, einer Zeit der Arbeit und einer Zeit der Musse, eine Trennung, die durchaus nicht in allen Kulturen selbstverständlich ist. Wer Einsiedler wird, entzieht sich ganz den Strukturen sozialer Routine und Pflichten; er muss sich zunächst einmal eine feste Tagesordnung entwerfen und sich gewissenhaft an sie halten; denn er weiß, dass er verbummelt und verkommt, wenn er unstrukturiert in den Tag hineinlebt. Man mag heute klagen über die Tyrannei der Uhren und Termine in der modernen, überdrehten Gesellschaft: aber grundsätzlich ist, wie Jacques Le Goff formuliert, die Tradition der rationellen Zeitverwaltung ein wirtschaftlicher und moralischer Trumpf, von dem Europa seit einem Jahrtausend profitiert. Gesellschaften, die diese Zeit-Disziplin und das damit verbundene Talent des Vorausschauens und Organisierens nicht kennen, pflegen heutzutage selten eine heitere, sorglose Musse, sondern leben häufiger perspektiven- und geschichtslos auf relativ elendem Niveau vor sich hin.

Doch zurück zum 11. Jahrhundert. Angesichts all der zentrifugalen, sich emanzipierenden Bewegungen scheint in der zweiten Hälfte des 11. Jahrhunderts die Gefahr groß, dass Mitteleuropa in sich zersplittert und zerfällt. Da findet das innerlich zerstrittene, auf Teilung der Gewalten und eher auf Individualismen und Partikuläres bedachte Europa gegen Ende des 11. Jahrhunderts seine Identität in einer neuen Vision: in der Abgrenzung gegen äußere Feinde. Es ist ein genialer Zug des wiedererstarkten Papsttums, seine Perspektiven nicht auf den Machtkampf mit dem Kaiser zu beschränken, sondern die Menschen in Europa für ein Ziel zu begeistern, das weit darüber hinausgeht und Europa in dieser Begeisterung zu vereinen.

Jahrhundertelang war die Christenheit ermahnt worden, ihr wahres Glück im Jenseits, im „himmlischen Jerusalem", zu suchen. Jetzt aber steckt der Papst der unerfüllten Sehnsucht der Menschen ein geographisches Ziel, schon auf Erden greifbar und konkret erreichbar: das irdische Jerusalem. Die Vision des Papstes war ein befriedeter christlicher Erdkreis mit der heiligen Stadt Jerusalem als Zentrum. Die Sehnsucht nach der „Jerusalemfahrt" war vor allem in den unteren Volksschichten lebendig und sollte noch das ganze folgende Jahrhundert umtreiben. In Jerusalem schien all das zu finden zu sein, was Gegenwart und Heimat versagten: Abenteuer, Reichtum, ewiges Heil. Die ungebrochene Sehnsucht der Nordeuropäer nach Sonne in südlichen Ländern und auf Trauminseln mag noch ein ferner, schwacher Nachhall jener Sehnsucht sein, die zuerst die Armen zum ersten Kreuzzug hat aufbrechen lassen, Menschen des 11. Jahrhunderts, die sich begeistert und später plündernd und massakrierend als disziplinloser Haufe durch die Länder wälzten und schließlich aufgerieben wurden, ehe sie ihr Traumland erreichten. Vorbereitet worden war die Idee zum Kreuzzug durch die Bemühungen der Reconquista, der Rückeroberung der spanischen Halbinsel von den Mauren; diese Kämpfe nahmen bereits den Charakter eines „Heiligen Krieges" an. Ausgelöst wurde der erste Kreuzzug vollends durch einen Hilferuf des byzantinischen Kaisers: Denn die Türken, die in Palästina auf dem Vormarsch waren, hatten 1076 Jerusalem eingenommen und die Pilgerwege dorthin versperrt.

Am 27. November 1095 ruft Papst Urban II. auf der Synode zu Clermont die europäische Christenheit zum ersten Kreuzzug gegen die Muslime auf. Die beiden mächtigsten Herren des Abendlandes, der deutsche Kaiser und der französische König, sind zu diesem Zeitpunkt aus der Kirche ausgeschlossen; so kann der Papst um so leichter als Führergestalt auftreten und die Massen für ein gemeinsames Ziel begeistern. „Deus lo vult – Gott will es!" lautet sein Schlachtruf. In seiner Kreuzzugspredigt gegen die Anhänger Mohammeds fragt der Papst seine Zuhörer:

> „Darf man es dulden, dass sie einen größeren Teil der bewohnten Erde beherrschen als wir? Sie haben Asien, ein Drittel der Welt, zu ihrem Heimatland gemacht... Mit Gewalt herrschen sie seit mehr als zweihun-

dert Jahren über Afrika. Nur Europa bleibt übrig, der dritte Kontinent. Wie klein ist also der Teil der Welt, der von Christen bewohnt wird!"

Die Idee und das Gefühl eines Europa als Ganzheit wird zum Argument. In der Vorstellung des Papstes ist Europa flächengleich mit dem Territorium der Christenheit. Der Begriff der „Christianitas" als Gebiet des von Christen bewohnten Teils des Erdkreises war zum ersten Mal in der zweiten Hälfte des 9. Jahrhunderts aufgetaucht; damals sprach Papst Johannes VIII. von der „Verteidigung der Christenheit" gegen die Sarazenen. Aber erst um die Mitte des 11. Jahrhunderts wird dieser Begriff allgemein gebräuchlich. Besonders häufig findet sich die Wendung „fines Christianitatis – die Grenzen der Christenheit" in den Schriften Papst Gregor VII., und dann immer häufiger in den Propagandaschriften für die Kreuzzüge. Diese Kreuzzüge schenken Menschen, die sich bislang fremd waren, ein völlig neues Gefühl der Zusammengehörigkeit. Begeistert schreibt der Kreuzfahrer Fulcher von Chartres gegen Ende des 11. Jahrhunderts:

> „Wer hätte je davon gehört, dass in einer einzigen Armee so viele Sprachen vereint waren? ... Hätten ein Bretone oder ein Deutscher mich etwas fragen wollen, ich wäre zu einer Antwort nicht imstande gewesen. Und doch, obgleich wir durch die Sprachen getrennt waren, kamen wir uns vor wie Brüder in der Liebe Gottes und wie einträchtige Verwandte."

Das 11. Jahrhundert endet mit der Eroberung Jerusalems. Am 14. Juli 1099 setzt das Kreuzfahrerheer zum Sturm an, am folgenden Tag, dem 15. Juli, ist die Stadt im Besitz der Christen. Sie plündern Jerusalem völlig aus, ermorden alle in ihren Augen Ungläubigen. Wie ein Wall liegen die Leichen rings um die Stadt und verpesten noch lange die Umgegend. Nicht einmal der Schatz der Kirche vom Heiligen Grab wird verschont. Papst Urban II. erhält die Nachricht vom Sieg der Kreuzfahrer aber nicht mehr: Er stirbt am 29. Juli 1099. Sein Nachfolger, Paschalis II., kann den Erfolg auskosten und verkündet, Gott habe die Wunder der Vorzeit erneuert: Vor den Gebeten der Priester seien die Mauern Jerusalems eingestürzt, wie einst zu Jericho vor dem Schall der Posaunen.

Doch die Lage der „fränkischen Sieger" ist nicht unbedenklich: Sie hängen in der veröden Stadt mit ihrem menschenarmen Hinterland geradezu in der Luft. Aber auf den erneuten Ruf des römischen Papstes findet sich reichlich Nachschub ein. Ein förmliches Kreuzzugsfieber ergreift die abendländische Welt: Schon das Jahr 1100 sieht eine Schar von Fürsten, geistlichen wie weltlichen, aufbrechen, stattlicher noch als das erste Mal. Es ist eigenartig und bezeichnend für die komplizierte Machtfrage, dass der

Papst aus allen Ländern, mit deren Herrschern er im Streit liegt, Scharen von Adligen und Streitkräften für sein Kreuzzugsunternehmen abzuziehen vermag. In modernen Kategorien gesprochen, kann er mit dieser geradezu gesamteuropäischen Außenpolitik kurzfristig die unerträglichen innenpolitischen Problem überspielen: Also die starke Opposition in seiner nächsten Umgebung, seine Konflikte wegen der immer noch offenen Frage der Investitur mit dem gebannten Heinrich IV. sowie mit dem französischen und mit dem englischen König.

Zu Ende des Jahrhunderts ist die Utopie der Einen Welt, die am Abend des 5. Juli 1044 in greifbarer Nähe schien, in weite Ferne gerückt. Das neue, das 12. Jahrhundert übernimmt ein zerstrittenes Westeuropa und eine Fülle ungelöster Problem.

Die Welt der drei Ringe
– Das 12. Jahrhundert –

EBERHARD HERMES

Der 2. Oktober 1187 – ein Tag im zweiten Jahrtausend christlicher Zeitrechnung, der Tag, an dem der Ajjubidensultan Saladin den „Fränkischen Invasoren" Jerusalem entreißt. Ende November 1095, fast ein Jahrhundert zuvor, hatte Urban II. die Christenheit zum Krieg, zum „Kreuzzug" gegen den Islam aufgerufen; die Auseinandersetzungen zwischen Kirche und Koran gingen jedoch bis ins siebte Jahrhundert zurück.

Der 2. Oktober 1187 aber bedeutet einen Wendepunkt, der sich mit der kulturellen Blüte jener „Welt der Drei Ringe" belegen lässt, die sich im zwölften Jahrhundert vor allem im spanischen Toledo manifestierte. Was diesen Tag, den 2. Oktober 1187, bis heute kulturell und politisch bedeutsam macht, darauf versucht dieser Essay eine Antwort, eine Antwort, die die europäische Haltung gegenüber dem Islam korrigiert, eine Antwort, die einen späten Dank gegenüber den Arabern hervorrufen mag. (St)

I   Krieg um Jerusalem

Die Auseinandersetzung zwischen Christenheit und Islam kennzeichnet das zwölfte Jahrhundert. Die Auseinandersetzung zwischen der christlichen, der westlichen, Welt und der Welt der islamischen Völker ist heute immer noch und aufs Neue ein Thema der Geschichte. Die Eroberung von Jerusalem durch den Ajjubidensultan Saladin am zweiten Oktober 1187 stellt in dieser Auseinandersetzung ein entscheidendes Datum dar.

In Europa löst die Nachricht von diesem Ereignis Entsetzen aus. Der englische Kleriker Walter Map, Berater des Königs Heinrich II., bringt es zum Ausdruck: „In diesem Jahr der Furcht und des Krieges, der Trauer und der Pein, des Frevels und der Tränen" 1187, in dem es von Mitte Mai bis September gewaltige Überschwemmungen gegeben habe, die Ernte vernichtet worden sei, Mensch und Tier hätten hungern müssen – so als habe der Herr seine Barmherzigkeit vergessen –, in diesem Jahr 1187 sei nun auch noch die Schreckensbotschaft vom Fall Jerusalems eingetroffen:

> „Grab und Kreuz des Herrn sind eine Beute der Hunde geworden, deren Hunger schon so ermattet und gesättigt vom Blut der Märtyrer war, dass sie vielen Leuten erlaubten, sich freizukaufen, und das nicht aus Geldgier oder Mangel an bösem Willen, sondern weil ihre Wut erschlafft war und sich ausgetobt hatte..."

Der königliche Berater bündelt in einem einzigen Satz zwei unterschiedliche Verhaltensweisen des muslimischen Gegners: Tötung oder Schonung der besiegten Christen, Verhaltensweisen, die gegensätzlichen Motiven entspringen und innerhalb weniger Monate zum Tragen kommen: Ein Zeugnis für die Wut der zeitgenössischen Muslime gibt der arabische Chronist Imad ad-Din, ein Sekretär des Sultan Saladin; er berichtet über die Behandlung der gefangenen Templer und Hospitaliter nach der Schlacht bei Chattin, einem Ort westlich des Sees Genezaret. Dort hatte der Sultan dem Kreuzfahrerheer am 4. Juli 1187 eine vernichtende Niederlage beigebracht, so dass nun der Weg nach Jerusalem offen liegt. Saladin läßt die Ordensritter, denen er manchen Vertragsbruch vorwerfen kann, vor sich bringen und befiehlt, sie zu enthaupten:

> „Eine ganze Schar Gelehrter und Derwische, frommer Leute und Asketen war bei ihm. Jeder bat, ob er nicht einen von ihnen umbringen dürfe, zog das Schwert und krempelte die Ärmel auf. Der Sultan saß mit frohem Gesicht dabei, während die Ungläubigen finster blickten. Die Truppen standen geordnet, die Emire aufrecht in doppelter Reihe. Es gab solche, die schnitten und sauber hieben und Dank ernteten, solche, die sich wei-

gerten und fehlten und entschuldigt wurden, solche, die Lachen erregten - andere traten an ihre Stelle. Ich sah solche, die laut lachten und mordeten, die sprachen und handelten. Wie viele Versprechungen erfüllten sie, wieviel Lob erwarben sie, ewigen Lohn sicherten sie sich mit dem vergossenen Blut; wie viele fromme Werke vollbrachten sie mit den Hälsen, die sie durchhieben!"

Imad al-Din schildert die Tötung des Glaubensfeindes, wie sie in Sure 2, Vers 191 des Koran geboten ist. Wie anders dann die Situation nur ein Vierteljahr später, dem 2. Oktober 1187 bei der Einnahme von Jerusalem, übrigens dem Gedenktag, an dem der Prophet im Schlaf die heilige Stadt aufgesucht hatte und von dort in den Himmel hinaufgetragen worden war: Auch jetzt hegt Saladin Mordgedanken. Er erinnert die christliche Verhandlungsdelegation an die Greuel, die ihre Glaubensbrüder im Jahr 1099 anrichteten, als das Kreuzfahrerheer die Stadt den Muslimen abnahm. Nun wolle er Vergeltung üben. Doch der Sultan bezwingt seine Rachsucht und hört auf seine Berater: Die haben ihm klargemacht, wie viele Opfer der Kampf bis zum letzten Mann auf beiden Seiten fordern würde; Saladin entspricht der Bitte der Kreuzfahrerdelegation um freien Abzug. Ibn al-Atir, auch er einer von Saladins Sekretären, berichtet:

> „Der Sultan wollte den Franken unter der Bedingung freien Abzug gewähren, dass für jeden Mann, reich oder arm, zehn Dinar gezahlt würden, für die Kinder, Jungen und Mädchen, zwei Dinar und für die Frauen fünf Dinar. Wer binnen vierzig Tagen den entsprechenden Betrag aufgebracht habe, solle frei sein, wer aber in der Zeitspanne das Geld nicht beschafft habe, solle Sklave werden. Der christliche Verhandlungsführer bot dreißigtausend Dinar als Lösegeld für die Armen, was angenommen wurde."

Bei dieser Entscheidung zugunsten der fränkischen Invasoren tritt das ebenfalls im Koran ausgesprochene Tötungsverbot in Kraft, formuliert in Sure 6, Vers 151: „Und ihr sollt niemand töten, den zu töten Gott verboten hat!" Die Entscheidung aber, welche Vorschrift des Koran in diesem Falle zu befolgen sei, ist durch Güterabwägung, also durch den Gebrauch der Vernunft, zustande gekommen. Für das Verständnis der Beziehungen zwischen christlicher und islamischer Welt sind diese unterschiedlichen Verhaltensweisen – Tötung oder Schonung – von eminenter Bedeutung, ebenso aber im historischen Kontext: So lässt sich die Bedeutung der Rückeroberung Jerusalems durch Saladin erst im Zusammenhang mit anderen Ereignissen ermessen. Ein solches Ereignis erwähnt der Sultan selbst in den Kapitulationsverhandlungen vom Oktober 1187, nämlich den ersten Kreuzzug, der mit der Einnahme Jerusalems durch die christlichen Truppen im Jahr

1099 endete. Die Kreuzzüge wiederum sind Teil einer jahrhundertelangen Auseinandersetzung zwischen den christlichen und den isiamischen Völkern, eine Auseinandersetzung, die im siebten Jahrhundert begann und bis heute anhält.

II Rückblick auf die Zeit vor 1187
In der Spätantike war das Mittelmeer von vielen christlichen Gemeinden umsäumt. Sie gingen während der Völkerwanderungszeit in den germanischen Reichen auf, die sich im weströmischen Teil der Ökumene, der damals bekannten und bewohnten Welt, gebildet hatten. Im siebten Jahrhundert jedoch erschien im Herrschaftsbereich des oströmischen, von Byzanz aus regierten Imperiums ein bis dahin bedeutungsloses Randvolk der Alten Welt, die Araber; in unglaublich kurzer Zeit entwickelten sich diese Araber zu einer Führungsmacht mit hohem kulturellem Niveau. Sie eroberten binnen hundert Jahren den gesamten Ost- und Südrand des Mittelmeeres und drangen über Spanien bis nach Frankreich vor. Im Februar 638 ritt der Kalif Omar auf einem weißen Kamel in die heilige Stadt Jerusalem ein, die ihm vom byzantinischen Patriarchen Sophronios übergeben wurde. Wie später Saladin gewährte auch Omar den Einwohnern der Stadt freien Abzug, den christlichen Pilgern freien Zugang zu den heiligen Stätten. Die entscheidende Szene wird von Chronisten so beschrieben:

> „Sodann verlangte der Kalif, die geheiligten Stätten der Christen zu sehen. Der Patriarch führte ihn zur Heiligen Grabeskirche und zeigte ihm alles, was dort zu sehen war. Während sie sich in der Kirche befanden, nahte die mohammedanische Gebetsstunde. Der Kalif fragte, wo er seinen Gebetsteppich ausbreiten dürfe. Sophronios bat ihn zu bleiben, wo er sich befand. Aber Omar begab sich hinaus, in die Vorhalle des Martyriums, da er befürchtete, wie er sagte, seine eifernden Anhänger würden den Ort, an dem er gebetet, für den Islam in Anspruch nehmen. Und so verhielt es sich in der Tat. Die Vorhalle wurde von den Mohammedanern übernommen, aber die Kirche selbst blieb, was sie gewesen, die heiligste Stätte der Christenheit."

In den folgenden Jahrhunderten konnten die Christen aus Europa ungestört ihre Wallfahrt zu den heiligen Stätten unternehmen. Solange das Gleichgewicht der Kräfte zwischen dem byzantinischen Kaiser und dem fatimidischen Kalifen in Kairo anhielt, nutzten beide, Kaiser und Kalif, auch den wirtschaftlichen Gewinn, den der Pilgerbetrieb brachte. In der ersten Hälfte des elften Jahrhunderts aber ging die Führungsrolle im Islam von den Arabern auf die Seldschuken über, ein aus Asien eingewandertes türkisches

Volk, das auch die Byzantiner bis ans Ufer des Marmara-Meers zurück-drängte; damit setzte in Europa die Bewegung zur Rückgewinnung der an den Islam verlorenen Gebiete ein: Die Zeit der Kreuzzüge begann; deren erster endete 1099 mit der Rückeroberung Jerusalems. Das Kreuz wurde jetzt zum Symbol einer Bewegung; ein Auftritt des angesehenen Zister-zienserabtes Bernhard von Clairvaux am 31. März 1146 in Vezelay veran-schaulicht das:

> „Seine Zuhörer waren von seiner Rede völlig in Bann geschlagen. Die Männer begannen, nach Kreuzen zu rufen: 'Kreuze! Gebt uns Kreuze!' Es währte nicht lange, und alles Zeug, das zum Aufnähen von Kreuzen bereitlag, war verbraucht. Der heilige Bernhard warf seine eigenen Über-gewänder ab, damit sie zu Kreuzen zerschnitten würden. Bei Sonnenun-tergang waren er und seine Helfer noch immer beim Nähen, indes mehr und mehr Gläubige sich dem Kreuzzug angelobten."

Zur gleichen Zeit wiegelt ein fanatischer Zisterziensermönch namens Ru-dolf überall im Rheinland die Menge zu Massenmorden an den Juden auf – in Köln, Mainz, Worms, Speyer und Straßburg, überall dort, wo es große jüdische Gemeinden gibt. Elieser ben Nathan beschreibt die Ereignisse in Worms so:

> „Die Gemeinde teilte sich in zwei Gruppen; einige blieben in ihren Häu-sern, andere hielten sich in den Gemächern des Bischofs auf. Da erhoben sich die Feinde und Dränger gegen die Juden, die in ihren Häusern wa-ren, überfielen sie und brachten sie um, Männer, Frauen und Kinder, Jünglinge und Greise. Sie rissen die Häuser nieder, stürzten die Treppen um, machten Beute und plünderten. Sie nahmen die heilige Thora, traten sie in den Straßenkot, zerrissen und zerfetzten sie, schändeten sie und trieben Spott und Scherz mit ihr."

Die zuständigen Bischöfe tun alles, um den Opfern zu helfen, rufen aber schließlich Bernhard herbei, der Rudolf in sein Kloster zurückbeordert. Aber der Anfang ist gemacht: Wie die Auseinandersetzung zwischen Chris-ten und Muslimen, so wird auch die Verfolgung der Juden ab jetzt eine Konstante der europäischen Geschichte.

III Ausblick auf die Zeit nach 1187

Der Gegensatz zwischen Christen und Muslimen aber hat mit dem 2. Okto-ber 1187 eine Wendung erfahren: Mit Saladins Eroberung von Jerusalem kommt die den drei Religionen heilige Stadt bis ins zwanzigste Jahrhundert fest in islamische Hand – abgesehen von einer kurzen Phase unter dem Stauferkaiser Friedrich II. von 1229 bis 1255. Die Ostflanke Europas bleibt durch die Osmanen, die Nachfolger der Seldschuken, weiterhin gefährdet. Sie werden Byzanz am 29. Mai 1453 erobern und in den Jahren 1529 und 1683 die grüne Fahne des Propheten bis vor die Tore Wiens tragen.

„Im Gesamtbild der Geschichte gesehen, war die ganze Kreuzzugsbewegung ein einziger riesiger Fehlschlag."

Der Geschichtsschreiber der Kreuzzüge, Steven Runciman, fasst sein Urteil über die bewaffnete Auseinandersetzung zwischen Christentum und Islam in diesem Satz zusammen. Die Folge der insgesamt sieben Kreuzzüge war nämlich der Zusammenbruch des byzantinischen Reiches und die Inbesitznahme des ehemals christlichen Nahen Orient durch den Islam.

Aber es gab im zwölften Jahrhundert auch eine Auseinandersetzung anderer Art zwischen den beiden Zivilisationen: Lessings dramatisches Gedicht 'Nathan der Weise' verweist darauf. Seine Handlung spielt in Jerusalem unmittelbar nach der Einnahme durch Saladin. Sie gipfelt im Religionsgespräch zwischen dem Juden Nathan und dem Sultan, der die Frage nach der 'wahren' Religion aufgeworfen hat; auf die antwortet Nathan mit der Ringparabel, jene Lehrerzählung über drei Brüder, die ihren Streit darüber vor den Richter tragen, welchem von ihnen der Vater vor seinem Tod den wahren Glücksring übergab:

> „Doch halt! Ich höre ja, der rechte Ring
> Besitzt die Wunderkraft beliebt zu machen;
> Vor Gott und Menschen angenehm. Das muss
> Entscheiden! Denn die falschen Ringe werden
> Doch das nicht können! - Nun; wen lieben zwei
> Von euch am meisten? - Macht, sagt an! Ihr schweigt?
> Die Ringe wirken nur zurück? und nicht
> Nach außen? Jeder liebt sich selber nur
> Am meisten? – O so seid ihr alle drei
> Betrogene Betrüger! Eure Ringe
> Sind alle drei nicht echt. Der echte Ring
> Vermutlich ging verloren. Den Verlust
> Zu bergen, zu ersetzen, ließ der Vater
> Die drei für einen machen."

Doch mit dieser Feststellung lässt der Richter es nicht bewenden: Der Vater habe wohl „die Tyrannei des *einen* Rings", den ständigen Streit um die „wahre Religion" also, nicht länger dulden wollen, habe vielmehr die Absicht gehabt, einen Wettstreit der Gottesfurcht, der Nächstenliebe und der Verträglichkeit zwischen seinen drei Söhnen anzuregen. Und einen solchen Wettstreit zeigt die Handlung des Lessingschen Dramas: Jude, Christ und

Muslim bekämpfen einander nicht, sondern lernen, durch den Gebrauch ihrer Vernunft tolerant miteinander umzugehen; sie entdecken jene Gemeinsamkeit, die sie über die nationalen, sozialen und konfessionellen Grenzen hinweg miteinander verbindet, die sie dazu befähigt, zusammenzuarbeiten. Mit guten Gründen kann man Lessings 'Nathan' als das letzte Beispiel der mittelalterlichen Gattung kontroverstheologischer Gespräche ansehen, die im zwölften Jahrhundert in Blüte stand. Auch die einzelnen Elemente von Lessings Ringerzählung sind im zwölften Jahrhundert aus dem Orient nach Europa gelangt. Das Gleichnis von den drei Ringen kommt dort in arabischen und hebräischen Fassungen vor. Das Motiv vom Wetteifer steht schon im Koran, dort heißt es in der fünften Sure, Vers 48 über Muslime, Juden und Christen:

> „Wenn Gott gewollt hätte, so würde er euch zu einer einzigen Gemeinschaft gemacht haben. Aber er teilte euch in verschiedene Gemeinschaften auf und wollte euch so in dem, was er euch von der Offenbarung gegeben hat, auf die Probe stellen. Wetteifert nun nach den guten Dingen! Zu Gott werdet ihr dereinst allesamt zurückkehren. Und dann wird er euch Kunde geben über das, worüber ihr im Diesseits uneins wart."

Die Rede von den drei „betrogenen Betrügern" schließlich geht auf eine innerjüdische Diskussion zurück, die im zwölften Jahrhundert in Spanien geführt wurde und in der Moses Maimonides, der Arzt und Philosoph, folgende Überlegung anstellte:

> „Jede Religion hat ihre Berechtigung, ihre besondere Überlieferung und ihre Traditionsbeweise. Nun sieht man aber, dass jede Religion sich selbst als die einzig wahre darstellt und infolgedessen die Lehre der anderen Religionen als falsch verwirft. Daher beginnt der Mensch, der die Wahrheit sucht, die Religionen miteinander zu vergleichen. Dabei erfährt er dann, dass auch die anderen Religionen Wahrheiten enthalten, während die eigene auch Ungereimtheiten enthält. Das Wissen um diese Ungereimtheiten aber macht diesen Menschen tolerant den anderen Religionen gegenüber. Die eigenen Anschauungen aber sind deshalb unzulänglich, weil erst der Messias die endgültige Wahrheit zeigen wird. Bis dahin sind diejenigen, welche ihre Religion als die einzig wahre hinstellen, Betrüger und ihre Anhänger, welche andere Religionen als Irrlehren verfolgen, statt die Gebote der eigenen Religion im Handeln zu befolgen, betrogene Betrüger."

IV Toledo als geistiges Zentrum früher religiöser Toleranz

Hauptumschlagplatz für diese Erzählungen, Motive und Gedanken ist im zwölften Jahrhundert die Stadt Toledo. Sie war 1085 den Muslimen abgenommen worden. Unter dem Schutz des Königs und unter der Anregung des Erzbischofs finden wenige Jahre später viele Gelehrte aus allen drei Religionsgemeinschaften in einer Übersetzerakademie zu gemeinsamer Arbeit zusammen. Sie übertragen die Schriften islamischer und jüdischer Philosophen, Ärzte und Naturwissenschaftler ins Lateinische und sorgen so für ihre Verbreitung in Europa. Wenn Lessing sechs Jahrhunderte später in seinem Drama islamisches und jüdisches Gedankengut für seine Utopie vom friedlichen Miteinander der Religionen verwendet, dann verbindet er nicht nur die europäische Aufklärung des achtzehnten Jahrhunderts mit der jüdisch-islamischen Aufklärung des spanischen Mittelalters; er verbindet auch Jerusalem mit Toledo, verbindet das Zentrum der Kreuzzüge, die nach der Meinung von Steven Runciman „ein einziger riesiger Fehlschlag" waren, mit dem Zentrum der geistigen Auseinandersetzung zwischen Morgen- und Abendland; deren Früchte werden eine weitreichende historische Wirkung ausüben: Die Renaissance und das moderne Europa wären ohne sie nicht denkbar.

Lessings Utopie vom vorurteilslosen, toleranten Zusammenwirken der verschiedenen Religionen wird also in der Übersetzerschule von Toledo im zwölften Jahrhundert konkret, und das zu einer Zeit, als man gleichzeitig im Nahen Osten Krieg miteinander führte: „Ein Muslim oder Jude übersetzt(e) aus dem Arabischen ins Romanische, ein gelehrter Christ dann ins Lateinische, mancher – wie Gerhard von Cremona, das Haupt jener Schule – auch direkt aus dem Arabischen ins Lateinische."

Wie so etwas möglich wurde? Alle drei Gruppen brauchen einander. Die Christen aus den wirtschaftlich schwachen und geldbedürftigen Nordstaaten haben die Stadt erobert, gewähren aber den unterworfenen Muslimen freie Religionsausübung, weil deren ökonomische Leistung unentbehrlich ist. Die Juden werden wegen ihrer Mehrsprachigkeit als Vermittler benötigt. Juden und Muslime wiederum sind auf die neuen Herren als Schutzmacht angewiesen. Diese Kooperation aber kann nur gelingen, wenn jede Gruppe ihre eigene Lebensform behält. Aufgrund dieser einzigartigen Situation wird Toledo zu einem Mittelpunkt der Gelehrsamkeit, der die besten Köpfe Europas anzieht. Durch dieses Nadelöhr der kastilischen Residenzstadt Toledo gelangen die Errungenschaften der islamischen Kultur, Philosophie, Medizin und Naturwissenschaft nach Europa, Errungenschaften, in denen das Erbe der griechischen Antike rezipiert und verarbeitet ist.

Diese islamische Aufklärung kennt zwei Epochen: die Phase der Aneignung der hellenistischen Kultur durch die Araber im achten und neunten Jahrhundert mit dem Mittelpunkt in Bagdad, und die Phase ihrer Übermittlung an Europa in den romanischen Ländern mit dem Mittelpunkt Toledo im elften und zwölften Jahrhundert.

V Die erste Phase der frühen islamischen Aufklärung in Bagdad (8. / 9. Jahrhundert)

Bei ihren Eroberungszügen im Nahen Osten hatten die Araber seinerzeit ihre Herrschaft im Bereich der hellenistischen Kultur errichtet. Deren Entwicklung unterbrachen sie nicht, sie verhalfen ihr vielmehr zu ihrer höchsten Blütezeit. Der Kalif Harun er-Raschid ließ indische, persische und griechische Bücher über Astronomie, Mathematik und Medizin ins Arabische übersetzen. Sein Sohn al-Mamun gründete 830 in Bagdad das 'Haus der Weisheit', eine Akademie, in der die besten Wissenschaftler der Zeit übersetzend, kommentierend und forschend tätig waren. Symbolgestalt für all diese Bemühungen war Aristoteles:

> „Der Stagirit höchstpersönlich soll dem Kalifen al-Ma'mun im Traum erschienen sein, ein Greis von strahlender Gestalt, auf einer Kanzel predigend und sagend: 'Ich bin Aristoteles!' Das habe den Herrscher veranlasst, sich mit der griechischen Philosophie zu befassen."

Der Kalif beschaffte die nötigen griechischen Handschriften aus Byzanz, eine Klausel in Verträgen zwischen Bagdad und dem oströmischen Kaiser regelte deren Überlassung, ein in der Geschichte einzigartiger Vorgang. Wie später die Juden im maurischen Spanien, so fungierten im neunten Jahrhundert syrische Christen als Vermittler, sie waren sowohl des Persischen wie des Arabischen kundig. Das Arabische spielte in Bagdad die gleiche Rolle als Zielsprache wie im Spanien des zwölften Jahrhunderts das Lateinische. Der Gelehrtentyp dieser ersten islamischen Aufklärung unterschied sich aber von dem des europäischen Mittelalters in zweierlei Hinsicht. Den ersten Punkt hat Ernst Bloch so gekennzeichnet:

> „(Der Gelehrte) war Arzt, nicht Mönch, Naturalist, nicht Theologe. Im mittelalterlichen Europa waren Philosophen mit naturwissenschaftlichen Neigungen so selten wie anomal, bei den arabischen Scholastikern steht es umgekehrt. Die Naturwissenschaft, nicht die Theologie überwiegt in ihnen auch dann, wenn sie Suren des Koran interpretieren."

Damit hängt der zweite Punkt zusammen, nämlich die Bestimmung der Gelehrtenarbeit durch Nützlichkeitserwägungen: So hat Harun er-Raschid die Übersetzung der Werke von Hippokrates und Galen angeordnet, als er in Bagdad das erste Krankenhaus bauen ließ. Überhaupt entsprach das Niveau der materiellen Kultur den geistigen Bemühungen. Wenn der Mathematiker al-Chwarizmi von den Indern das System der Dezimalzahlen mit dem Prinzip des Stellenwerts und der Null übernahm, so konnten damit in der städtischen Kaufmannsgesellschaft, die vorn Fernhandel lebte, die unerlässlichen Rechenverfahren ungeheuer vereinfacht werden – sie heißen heute noch nach ihrem Schöpfer 'Algorithmen'. Astronomische und geographische Übersetzungen und Forschungen lieferten das Wissen, das auf den langen Karawanenreisen und in der Navigation zur Orts- und Kursbestimmung benötigt wurde. Der materielle Wohlstand war wiederum für den Wissenschaftsbetrieb förderlich. Es gab ein regelrechtes Medizinalwesen mit öffentlichen Hospitälern, dort wurden die Patienten ohne Rücksicht auf Stand und Einkommen behandelt, aber auch die Studenten klinisch ausgebildet und in der Beobachtung der Kranken geschult. Es gab zahlreiche Bibliotheken, die für jeden Benutzer zugänglich waren; denn seit 794 stand in Bagdad mit der ersten Papierfabrik billiger Schreibstoff zur Verfügung. Es gab ein öffentliches Schul- und Hochschulwesen, so dass zu einer Zeit, in der die Analphabetenquote in Europa noch fünfundneunzig Prozent betrug, fast jedermann in Bagdad lesen und schreiben konnte.

VI Die zweite Phase der frühen islamischen Aufklärung in Toledo (11. / 12. Jahrhundert)

Einen solchen Lebensstandard finden die christlichen Eroberer auch im maurischen Teil Spaniens vor, den die Araber el-Andalus, Vandalenland, nennen. Dort ereignet sich im elften und zwölften Jahrhundert eine zweite Phase der islamischen Aufklärung. War die erste Phase durch das Mäzenat mächtiger Kalifen ermöglicht worden, die sich für die griechische Philosophie interessierten, so ist die zweite Phase von politischen Wirren begleitet: Das Kalifat von Cordoba zerbrach 1031; der arabische Adel hatte sich gegen die starke Zentralisierung der Macht aufgelehnt, und es entstanden einzelne Kleinstaaten, die sich gegenseitig befehdeten. Einige dieser Teilkönigreiche gewinnen vorübergehend überregionale Bedeutung. Diese Periode politischer Schwäche des spanischen Islam begleitet aber eine einzigartige Blüte der Kultur. Damit diese jedoch für Europa fruchtbar werden konnte, bedurfte es noch eines besonderen Umstandes: Innerhalb des Islam wurde die kulturelle Blüte nämlich durch die aufklärungsfeindlichen Almoraviden unterbrochen, eine berberische politisch-religiöse Reformbewegung; sie machten den muslimischen Rest der Iberischen Halbinsel zu einer Provinz ihres nordafrikanischen Reiches. Als diese Almoraviden aber durch Aufstände vertrieben werden, unterwirft 1145 eine andere berberische politisch-religiöse Reformbewegung, die orthodoxen Almohaden, ganz Andalusien. Ihre welthistorische Aufgabe einer langfristigen geistigen Beeinflussung und Formung Europas konnte die islamische Aufklärung nur deshalb erfüllen, weil sie in christliches Gebiet ausgewandert war: König Alfons VI. von Kastilien und Leon, der 1085 den Arabern Toledo abgenommen hatte, gewährt ihr dort Asyl. Im Zuge von Thronstreitigkeiten hatte Alfons VI. einst am Hof des arabischen Königs in Toledo Exil gefunden, dort arabische Bildung erhalten und später auch eine Araberin zur Frau genommen. Solch ein Seitenwechsel ist zu dieser Zeit nichts Besonderes: Spanische Königssöhne halten sich als Geiseln an arabischen Höfen auf, Söhne arabischer Fürsten werden in nordspanischen Burgen empfangen. Araber werden als Erzieher der Königskinder von Aragon verpflichtet, als Ärzte zu christlichen Patienten geholt, als Sekretäre in königlichen Kanzleien beschäftigt. Arabische Christen, sogenannte 'Mozaraber', flüchten vor den berberischen Eroberern aus Andalusien nach Toledo und weiter in den Norden. Umgekehrt kommen die Ritter in den Heeren der christlichen oder maurischen Herren aus England, Frankreich oder Deutschland. Bischöfe, Domherren und Mönche aus den Reformklöstern Cluny, Clairvaux, Fontenay werden nach Spanien geschickt. Das ist der historische Kontext der Toledaner Übersetzerakademie: So kommt aus Cluny Petrus Venerabilis, der unter der Schirmherrschaft des Erzbischofs von Toledo, Raimund, 1143 den Koran von einem Engländer ins Lateinische übersetzen lässt. Johannes Hispalensis, der zwischen 1120 und 1160 zahlreiche philosophische und naturwissenschaftliche Schriften direkt aus dem Arabischen ins Lateinische übersetzt und 1151 Erzbischof wird, ist selbst ein Mozaraber. Gerhard von Cremona, der nach 1165 die Akademie leitet und den arabischen Aristoteles für Europa entdeckt, stammt aus Italien. Durch diese einzigartige Zusammenarbeit von Juden, Christen und Muslimen ist das Erbe der griechischen und der beiden Phasen der islamischen Aufklärung nach Europa gelangt.

Vor allem zwei Ideen aus der jüdisch-islamischen Philosophie und Wissenschaft haben die Übersetzer von Toledo an Europa weitergegeben, zwei Ideen, die ein Umdenken bewirken und so das zwölfte Jahrhundert zu einem Wendepunkt der europäischen Kulturgeschichte machen: Die eine Idee ist die Versöhnung von Offenbarung und Vernunft mit Hilfe der aristotelischen Philosophie. Sie veranlasst die christlichen Scholastiker, Aristoteles als 'praecursor Christi', als Vorläufer Christi, zu bezeichnen. Hinter dieser Wendung steht das Dreigestirn der Philosophie , Ibn Sina, lateinisch

Avicenna, aus Buchara/Usbekistan, Ibn Ruschd, lateinisch Averroes, aus Murcia und Moses Maimonides aus Cordoba, alle drei Philosophen und Ärzte. Ihr Grundgedanke, dass man die Glaubenslehren mit Hilfe der Vernunft einsichtig machen könne, statt nur einem unverstandenen Wortlaut heiliger Schriften zuzustimmen, ist so überzeugend, dass diese Idee in Kürze den Lehrbetrieb in den Artistenfakultäten der europäischen Hochschulen von Grund auf verwandelt. Er macht überhaupt erst Religionsgespräche möglich. Deren Methode beschreibt Thomas von Aquin im dreizehnten Jahrhundert dann folgendermaßen:

> „Mit den Juden können wir aufgrund des Alten Testaments, mit christlichen Häretikern aufgrund des Neuen Testaments diskutieren. Mohammedaner und Heiden jedoch erkennen deren Autorität nicht an. Deshalb ist es hier notwendig, auf die natürliche Vernunft zurückzugreifen, der alle beizustimmen gezwungen sind."

Dieses Vertrauen auf die Überzeugungskraft vernünftiger Argumente macht die orientalische wie die christliche Scholastik zu einem Vorläufer jener späteren europäischen Aufklärung, für die Lessings 'Nathan'-Drama steht.

Die andere Idee, die Europa dem islamischen Denken via Toledo verdankt, besteht in dem Vorrang des durch Forschung gewonnenen Wissens vor den durch Lesen erworbenen Kenntnissen. Die islamischen Philosophen sind zugleich Ärzte und Naturwissenschaftler; sie überprüfen das von den Griechen übernommene Wissen durch Beobachtungen, Messungen und Experimente an den Phänomenen. Alexander von Humboldt geht dann später so weit zu sagen, die Araber seien schlechthin die Erfinder des überlegten und gezielten Experiments. Auch dieses methodische Prinzip wird in den europäischen Wissenschaftsbetrieb übernommen. Albertus Magnus bringt es bereits in einer Botanik zu Wort und kritisiert damit gleichzeitig den bisherigen Lehrbetrieb im Abendland:

> „Die Aufgabe der Naturwissenschaft ist es nicht, die Mitteilungen anderer hinzunehmen, sondern die in den Erscheinungen wirkenden Ursachen zu erforschen."

Dem Prinzip an der Kritik der Überlieferung fügt Ibn al-Haitham, lateinisch Alhazen, aus Basra, der größte Physiker des Mittelalters, noch die Forderung nach Selbstkritik hinzu:

> „Wer sich mit den Büchern der Wissenschaft befasst, muss sich, wenn er die Wahrheit herausfinden will, selbst zum Opponenten all dessen machen, was er liest. Und bei seiner kritischen Haltung sollte er auch Zwei-

fel an sich hegen und sich fragen, ob er dem Gegenstand seiner Kritik gegenüber etwa zu voreingenommen oder aber zu nachsichtig sei."

So steht es zu lesen in der Einleitung des Ibn al-Haitham zu seiner Schrift 'Zweifel an Ptolemäus'; auch sie wird in Toledo ins Lateinische übersetzt.

Wie schon die arabischen Originalschriften der Physiker, Mediziner, Mathematiker, Astronomen und Geographen im Zusammenhang mit ihrer praktischen Anwendung entstanden waren, so werden im zwölften Jahrhundert auch ihre lateinischen Übersetzungen bei deren Verbreitung in Europa in den Dienst konkreter Interessen gestellt: Die auf dem Dezimalsystem basierenden Rechenverfahren der Arithmetik und die Rechenweisen mit unbekannten Größen in der Algebra leisten beim Übergang zur Geldwirtschaft, bei der Ausweitung des Fernhandels oder bei Städteplanung und Kanalbau gute Dienste. Die Fortschritte der Astronomie und Geographie werden eine wichtige Voraussetzung für das Zeitalter der weltweiten Entdeckungsreisen: Denn die Araber hatten das ganze Mittelalter hindurch an der Auffassung von der Kugelgestalt der Erde festgehalten, so kann sich Christoph Columbus Ende des fünfzehnten Jahrhunderts vornehmen, mit Benutzung einer entsprechenden Weltkarte auf dem Seeweg nach Westen Indien zu erreichen. Mit der Entdeckung Westindiens, das heißt der Inseln Mittelamerikas, durch Columbus aber beginnt nach der herkömmlichen Periodisierung die Neuzeit. Zahlreiche Werke der islamischen Aufklärung, die im zwölften Jahrhundert in Toledo ins Lateinische übersetzt werden, bleiben in Europa noch bis weit in die Neuzeit Standardlehrbücher in Medizin und Mathematik, Physik und Astronomie.

VII Die Rivalität zwischen Orthodoxie und Aufklärung

Aber bereits im zwölften Jahrhundert, in dem durch die Übersetzerakademie von Toledo die islamische Aufklärung ihre lang anhaltende Wirkung auf die europäische Kultur auszuüben beginnt, findet diese Aufklärung in ihrem eigenen Kulturraum ein abruptes Ende. Ernst Bloch beschreibt den Vorgang so:

> *„Avicennas philosophische Enzyklopädie wurde 1150 auf Befehl des Kalifen von Bagdad verbrannt, auch später wurde jedes erreichbare Exemplar vernichtet, vom Urtext gibt es nur Bruchstücke. Die Schriften des Averroes wurden noch zu Lebzeiten des Philosophen, 1196, verbrannt, gegen das Studium seiner wie der griechischen Philosophie ergingen strenge Verbote."*

Tatsächlich bringt das islamische Denken von nun an im Bereich der Philosophie und der Naturwissenschaften kein Werk von Bedeutung mehr hervor. Die einzige Ausnahme bildet die einsame Gestalt des Ibn Chaldun, des großen Geschichtsphilosophen und Vaters der Sozialwissenschaften, der 1406 gestorben ist. Die Muslime haben ihn nicht verstanden, und er hat auch zu spät gelebt, um durch Übersetzung ins Lateinische noch irgendeinen Einfluss auf das europäische Denken ausüben zu können. Erst im neunzehnten Jahrhundert ist er durch eine französische Übersetzung für Europa entdeckt worden.

Zwischen der Geschichte des christlichen Europa und der Entwicklung der islamischen Welt ergibt sich infolge des plötzlichen Abbruchs der Aufklärungsbewegung ein paradoxes Verhältnis: Der hellenisierte Islam nimmt zwar im zwölften Jahrhundert seinen triumphalen Weg nach Europa, wo er sich beim Übergang zur Renaissance und weiterhin in der Neuzeit befruchtend auswirkt. Gleichzeitig aber wird dieser hellenisierte Islam in seiner eigenen Zivilisation unterdrückt. Die islamische Orthodoxie verhindert mit ihren Denkverboten, dass der hellenisierte Islam und die ihm verbundene Aufklärungsbewegung sich verändernd auf die weitere kulturelle Entwicklung auswirken, wie er das durch Adaptation in Europa tun wird. Die Orthodoxie drängt die Aufklärung sozusagen aus der Geschichte des Islam hinaus. Es ist schwer, für jene plötzliche Erstarrung des orthodoxen islamischen Geistes eine plausible Erklärung zu finden. Als Begründung wird oft angeführt, dass die hellenisierte arabische Philosophie nur durch das Wohlwollen einzelner Kalifen belebt wurde und sich nicht zu einer Institution im islamischen Bildungswesen entwickelte; genau das aber geschah – durch den arabischen Einfluss angeregt – mit der griechischen Philosophie in Europa: Sie erhält noch im zwölften Jahrhundert eine Heimstatt in den Artistenfakultäten der Universitäten, die später den Namen 'Philosophische Fakultät' tragen werden. Doch diese Erklärung formuliert nur die Frage neu, warum denn die islamische Aufklärung nicht zu einer Institution des Gemeinwesens wurde. Auf diese Frage hat man mit dem Hinweis geantwortet, dass das griechische Denken der Mentalität des Koran im Grunde fremd sei. Denn die griechische Philosophie habe es mit den Menschen als vernunftbegabtem Einzelwesen zu tun, das sich frei zu entscheiden vermag. Der Koran aber spreche den Menschen als Glied der Umma an, des unter dem Religionsgesetz, der Scharia, geeinten Kollektivs. Vom griechischen Menschenbild aus, das „die reine Person" kennt, wie es Richard Harder formuliert hat, gelangt man leicht zu Begriffen wie „Menschenwürde" oder „Menschenrechte", Werte, deren Schutz in den modernen westlichen

Staatsverfassungen als obere Aufgabe gelten. Die Fremdheit zwischen dem griechischen Denken und der Mentalität des Koran ist historisch dadurch zu erklären, dass in der gesamten Alten Geschichte nur das Athen des fünften vorchristlichen Jahrhunderts einen Vorgang kennt, den Christian Meier die „Entstehung des Politischen" nennt:

> *(Die)* „*Fähigkeit, das Ganze einer Ordnung zu denken, ohne es beherrschen zu wollen oder sich mit einem menschlichen oder göttlichen Herrscher identifizieren zu wollen, die Entstehung der Alternative, ob nur die Herrschenden oder auch die Regierten entscheidend über das Gemeinwesen bestimmen sollten, die insoweit freie Verfügung über die Ordnung ... "*

Einen solchen Vorgang der 'Entstehung des Politischen' kennt die islamische Geschichte bis heute nicht. Kein einziger Herrscher hat sich in ihr gegenüber einem unabhängigen Gremium jemals verantworten müssen. Der Islam kennt deshalb auch kein Widerstandsrecht, wie es etwa 1776 in der Virginia Bill of Rights, der amerikanischen Verfassung, verankert wurde. So musste die griechische Philosophie schon aus diesem Grunde ein Fremdkörper im System bleiben, in dem das Politische mit dem religiösen aufs Engste verquickt ist: Geht es doch beim Problem der Autorität stets nur um die Frage, welcher Muslim geeignet sei, Imam, also Vorbeter der Umma, der Gemeinschaft der Gläubigen, zu werden, einer Gemeinschaft, in der dem einzelnen Muslim nur Pflichten, aber keine Rechte zugedacht sind. Ein Nachdenken über Politik als solche, unabhängig von den Fragen der Religion, hat es im Islam in Ansätzen erst im neunzehnten Jahrhundert gegeben.

Diese Begründung mag das plötzliche Abbrechen der islamischen Aufklärungsbewegung am Ende des zwölften Jahrhunderts zu erklären, als kein der hellenistischen Bildung zugeneigter Herrscher mehr die schützende Hand über die Philosophen hielt. Doch bliebe dann immer noch die Frage offen, wie es bei dieser Distanz zwischen dem griechischen Denken und der Mentalität des Koran überhaupt zu einer so lange andauernden und in ihren Wirkungen so gewaltigen Aufklärungsbewegung und Hellenisierung des Islam zwischen dem 8. und 12. Jahrhundert kommen konnte. Um diese Frage zu beantworten, wird häufig auf den breiten Interpretationsspielraum hingewiesen, den der Wortlaut des Koran bietet. Sein Text lässt sich an vielen Stellen durchaus so verstehen, dass er mit dem griechischen Denken vereinbar ist, also so, wie ihn die Aufklärer verstehen wollten. Doch kann man die gleichen Stellen von anderen Voraussetzungen aus auch so interpretieren, dass sie dem Vernunftdenken widersprechen. Und eben das haben die Orthodoxen getan. Wenn es etwa in Sure 2, Vers 256, heißt: „Es gibt keinen Zwang in der Religion", so lässt sich das im Sinne der Toleranz, die mit der freien Entscheidung des Menschen rechnet, so verstehen, dass man niemanden zum Glauben zwingen *darf.* Man kann den gleichen Satz aber auch im Sinne des Determinismus, der Vorherbestimmung so interpretieren, dass man niemanden zum rechten Glauben zwingen *kann,* weil die Entscheidung allein bei Gott liegt, ist doch der Mensch völlig von Gottes Willen abhängig, der alle menschlichen Handlungen bestimmt. Eine solche Interpretation des Koranverses „Es gibt keinen Zwang in der Religion" aber hat für den Bereich des Politischen eine folgenschwere Konsequenz: Sie gebietet nämlich die gehorsame Unterordnung unter den göttlichen Willen auch gegenüber demjenigen, der diesen göttlichen Willen im islamischen Gemeinwesen verkörpert, also gegenüber dem Kalifen oder dem Imam.

VIII Mittelalterliche christlich-muslimische Kultur als Interpretament der Gegenwartsgeschichte

Wie virulent die Geschehnisse des zwölften Jahrhunderts auch noch am Ende des zweiten Milleniums christlicher Zeitrechnung für die islamische Welt sind, zeigte sich 1991: Das Paradigma der „fränkischen Invasion" diente als Verständnismodell für die Ereignisse des Golfkrieges. Zwar hatte, realpolitisch gesehen, der Einmarsch des irakischen Diktators Saddam Hussein in den Nachbarstaat Kuwait nur regionale Bedeutung. Auch gehörten zu der Allianz von achtundzwanzig Nationen, die als UNO-Streitmacht im Januar 1991 den Kampf gegen den Aggressor eröffnete, auch elf arabische Staaten. Saudi-Arabien hatte diese innerarabische Koalition zusammengebracht, um die eigene Hegemonie zu sichern. Schließlich verlor auch Saddam Hussein seine Sympathien im arabischen Lager, weil er grausam gegen die schiitische Minderheit im eigenen Lande vorging und eine uralte Kulturlandschaft zerstörte. Trotzdem: Die islamische Öffentlichkeit in vielen Ländern interpretierte den Golfkrieg als „einen Kreuzzug der Christenheit gegen die Welt des Islam". Das gleiche Interpretationsmuster wurde in der islamischen Welt mit Blick auf den Balkankrieg und die Unterdrückung des Tschetschenenaufstandes herangezogen: Die Morde an bosnischen und kaukasischen Muslimen wurden als Zeichen eines globalen Zivilisationskonflikts verstanden zwischen dem Islam und der Christenheit, kurz 'der Westen' genannt.

Ist eine solche Instrumentalisierung der mittelalterlichen Konfrontation für das Verständnis der Gegenwartsgeschichte angemessen? Im zwölften Jahrhundert verfügte der Islam über eine hohe geistige und materielle Kultur; sie war einzigartig in der damaligen Welt. Demgegenüber war die Zivilisation des christlichen Gegners im westlichen Europa damals in jeder Hinsicht primitiv und unterentwickelt. Selbst dort, wo Christen gegenüber dem Islam Raum gewannen – wie in Unteritalien oder Spanien –, mussten sie sich vor dessen überlegenem Geist beugen und von ihm lernen. Dieser Lernprozess hat die europäische Kulturgeschichte auf Jahrhunderte hin bestimmt. In den folgenden Jahrhunderten verlief der Prozess in den beiden Zivilisationen umgekehrt und machte das Verhältnis zueinander schwieriger: in den islamischen Ländern wurde die geistige Weiterentwicklung durch den Sieg der Orthodoxie über die Aufklärung abgebrochen. Später gerieten diese Länder größtenteils unter die Herrschaft der europäischen Kolonialmächte. Diese brachten bei ihrer Expansion nur die eine Hälfte der dem Erbe des hellenisierten Islam verdankten Kultur mit zurück, nämlich die naturwissenschaftlich-technischen Errungenschaften; den dazugehörenden Humanismus, der dem gleichen Erbe entstammt, mit seinen Grundgedanken von der Freiheit und Würde des Individuums hat diese christliche Vorherrschaft nicht vermitteln können, ja sie widersprach sogar ihrer Vorstellung von Unterwerfung. So hat der Islam die Moderne nur in Form von Kolonialherrschaft, nicht aber als Aufklärung erfahren. Die fatale Folge davon war, dass in den islamischen Völkern ein gebrochenes Verhältnis zur Moderne entstand. Sie fordern heute ihren Anteil an den durch die instrumentelle Vernunft geschaffenen materiellen Werte, lehnen aber den Rationalismus ab. Diese beiden Bereiche aber, die Philosophie und die angewandte Naturwissenschaft, hatten im zwölften Jahrhundert zusammengehört – meist sogar in der Person des Gelehrten vereinigt.

Die zwiespältige Haltung in der islamischen Welt gegenüber der eigenen Geschichte prägt wiederum die Gegenwart – und zwar außenpolitisch wie innenpolitisch: Die internationalen Beziehungen werden heute durch die Vereinten Nationen kontrolliert; deren Arbeit hatte bisher den weltpolitischen Konsens über die Menschenrechte von 1948 zur Grundlage. Dieser Konsens aber wurde auf der Wiener UN-Konferenz über Menschenrechte im Juni 1993 von vielen Nationen mit dem Argument aufgekündigt, die Menschenrechte seien eine 'westliche' Erfindung aus der Kolonialzeit; diese Rechtsvorstellung habe für Angehörige anderer Zivilisationen, wie etwa die islamische, keine bindende Kraft. Es muss also ein neuer internationaler

Konsens über die Normen und Werte herbeigeführt werden, ein Konsens, auf dem sich eine Weltfriedensordnung aufbauen lässt.

Ein innenpolitisches Problem stellt hingegen für die westlichen Länder die gewaltige Migration aus islamischen Nationen nach Europa dar. Im zwölften Jahrhundert galten Christen und Juden unter einem islamischen Herrscher als Dimmi, als Schutzbefohlene; sie waren ihrem Schutzherrn gegenüber zur Loyalität verpflichtet. Ebenso waren Muslime unter dem christlichen König vertraglich gebunden, sich in dessen politische Ordnung einzufügen. Heute jedoch verlangen die muslimischen Immigranten in westlichen Ländern nicht selten die verfassungsgemäßen Minderheitsrechte, lehnen aber gleichzeitig die historischen Voraussetzungen, auf denen diese beruhen, das Konzept individueller Grundrechte sowie die moderne Demokratie mit ihrer Trennung von Staat und Religion ab. In westeuropäischen Moscheen und Koranschulen wird häufig sogar das fundamentalistische Konzept von der 'Gottesherrschaft', der „Hakimijat Allah", als politisches Vorbild gepredigt, ein Konzept, das weder aus dem Koran noch aus den 'Nachrichten von Taten und Aussprüchen des Propheten Mohammed' , den 'Hadithen', abgeleitet werden kann.

„Ich sage euch Muslimen in aller Öffentlichkeit, dass die säkulare Demokratie in jeder Hinsicht im Widerspruch zu eurer Religion und zu eurem Glauben steht."

Der Austausch und das Gespräch zwischen den drei Offenbarungsreligionen – einst in der 'Welt der Drei Ringe' des zwölften Jahrhunderts von so großer kulturgeschichtlicher Bedeutung – wird oft sogar rundherum abgelehnt: In einer weit verbreiteten, 1978 in Kairo erschienen Schrift zweier führender islamischer Autoren, Professoren der Medina-Universität, ist zu lesen:

„Ein auf Annäherung zwischen Islam, Christentum und Judentum abzielender Dialog kann nur auf Kosten des Islam erfolgen, weil der Islam die einzig richtige Religion ist und die anderen falsch sind. Die Annäherung würde dazu führen, auf diesen Anspruch zu verzichten und das bedeutet den größten Schaden für den Islam."

Die reale Nachbarschaft und die Vermischung der Zivilisationen ist im Unterschied zum zwölften Jahrhundert viel intensiver geworden; doch gleichzeitig scheinen die Mauern in den Köpfen umgekehrt proportional zu wachsen.

Der Politologe Bassam Tibi, dessen Bildung beide Kulturkreise, den islamischen und den 'westlichen', umfasst, bezeichnet die heutige Weltlage dementsprechend als 'Krieg der Zivilisationen'. Bassam Tibi ist davon ü-berzeugt, dass die Menschheit „nur mit Hilfe einer universellen Ethik, in deren Zentrum die individuellen Menschenrechte stehen, in Frieden leben kann". Allerdings ist umstritten, ob hier ein „universell" akzeptabler oder ein westlich geprägter Ansatz formuliert ist.

Für die Gespräche, in denen eine – wie immer konturierte – univer-selle Ethik formuliert werden kann, mag auf europäischer wie islamischer Seite eine nähere Beschäftigung mit dem zwölften Jahrhundert und der 'Welt der drei Ringe' hilfreich, ja unerlässlich sein. Der englische Islam-wissenschaftler William Montgomery Watt jedenfalls ist davon überzeugt, wenn er schreibt:

> „Der Islam gab an Westeuropa nicht nur viele materielle Erzeugnisse und technische Entdeckungen weiter, er gab Europa nicht nur geistige Anregungen auf dem Gebiet der Naturwissenschaften und der Philoso-phie; er gab ihm auch den Anstoß, ein neues Bild von sich selbst zu ent-werfen. Weil Europa sich gegen den Islam wehrte, spielte es den Einfluss der Sarazenen herunter und übertrieb seine Abhängigkeit vom grie-chisch-römischen Erbe. So haben wir Westeuropäer heute, an der Schwelle zum Zeitalter der Einen Welt, die wichtige Aufgabe, diese fal-sche Akzentsetzung zu korrigieren und uneingeschränkt anzuerkennen, was wir den Arabern und der islamischen Welt verdanken."

Ketzer, Kaiser, Kirchen – Zeichen einer neuen Zeit
– Das 13. Jahrhundert –

HELMUT FELD

Der 7. Oktober 1251 – ein Tag im zweiten Jahrtausend christlicher Zeitrechnung, der Tag, an dem Papst Innocenz IV. – auf der Rückreise aus seinem jahrelangen, südfranzösischen Exil nach Rom – von einem Fenster des bischöflichen Palastes zu Ferrara aus verkündet, dass Friedrich II., der staufische Kaiser und „Hammer des Erdkreises" tot ist, gestorben auf dem Höhepunkt seiner Macht am 13. Dezember 1250 im apulischen Castel Fiorentino.

Im folgenden Essay über das dreizehnte Jahrhundert wird Friedrich II. Franziskus von Assisi gegenüber gestellt. Franziskus, der „poverello", war zwar bereits 1226 gestorben, aber mit seiner visionären Kraft noch immer eine der einflussreichsten Figuren des Jahrhunderts, das mit seinen enormen Umbrüchen und Aufbrüchen ein Jahrhundert wirklicher „Renaissance" ist.

Beide, der ‚Staufer' Friedrich und der ‚Spielmann Gottes' Franziskus, haben sich je auf ihre Weise – wie in einem Vorgriff auf die Moderne – den existentiellen und geschichtlichen Paradoxien nicht nur gestellt, sie haben sie personifiziert und damit die Grundlagen des tradierten Ordnungsgefüges erschüttert.

Am Sonntag, dem 7. Oktober 1251, ein Vierteljahrhundert nach dem Tod des Franziskus tritt dem Chronisten Salimbene de Adam etwas von dieser Bedeutsamkeit vor Augen, als er – neben dem Papst am Fenster des bischöflichen Palais zu Ferrara stehend – vom Tod Friedrich II. Kunde erhält. (St)

I Der tödliche Gegensatz zwischen Kaiser und Papst

Sonntag, der 7. Oktober 1251: ein Tag im Leben des Chronisten Salimbene de Adam, den er so bald nicht mehr vergessen sollte. Der Franziskaner, Verfasser der farbigsten, anschaulichsten Chronik des 13. Jahrhunderts, lebte damals in dem Konvent seines Ordens zu Ferrara. Drei Tage vorher, am Fest des heiligen Franziskus, dem 4. Oktober, hat der Papst, Innocenz IV., seinen Einzug in Ferrara gehalten. Sechs Jahre lang hatte der päpstliche Hof seinen Aufenthalt in Lyon nehmen müssen: der Konflikt mit dem Kaiser, Friedrich II. aus dem Hause der Staufer, hatte den Papst gezwungen, im Jahre 1243 ins Exil nach Südfrankreich zu gehen. Ein Jahr später war dann in Lyon das Konzil zusammengetreten, auf dem der Papst den Kaiser exkommunizierte und der kaiserlichen Würde für verlustig erklärte. Dies war der Höhepunkt des tödlichen Ringens zwischen dem Sacerdotium, dem römischen Großpriestertum, und dem Imperium, dem Königtum mit sakralem Anspruch. Das vorläufige Ende dieses Konflikts, der das politische und geistige Klima des gesamten Hochmittelalters bestimmte, schien mit dem Tod Friedrichs II. gekommen. Der Staufer war, auf dem Gipfel seiner Macht, am 13. Dezember 1250 in Castel Fiorentino in Apulien ganz rasch gestorben, an einer im Mittelalter als Dysenterie bezeichneten Krankheit. Zu Beginn des Jahres 1251 brach die päpstliche Kurie von Lyon auf und bewegte sich in langsamen Etappen über Genua, Mailand, Mantua durch Oberitalien. Anfang Oktober näherte sich der päpstliche Zug der mächtigen Stadt Ferrara, die damals zum weltlichen Machtbereich des Papstes gehörte, dem später so genannten „Kirchenstaat". Wie Salimbene berichtet, sandte Innocenz IV. einen Boten an die Franziskaner von Ferrara mit der Weisung, der Konvent möchte ihm entgegenziehen und sich während seines Aufenthalts in der Stadt beständig in seiner Nähe aufhalten. So kam es, dass der Chronist Salimbene unmittelbar neben dem Papst stand, als dieser von einem Fenster des bischöflichen Palastes herab seine Abschiedspredigt an eine unübersehbare Volksmenge hielt. Dieses Ereignis des 7. Oktober 1251 hielt Salimbene für so bedeutend, dass er es nicht weniger als viermal in seiner Chronik erwähnt hat.

> „Und der Papst hielt sich mehrere Tage lang während der Oktav des heiligen Franziskus in Ferrara auf. Und er predigte vom Fenster des bischöflichen Palastes aus. Einige Kardinäle standen um ihn herum. Einer von ihnen, der Herr Wilhelm, sein Neffe, sprach nach der Predigt mit lauter Stimme das Confiteor. Eine große Volksmenge war wie zu einem Gerichtstag versammelt. Und der Papst predigte über das folgende Thema: „Selig das Volk, dessen Gott der Herr ist, das Volk, das er sich zum Erb-

teil erwählt hat." Nach der Predigt sagte der Papst: „Der Herr hat mich behütet, als ich von Italien wegging, als ich in Lyon weilte und als ich von dort wieder hierher zurückkehrte. Er sei gepriesen in Ewigkeit!" Und er fügte hinzu: „Diese Stadt ist mein. Ich bitte euch, in Frieden zu leben, denn dieser ehemalige Herr Kaiser, der die Kirche verfolgte, ist tot." Ich aber stand neben dem Papst, so nahe, dass ich ihn hätte berühren können, wenn ich gewollt hätte, denn er freute sich, wenn Minderbrüder um ihn herumstanden. Da stieß mich Bruder Geradin von Parma, der Lehrer des Bruders Bonagratia, an und sagte zu mir: „Hör zu, der Kaiser ist tot! Bis jetzt warst du ja noch ungläubig. Lass also deinen Joachim und 'bemühe dich um Weisheit, mein Sohn'" ... Während der Tage, die der Papst in Ferrara war, schickten uns die Kardinäle mehrere tote und enthaarte Schweine, die ihnen geschenkt wurden. Wir gaben unseren Schwestern vom Orden der heiligen Klara davon etwas ab. Auch der päpstliche Ökonom ließ uns durch einen Boten sagen: „Morgen wird der Papst abreisen, um sich nach Bologna zu begeben. Schickt eure Träger zu mir, und ich will euch Brot und Wein geben. Ihr könnt alles haben, was wir nicht mehr brauchen." Und das taten wir."

Der Bericht des Augenzeugen Salimbene de Adam läßt einen nicht nur an einer der wenigen päpstlichen Open-air-Veranstaltungen des Mittelalters teilnehmen, sondern man erlebt geradezu den Zusammenbruch eines lebendigen Mythos, der die Gemüter vieler damaliger Zeitgenossen bewegte. Dieser Mythos hatte seinen Ausgang genommen von den apokalyptischen Prophezeiungen des kalabresischen Abtes Joachim von Fiore. Die gelehrten Franziskaner, welche die Schriften Joachims studiert hatten, nahmen an, die Endzeit sei bereits angebrochen und der Kaiser, Friedrich II., sei der Antichrist. Salimbene de Adam selbst gehörte zu denjenigen, denen der Endzeit-Mythos zur festen Glaubensüberzeugung geworden war.

„Bedenke, dass diese Täuschung über Friedrich leicht bestehen konnte, weil bei der Sibylle zu lesen ist: „Es wird auch unter den Völkern erzählt werden: Er lebt und lebt nicht." Denn auch ich konnte lange Zeit nicht glauben, dass er tot sei, bis ich dann mit eigenen Ohren hörte, wie der Papst Innocenz IV. nach seiner Rückkehr von Lyon in Ferrara vor der versammelten Volksmenge predigte. Denn ich stand neben ihm beständig auf Tuchfühlung, als er im Verlauf der Predigt sagte: „Dieser ehemalige Herr Kaiser, unser Gegner und Feind Gottes und der Kirche, hat seinen letzten Tag beschlossen, wie uns zuverlässig gemeldet wurde." Mich ergriff ein Schauder, als ich das hörte, und ich konnte es kaum glauben. Ich war nämlich ein Joachit, und ich glaubte und erwartete und hoffte, dass Friedrich noch größere Schandtaten vollbringen würde als diejenigen, die er schon vollbracht hatte, und er hatte schon viele vollbracht!"

II   Der Kaiser

Wer war dieser Kaiser, der schon zu seinen Lebzeiten zu einer rätselhaften, teils bewunderten, teils verabscheuten Gestalt, zu einem personifizierten Mythos geworden war, dem man übernatürliche Kräfte zutraute, aber nicht den natürlichen Tod eines normalen Menschen? Wer war dieser Friedrich II., der für manche seiner Zeitgenossen ein Welt-Wunder, für viele treue Anhänger der Römischen Kirche, insbesondere aber die Päpste Gregor IX. und Innocenz IV., ein Erzketzer und Antichrist war und der sich selbst auf dem Höhepunkt seines Krieges gegen den Papst als „Hammer des Erdkreises" bezeichnete?

Am Weihnachtsfest des Jahres 1196 war der damals gerade zweijährige Friedrich zum König von Sizilien gekrönt worden. Das Königreich Sizilien umfasste neben der Insel auch das süditalienische Festland mit den Landschaften Apulien und Kalabrien sowie die Stadt Neapel und ihr Umland. Nach dem plötzlichen Tod seines Vaters, Heinrich VI., am 28. September 1197 in Messina und nachdem ein Jahr später auch seine Mutter Konstanze gestorben war, wuchs der „Knabe von Apulien" als Waise in ziemlich chaotischen Verhältnissen in der Stadt Palermo auf. Anfangs sorgten verschiedene städtische Familien für seinen Unterhalt, danach bemächtigten sich Markward von Annweiler und andere deutsche Heerführer, die in jenen Jahren Süditalien unsicher machten, der Person des Kind-Königs.

Seine körperliche und geistige Bildung scheint in dieser Zeit gleichwohl nicht vernachlässigt worden zu sein. Als er Anfang 1207, im Alter von elf Jahren, befreit wurde, hatte der Frühreife, nach dem Urteil seiner erwachsenen Berater und seines Vormundes, des Papstes Innocenz III., in einer Weise „seine Altersgenossen an Wissen und Kraft übertroffen", dass er das Format „eines reifen und vollkommenen Mannes" erreicht hatte und „mit beiden Füßen fest auf dem Boden" stand.

In seinen berühmten Erwägungen über die Lage des Reiches nach dem Tode Heinrichs VI. stellt Innocenz III. nach Art eines theologischen oder juristischen Traktats Vor- und Nachteile gegenüber, welche die Römische Kirche von den drei Prätendenten des Kaisertums zu erwarten hat: von Philipp von Schwaben, dem Bruder des verstorbenen Kaisers, von Otto von Braunschweig, dem Sohn Heinrichs des Löwen aus dem Hause der Welfen, und von dem „Knaben" Friedrich. Als Vormund Friedrichs hätte der Papst eigentlich für diesen eintreten müssen. Doch dagegen stand das päpstliche Machtinteresse.

> „Der Einwand aber, dass dieser Knabe Unserem Schutze anvertraut sei,
> ist nicht stichhaltig, da er Uns nicht anvertraut ist, um ihm das Kaisertum

zu erhalten, sondern vielmehr, um ihm das Königreich Sizilien zu verteidigen ... Dass es nicht vorteilhaft wäre, wenn er das Kaisertum erhielte, ergibt sich daraus, dass dadurch das Königreich Sizilien mit dem Kaisertum vereinigt und die Kirche durch diese Vereinigung schweren Nachteil erleiden würde."

In aller Deutlichkeit ist hier die machtpolitische Seite des tödlichen Gegensatzes markiert, in den das Papsttum des 13. Jahrhunderts und das Staufische Kaisertum involviert waren. Durch die Vereinigung des Königtums von Sizilien mit der kaiserlichen Macht sahen die Päpste die mittelitalienische Kerndomäne ihrer weltlichen Herrschaft, das Patrimonium Petri, den späteren „Kirchenstaat", in bedrohlicher Weise umklammert. Es war deshalb das vorrangige Ziel ihrer Politik, die königliche Macht zu spalten. In „der Pfaffen Wahl", der doppelten Königswahl des Jahres 1198, sieht einer der aufmerksamsten Beobachter des Zeitgeschehens, Walther von der Vogelweide, der zugleich ein politischer Dichter par excellence war, das Ergebnis päpstlicher Intrigen:

> Ahii! Wie christlich tönt des Papstes Lachen,
>
> Wenn er seinen Welschen sagt: So hab' ich's gemacht!
>
> (Doch hätt' er so was nicht mal denken dürfen!)
>
> Er sagt: Ich hab zwei Deutsche unter eine Kron' gebracht,
>
> Dass sie das Reich verwirren und verwüsten.
>
> Inzwischen füllen wir die Kassen.
>
> Ich führte sie an meinen Opferstock, ihr Gut ist alles mein:
>
> Ihr deutsches Silber fährt in meinen welschen Schrein.
>
> Ihr Pfaffen, esset Hühner, trinket Wein
>
> Und lasst die deutschen Laien hungern und fasten.

Mit dem feinen politischen Netz, an dem Innocenz III. damals strickte, erreichte er freilich seine Ziele nicht: der von ihm favorisierte und im Jahre 1209 in Rom zum Kaiser gekrönte Otto IV. enttäuschte ihn tief. Doch letztendlich ging die Römische Kirche aus allen diesen Kämpfen als Sieger hervor. Nach dem Tode Friedrichs II. rief der Papst, Urban IV., den Bruder des Königs von Frankreich, Karl von Anjou, ins Land und belehnte ihn mit Sizilien und Neapel. In den mörderischen Schlachten von Benevent im Jahre 1266 und Tagliacozzo im Jahre 1268 besiegte Karl von Anjou nacheinander Friedrichs Sohn Manfred und seinen Enkel Konradin. Die öffentliche Hinrichtung des Kaiserenkels Konradin am 29. Oktober 1268 in Neapel war das endgültige und tragische Ende der staufischen Herrschaft in Italien.

Auf dem Höhepunkt des dramatischen Kampfes aber, im Jahre 1240, als der Kaiser den Papst in schwere Bedrängnis gebracht hatte und Rom belagerte, war Friedrich II. überzeugt, es sei nur noch eine Frage der Zeit, dass er das „andere" Haupt der Welt überwinden könne. Er gab dieser Überzeugung in jenen berühmten lateinischen Versen Ausdruck, die er dem Papst, Gregor IX., in sein Zimmer legen ließ:

> „Schicksal kündet und Sterne lehren und fliegende Vögel:
> Sehr schnell werde ich nun Hammer der ganzen Welt.
> Roma wankend schon lang, ein Opfer heilloser Verwirrung,
> Stürzen wird es nun bald, Haupt der Welt nicht mehr sein."

Doch in dem Bewusstsein, die überlegene Sache zu vertreten und den längeren Atem zu haben, antwortet ihm der uralte Großpriester, ebenfalls in elegischen Versen, mit eisiger Kälte:

> „Schicksal schweigt, die Sterne sind still, nichts kündet der Vogel;
> Gott allein steht es zu, wissend die Zukunft zu schaun.
> Petri Schiff zu versenken gibst du dir vergebliche Mühe.
> Schwankt es auch in der Flut, sinken wird es doch nie.
> Was Gottes Hand vermag, musst einst Julianus erkennen:
> Du folgst schon seiner Spur, schon hält dich Gottes Zorn."

Die Staufer, in denen die Päpste seit Friedrich Barbarossa eine Dynastie von Kirchenverfolgern – persecutores ecclesiae – sahen, waren für die Römische Kirche nicht nur in politischer Hinsicht bedrohlich. Aufgrund der philosophischen und religiösen Ideen, die Friedrich II. im Zusammenhang mit seinem Kaisertum entwickelte, galt er den Päpsten und den kirchentreuen Theologen und Juristen als einer der schlimmsten Ketzer und Kirchenfeinde seit den Zeiten der Alten Kirche. Der Rückfall Kaiser Julians „des Abtrünnigen" ins Heidentum schien sich in ihm zu erneuern. Zweifellos: das persönliche Weltbild des Staufers und die religiöse Auffassung, die er von seiner Herrscherrolle hatte, ließen sich kaum mit den traditionellen christlichen Lehren in Einklang bringen.

Das Priesterkönigtum der Päpste erreichte in der ersten Hälfte des 13. Jahrhunderts mit den überragenden Gestalten Innocenz' III. und Gregors IX. seinen Zenit. Der römische Pontifex beanspruchte nicht nur die absolute geistliche Führerschaft in der Christenheit und die oberste Entscheidungsgewalt in Fragen des Kirchenrechts, der Theologie und der Moral, sondern er erhob auch den Anspruch, in weltlichen, politischen Angelegenheiten höchster Richter und letzte Berufungsinstanz zu sein. Und dieser

Anspruch wurde von den Päpsten und ihren Hoftheologen mit scheinbar unwiderleglichen Argumenten aus den heiligen Schriften des Alten und des Neuen Testaments untermauert.

Schon unter dem Großvater Friedrichs II., Friedrich Barbarossa, hatten sich die deutschen Fürsten gegen die Bevormundung des Königtums durch die Päpste zur Wehr gesetzt und auf die eigene, vom Priestertum unabhängige Legitimation der weltlichen Macht hingewiesen. Aber erst Friedrich II. unternahm es, der päpstlichen Amts- und Machttheorie eine eigene, mit theologischen Argumenten fundierte Theorie der kaiserlichen Macht entgegenzusetzen. Hinzu kam seine hohe Auffassung von der eigenen Person, welcher er eine messianische, quasi-göttliche Bedeutung gab. Vielleicht am deutlichsten ist dieses Bewusstsein in dem Brief an die Stadt Jesi in der Mark Ancona ausgesprochen, wo er am 26. Dezember 1294 geboren war und die er deshalb mit dem Geburtsort Jesu parallelisiert. In der feierlich-getragenen Stilisierung der kaiserlichen Erlasse heißt es dort:

„Wenn die Stätten der Geburt von allen ohne Unterschied durch einen angeborenen Trieb des Willens besonders geliebt werden, wenn die natürliche Liebe zur Heimat mit ihrer Süßigkeit jeden leitet und nicht zulässt, dass er seiner selbst uneingedenk sei, so werden auch Wir von dem gleichen Triebe Unserer Natur geleitet und gehalten, Jesi, der Marken edle Stadt, Unseres Ursprungs erlauchten Anbeginn, wo unsere göttliche Mutter Uns zum Lichte brachte, wo Unsere Wiege erglänzte, mit innigster Liebe zu umfangen, auf dass diese Stätte nicht aus Unserem Gedächtnis entschwinden könne und Unser Bethlehem, die Heimat und Ursprungsstätte des Kaisers, Unserer Brust umso tiefer eingewurzelt bliebe. Und so bist Du, Bethlehem, Stadt der Marken, nicht die geringste unter den Fürstenstädten Unseres Geschlechts. Denn aus Dir ist der Herzog hervorgegangen, der Fürst des Römischen Reiches, auf dass er über Dein Volk herrsche und es schirme und nicht gestatte, dass es länger Fremden untertan sei."

Friedrich II. hat bei vielen Gelegenheiten seine Übereinstimmung mit den katholischen Glaubenslehren beteuert, doch war bereits manchen seiner Zeitgenossen klar, dass er sich in tiefster Seele von dem traditionellen christlichen Weltbild weit entfernt hatte. Aus seiner Korrespondenz mit arabischen Philosophen, aber auch mit christlichen Gelehrten, geht hervor, dass er „Aeternist" war, das heißt, dass er annahm, die Welt existiere von Ewigkeit her und der Raum sei grenzenlos und von unendlicher Tiefe. Der Kaiser teilte also nicht die gemeinchristliche Vorstellung von einem Schöpfungsakt Gottes am Anfang der Zeit. Seine Distanz von allen drei großen Buch- oder Offenbarungsreligionen wird deutlich in dem berühmten Ausspruch von den drei Betrügern, den er mehrfach getan haben soll und der keine bloß gehässige Erfindung seiner Gegner zu sein scheint:

> „Drei sind es, die durch ihre Lehren die ganze Welt verführten: Moses, der die Juden, Christus, der die Christen, Mohammed, der die Heiden betörte. Deshalb würde ich, wenn die Fürsten damit einverstanden sein wollten, eine viel bessere Art des Glaubens und Lebens für alle Völker anordnen."

Diesem Traum von einer viel besseren Art des Glaubens und Lebens für alle Völker, der Vorstellung also von einer umfassenden Religion, die den Menschen gemäßer sein würde als die bisher herrschenden Weltreligionen, hat Friedrich Gestalt zu geben versucht in jenem rätselhaften Bau des Castel del Monte, den er ab 1240 auf einem die Landschaft beherrschenden Hügel Apuliens erbauen ließ. Schon in den Jahren davor hatte er Süditalien durch mehrere Reihen stark befestigter Kastelle zum militärischen Zentrum seines zukünftigen Reiches gemacht. Wie den normannischen Königen, seinen Vorfahren mütterlicherseits, schwebte ihm als Ziel die Ausdehnung seiner Herrschaft auch auf das oströmische Reich vor. Der subtile achteckige Zentralbau des Castel del Monte, durchkonstruiert auf der Basis des Achtsterns, erscheint als spiritueller Ausdruck einer neuen, allumfassenden Weltreligion, deren göttlicher Priesterkönig der Kaiser selbst ist.

III Franziskus von Assisi

Wichtigster Berater Friedrichs II. in diesen Jahren war der Franziskaner Elias von Cortona. Er war im Jahre 1239 durch den Papst, Gregor IX., von seinem Amt als Generalminister des Franziskanerordens abgesetzt worden und hatte sich an den Hof des vom Papst exkommunizierten Kaisers begeben. Elias, der über zehn Jahre hin, von 1228 bis 1239, den Bau der gewaltigen Grabeskirche des Franziskus in Assisi geleitet hatte, ist mit großer Wahrscheinlichkeit auch an der Konstruktion des Castel del Monte maßgeblich beteiligt gewesen. In Bruder Elias, einem der gelehrtesten Männer seiner Zeit, hatte der stets neugierige Forschergeist Friedrichs II. einen angemessenen Gesprächspartner gefunden.

Beiden war das Interesse für Franziskus gemeinsam, kaum wegen dessen rigorosem Armutsideal als vielmehr wegen der Vorstellungen, die der Heilige von der Welt, ihrem Ursprung und ihrer Erlösung hatte. Die religiöse Weltvorstellung des Franziskus war, unter dem Deckmantel eines absoluten Gehorsams gegenüber dem Papst und den Amtsträgern der Römischen Kirche, auf ihre Weise ebenso neu und revolutionär wie die des Staufers - auch was die Rolle seiner eigenen Person im Geschehen der Welter-lösung und der Vollendung des Kosmos betrifft.

Im Alter von 24 Jahren hatte sich der reiche Kaufmannssohn aus Assi-si zu Pferd auf den Weg nach Apulien gemacht, um dort das Rittertum, von dem er schon lange träumte, zu erwerben. Doch die Reise ware schon nach einem Tag zuende. In Spoleto wurde ihm schlecht, und während er sich ausruhte, vernahm er im Halbschlaf eine Stimme, die ihn anwies, in seine Heimatstadt zurückzukehren. Franziskus erkannte in der Stimme den Ruf Gottes, der ihn veranlasste, sein „weltliches" Ritterideal in ein „geistliches" umzukehren. Auf seine äußeren Lebensumstände hatte das aber zunächst noch keinen Einfluss: er lebte weiterhin recht lustig und feierte mit seinen Altersgenossen ausgelassene Feste.

Das was er später seine „Bekehrung" nannte, erlebte Franziskus erst, als der Crucifixus von San Damiano, einer kleinen, zerfallenen Kirche am Berghang unterhalb von Assisi, anfing zu reden und zu ihm die berühmten Worte sprach: „Franziskus, geh und baue mein Haus wieder auf, das, wie du siehst, ganz und gar in Verfall gerät!" Das waren die Schlüsselworte, welche die entscheidende Wende im Leben des schon nicht mehr ganz jungen Mannes herbeiführten. Die von dem Kreuzbild Gottes ausgegangene Anweisung versteht er zunächst in ganz vordergründigem, wörtlichem Sinn. Er restauriert eigenhändig, unterstützt von einigen freiwilligen Helfern, San Damiano und danach noch zwei weitere halbzerstörte Kirchen in der Umgebung von Assisi.

Doch dann begreift Franziskus, dass sein zukünftiges Leben unter einer viel weitergehenden Forderung steht: das vom totalen Zerfall bedrohte Haus des Gekreuzigten ist die Katholische Kirche, die christliche Gesellschaft seiner Zeit. Franziskus erkennt, dass seine Aufgabe nicht nur darin besteht, eine Reform der Kirche herbeizuführen, sondern in deren Erneuerung von Grund auf in einem ganz neuen und radikalen Sinn. Die ältesten franziskanischen Quellen betonen denn auch mehrfach, dass Franziskus den Sinn und Zweck seiner Mission in einer *Bekehrung* der Kirche sah. Er gelangte zu der Überzeugung, er könne dieses Ziel nur erreichen, wenn er selbst dem armen und leidenden Jesus immer ähnlicher würde, ja mit ihm zu einer einzigen Person verschmelze.

Seit der Vision des Crucifixus von San Damiano suchte Franziskus mittels extremer Selbstdemütigung und rigoroser Disziplinierung seines Körpers, die er nicht selten in masochistische, die Gesundheit ruinierende Selbstquälereien steigerte, die Angleichung an den armen und leidenden Erlöser zu erreichen. Zeitweilig begibt er sich unter die Allerärmsten und von der Gesellschaft Ausgestoßenen, die Aussätzigen, sorgt für ihren Unterhalt und pflegt sie. In der Überwindung des Ekels vor den schwärenden Wunden und dem Gestank der Leprosen erkennt er bei sich selbst die Umwertung all dessen,was bisher für seine Lebensgestaltung gültig und maßgeblich gewesen war.

Dem Ziel der fortschreitenden Angleichung an den Gekreuzigten diente auch die radikale Armut, der absolute Verzicht auf jede Art von Besitz und Macht, die er von sich und den Gefährten verlangte, die sich ihm ab April 1208 anschlossen. Sie unternahmen Missionsreisen durch Mittelitalien, um einer christlichen Bevölkerung Buße und Umkehr zu predigen. Aber mehr als durch Worte wollten sie durch das Beispiel ihres Lebenswandels, vor allem ihre radikale Friedfertigkeit, wirken, die sie auch in ihren biblischen Grußformeln zum Ausdruck brachten: „Frieden mit euch!" „Frieden diesem Haus!" Später wollte Franziskus die Bekehrung der christlichen Bevölkerung zu seinen Idealen durch die Bekehrung der Prälaten erreichen, das heißt, des Hochklerus: der mächtigen und reichen Kardinäle, Bischöfe und Äbte. Sie sollten nach dem Vorbild Christi und seiner Jünger auf Besitz und Herrschaft verzichten - eine der großen Illusionen des Franziskus.

Da es Franziskus um eine Umwandlung der gesamten Kirche ging, wollte er den Papst für die Unterstützung seiner Ziele gewinnen. Im Frühjahr 1209 machte er sich mit seinen ersten elf Gefährten auf den Weg nach Rom. Das Papsttum befand sich damals auf der Höhe seiner Macht, und den Apostolischen Stuhl hatte der wohl bedeutendste Papst des Mittelalters inne, der von dem alles überragenden Rang seines Amtes fest überzeugt war: Innocenz III. aus der Familie der Grafen von Segni. Bei aller äußeren Machtentfaltung, zu der er das Papsttum geführt hatte, war Innocenz doch intelligent genug, um die innere Krise, den desolaten Zustand der Religion zu erkennen, deren oberster Priester er war. Er hatte deshalb keine Bedenken, Franziskus und dessen Brüdern Predigt und apostolisches Wanderleben zu gestatten. Beidem gegenüber hatten die kirchlichen Amtsträger bis dahin die größte Zurückhaltung gezeigt. Denn dem Ideal der „vita apostolica", des materiell nicht abgesicherten Wanderlebens nach dem Vorbild Christi und seiner Jünger hatten sich die Ketzer, die Katharer und Waldenser, verschrieben.

Vor allem die Katharer hatten im 12. Jahrhundert in weiten Teilen Frankreichs, Italiens und Deutschlands eine große Anhängerschaft gewonnen, hatten eine eigene Hierarchie aufgebaut und waren zu einer bedrohlichen Konkurrenz für die Römische Kirche geworden. Die christlichen

Fürsten, geistliche wie weltliche, versuchten, der Katharer mit kriegerischen Mitteln Herr zu werden. Zu Beginn des Jahres 1208 rief Innocenz III. zum Kreuzzug gegen die als „Albigenser" bezeichneten Katharer Südfrankreichs auf. Die grauenhaften, berüchtigten Albigenserkriege zogen sich bis zur Mitte des 13. Jahrhunderts hin. Die Ermordung der Bevölkerung ganzer Städte und Landstriche nahm zeitweilig die Dimensionen eines Genozids an. Die Albigenserkriege endeten mit der Ausrottung dieser Religion, die Gut und Böse als zwei gleichrangige Prinzipien des Kosmos anerkannte. Dem Papst und einigen Kardinälen in seiner Umgebung dämmerte aber bereits zu Beginn dieses Kreuzzugs die Einsicht, dass mit einer gewaltsamen Ausrottung der Ketzerei noch keine Reform der eigenen Kirche erreicht war. In den Armutsbewegungen, die durch Franziskus von Assisi und den spanischen Domherrn Dominikus de Guzmán initiiert wurden – den später so genannten Bettelorden – erkannte die Römische Kurie das geeignete Instrument, ihren Gegner, das heißt die Katharer und Waldenser, gewissermaßen mit deren eigenen Waffen zu schlagen. Innocenz III. erteilte deshalb Franziskus und seinen Gefährten, die alle keine Priester waren, ohne weiteres die Predigterlaubnis. Nur bezüglich einer Sache hatte er die allergrößten Bedenken: es war das Armutsideal, auf das Franziskus seine Bruderschaft verpflichtet hatte. Die Radikalität dieser Forderung absoluter Besitzlosigkeit mit dem Verbot, Geld auch nur anzurühren, ging weit über alles hinaus, was bis dahin christliche Ordensgemeinschaften praktiziert hatten. Es wurde nicht nur von dem einzelnen Mitglied der Verzicht auf jegliches Eigentum gefordert, sondern auch von der Gemeinschaft als solcher. Religiöse Körperschaften ohne gemeinschaftlichen Besitz hatte es bisher in der Christenheit noch nie gegeben.

Der Papst trägt deshalb dem Franziskus auf, die Sache noch einmal zu bedenken, um in dieser Angelegenheit den Willen Gottes zu erkennen. Auch er selbst möchte zu einer „Gewissheit über den Willen des Herrn" kommen. Die Antwort erhält Franziskus in einer Traum-Vision, in der ihm „der Herr" selbst ein Gleichnis erzählt, das Franziskus so, wie er es „im Geist" gehört hat, dem Papst erzählt. Es handelt sich um das Gleichnis von der armen, schönen Frau in der Wüste; es gehört zu den großen Gleichnissen der Weltliteratur, in einer Reihe mit den Gleichnissen Homers, Platons und Jesu.

> „Eine arme, schöne Frau war in einer Wüste. Ihre Schönheit bewunderte ein großer König und begehrte, sie zur Frau zu nehmen, denn er dachte sich, aus ihr schöne Söhne zeugen zu können. Die Ehe wurde geschlossen und vollzogen, und viele Söhne wurden geboren und aufgezogen. Zu

ihnen sagte die Mutter folgendermaßen: „Meine Söhne, schämt euch nicht, denn ihr seid des Königs Söhne. Geht also an seinen Hof, und er wird euch alles Notwendige zur Verfügung stellen."

Als sie zum König kamen, bewunderte der König ihre Schönheit, und er erkannte in ihnen die Ähnlichkeit mit sich selbst und sagte zu ihnen: „Wessen Söhne seid ihr?" Als sie ihm antworteten, sie seien die Söhne der armen Frau, die in der Wüste lebe, da umarmte sie der König mit großer Freude und sagte: „Fürchtet euch nicht, denn ihr seid *meine* Söhne. Wenn sich nämlich Fremde von meinem Tisch ernähren, um wieviel mehr ihr, die ihr meine legitimen Kinder seid." Der König sandte nun zu der genannten Frau, dass sie alle von ihm empfangen Söhne an seinen Hof sende, damit sie dort ernährt würden."

In diesem Gleichnis, das ihm auf visionäre Weise eingegeben worden war, erkannte Franziskus eine göttliche Offenbarung über sich selbst und seine Gemeinschaft, die „Männer des Evangeliums". In dem Bewusstsein, Träger einer göttlichen Verheißung und Vollender einer von Gott übertragenen Aufgabe zu sein, tritt er erneut vor den Papst, erzählt ihm das Gleichnis und gibt sogleich dessen Deutung:

„Ich bin, Herr, diese ganz arme Frau, die der liebende Herr durch seine Barmherzigkeit ausgezeichnet hat, und es hat ihm gefallen, sich aus ihr legitime Söhne zu zeugen. Der König der Könige sagte mir aber, er werde alle Söhne, die er aus mir zeugen werde, auch ernähren. Denn wenn er die Fremden ernährt, dann muss er erst recht die Legitimen ernähren. Wenn nämlich Gott den Sündern zeitliche Güter gibt wegen ihrer Liebe zu den zu ernährenden Söhnen, um wieviel mehr wird er den Männern des Evangeliums schenken, denen dies nach rechtem Verdienst zukommt."

Ein ungeheuerer Anspruch: die Anhänger der von Franziskus ins Leben gerufenen Bewegung sind die *legitimen* Söhne Christi, die Auserwählten Gottes, das neue Israel, die inmitten der „Fremden" leben, die auch am Tisch des Königs sitzen. Mit diesen Fremden sind die Welt-Menschen gemeint, die aber doch auch Christen, Glieder der Kirche sind.

Es geschieht nun das Merkwürdige, dass der Papst Franziskus nicht von der Stelle weg als Häretiker inhaftieren läßt, sondern er läßt sich auf das Gleichnis ein. Innocenz III., dieser nüchterne, scharf denkende Jurist und zupackende Machtpolitiker auf dem Apostolischen Stuhl, war wie Franziskus ein Visionär. Im tiefsten Winkel seiner Seele wurzelte er im Dichterischen und Träumerischen. So erinnerte er sich an eine Traum-Vision, die er wenige Tage vor dem Besuch des Franziskus gehabt hatte: Die Kirche des heiligen Johannes im Lateran, die päpstliche Kathedralkirche also, drohte einzustürzen. Aber ein unscheinbarer, verächtlich aussehender Ordensmann bewahrte sie vor dem Ruin, indem er seinen eigenen Rücken darunterschob. In Franziskus erkennt Innocenz III. nun diesen Heiligen, der berufen ist, die Kirche vor dem Verfall zu retten.

Der kleine, schwache Franziskus, der die Kathedralkirche des Papstes vor dem Einsturz bewahrt: in den großen franziskanischen Freskenzyklen, wie dem des Giotto in der Oberkirche San Francesco in Assisi, ist diese Szene eindrucksvoll dargestellt. Sie ist eine der großen, utopischen Visionen des Mittelalters, die Tieferes über die geistigen Strukturen dieser Zeit aussagen, als die Lektüre umfangreicher theologischer und juristischer Traktate zu Tage fördern kann. Der Bogen, der von dem Auftrag des Crucifixus von San Damiano an Franziskus seinen Ausgang nahm, schließt sich hier gewissermaßen: die göttlich legitimierte Absicht des Franziskus, die Kirche wiederaufzubauen, wird durch den höchsten irdischen Herrn der Kirche anerkannt.

Aber im dramatischen Lebensverlauf des Franziskus ist die päpstliche Anerkennung nur ein vorläufiger Abschluss, gewissermaßen das Ende des ersten Aktes. Unter dem Schutzmantel der Römischen Kurie kann in den nächsten Jahren nicht nur seine Gemeinschaft wachsen; auch er selbst schreitet fort auf dem Weg der Angleichung an Christus, dem Weg der Konformität mit dem Erlöser. Seine engsten Gefährten sehen in Franziskus schon bald einen „zweiten Christus", in der franziskanischen Bewegung eine Erneuerung der Urkirche. Thomas von Celano, der Biograph des Franziskus, der ihn persönlich noch gut gekannt hatte, sieht in dem Erscheinen des Heiligen so etwas wie ein neues Weihnachten, eine Erneuerung der Geburt Christi, welche eine im Zustand der Lähmung und desolater Korruption dahindämmernde Christenheit überrascht:

> „Gott bedachte, wie die alte Welt vom Schorf der Laster verdreckt war, wie die kirchlichen Stände abseits der apostolischen Pfade dahintrotteten, und wie, als die Nacht der Sünden ihre Mitte erreicht hatte, den heiligen Lebenslehren das Schweigen auferlegt wurde; sieh da, da sprang er plötzlich als ein neuer Mensch auf die Erde. Und als unversehens eine neue Heerschar erschien, da wunderten sich die Völker angesichts der Zeichen eines neuen apostolischen Zeitalters. Alsbald wurde die einst beerdigte Vollkommenheit der Urkirche ans Licht gebracht, deren Großtaten die Welt zwar las, deren Beispiel sie aber nicht sah ... Seit den Zeiten der Apostel erging niemals ein so wunderbarer Anruf an die Welt."

Thomas von Celano beschreibt mit diesen Worten auch das neue Lebensgefühl, die Aufbruchstimmung, welche die ersten Franziskaner in Italien und bald auch über dessen Grenzen hinaus hervorriefen.

IV Das 13. Jahrhundert: Umbrüche und Aufbrüche

Denn entgegen idealisierenden und verklärenden Darstellungen ist das Hochmittelalter, das 12. und 13. Jahrhundert, nicht eine Epoche ungebrochener Glaubensstärke und christlicher Lebensfülle gewesen, sondern ein Zeitalter, in dem viele geistige Strömungen aufeinandertreffen und nebeneinander leben; in dem Altes zusammenbricht, aber gleichwohl noch sehr wirksam ist, und Neues hervorkommt, um selbst nach wenigen Jahren obsolet zu werden; nicht so rasch zwar wie im zwanzigsten Jahrhundert, aber auch damals konnte der ursprüngliche Schwung, den ein neuer geistiger Impuls brachte, bereits innerhalb einer Generation erlahmen.

Die beiden großen krisenhaften Erscheinungen der ersten Hälfte des 13. Jahrhunderts sind das Katharertum und die Kreuzzüge. Die Kreuzzüge forderten mehr als zweihundert Jahre lang von der Bevölkerung der westlichen Länder einen ungeheueren Geld- und Blutzoll. Bis zum Beginn der Neuzeit appellierten die Päpste immer wieder an die Opferbereitschaft der Christen, um Geldmittel für die „Befreiung" des Heiligen Landes aufzutreiben. Das Wenigste davon wurde jedoch für seine angebliche Bestimmung verwendet. Schon Walther von der Vogelweide hatte seine diesbezüglichen Zweifel in der sarkastischen Anrede an einen Opferstock geäußert:

„Sagt an, Herr Stock, hat Euch der Papst hierher gesandt,

Ihn zu bereichern, uns Deutsche arm zu machen, zu verschulden?

Wenn ihm der ganze Segen kommt zum Lateran,

Dann tut er eine große Lumperei, wie er's schon immer hat getan ...

Von diesem Silber, fürcht ich, kommt das Wenigste ins Heilige Land,

Denn großen Schatz teilt selten aus des Pfaffen Hand."

Die Bilanz der heiligen Kriege ist gleichwohl nicht ausschließlich negativ. Und wie bei vielen anderen Dingen muss man sich auch in diesem Falle vor einem heuchlerisch-moralisierenden Rückblick auf die vermeintlich „düsteren" Zustände des Mittelalters hüten - einem Blick aus der Selbstgewissheit und Erleuchtung einer sogenannt „modernen" Zeit, die aber zu Greueln in Dimensionen fähig ist, von denen die mittelalterlichen Menschen nicht einmal hätten träumen können. Damals kamen aus der arabisch-muslimischen Welt des Orients und Spaniens Kenntnisse und Vorstellungen, die das Denken und die Kultur innerhalb der *Christianitas* in Bewegung brachten und Umwälzendes in die Wege leiteten.

Um das Jahr 1220 waren die kriegerischen Ressourcen der christlichen Königreiche Europas erschöpft. Versuche, die Kriege um die heiligen Stätten in *Outremer* wieder aufleben zu lassen, endeten ausnahmslos mit einem Fiasko für die christlichen Heere. 1229 gelang es dem Kaiser, Friedrich II., noch einmal auf diplomatischem Wege, dem ihm geistesverwandten Sultan, Melek el-Kamil, den Besitz der Stadt Jerusalem abzuhandeln. Doch die heilige Stadt wurde 1244 erneut und diesmal endgültig von den Muslimen erobert. Die beiden Kreuzzüge, die Ludwig IX. von Frankreich danach noch unternahm, erreichten ihr Ziel nicht. Mit dem Tod dieses Königs am 25. August 1270 vor Tunis, eines Königs, dessen Gerechtigkeit und Menschenfreundlichkeit die Zeitgenossen nicht genug rühmen konnten, am 25. August 1270 vor Tunis, waren die heiligen Kriege des Mittelalters an ihr unrühmliches Ende gekommen.

Während des 12. Jahrhunderts war dem westlichen Christentum in der Religion des Katharertums bereits sein gefährlichster Gegner seit den Zeiten der Alten Kirche erwachsen. Bei aller Verschiedenheit der einzelnen katharischen Strömungen hatte diese Religion doch einige unbestrittene fundamentale Glaubenssätze. Und diese Fundamentaldogmen standen im schärfsten Gegensatz zu den überlieferten christlichen Vorstellungen von Gott, Welt und Schöpfung, von Bestimmung des Menschen, Erlösung und Ende der Zeit. Die Erklärung der Welträtsel sahen die Katharer in der Annahme zweier gegensätzlicher Prinzipien, Gut und Böse. Das Negative und Böse in der Welt, der gesamte Bereich des Körperlichen und Materiellen verdankte danach seinen Ursprung der Schöpfertätigkeit einer bösen göttlichen Macht; ein im Wesen guter Schöpfer dagegen hatte die Welt des Guten und Geistigen geschaffen. In einem vorzeitlichen Sündenfall waren die rein geistigen Geschöpfe, die Engel, in die Welt der Materie abgestürzt. Sie gingen in menschliche und tierische Körper ein. Nur eine fortschreitende asketische Loslösung aus der sündigen Körperlichkeit führt daher die Seelen zurück zur ursprünglichen Vollkommenheit; die Elite, der Kern der katharischen Kirche, die sogenannten „Reinen", die *Perfecti*, gelangen bereits zu ihren Lebzeiten zu dieser Vollkommenheit. Nur sie und diejenigen von den gewöhnlichen Gläubigen, den *Credentes*, die vor ihrem Lebensende noch das Sakrament des *Consolamentum* empfangen, werden gerettet. Die große Masse der übrigen Menschen dagegen fällt der ewigen Verdammnis im ewig währenden Reich des Bösen anheim.

Von allen damaligen Zeitgenossen hat wohl Franziskus von Assisi das Wesen, die innerste Motivation des Katharismus am besten erfaßt. Er setzt ihr seine Überzeugung von der allumfassenden Güte eines einzigen Schöpfergottes entgegen. Von dessen göttlichem Leben ist die gesamte Natur, sind die belebten und unbelebten Wesen erfüllt. Dieser Überzeugung von der Beseelung des Kosmos und seiner untergründigen Güte, *fontalis bonitas*, hat Franziskus für alle Zeiten ihren Ausdruck gegeben in seiner großen Dichtung des „Sonnenliedes".

„Höchster, allmächtiger, guter Herr,
Dein sind die Lobgesänge, die Herrlichkeit und die Ehre und jegliche Preisung.
Dir allein, Höchster, gebühren sie,
Und kein Mensch ist würdig, dich zu nennen.
Gelobt seist du, mein Herr, mit allen deinen Geschöpfen,
Besonders Herrn Bruder Sonne,
Der ist Tag, und du gibst uns Licht durch ihn,
Und schön ist er und strahlend mit großem Glanze;
Von dir, Höchster, gibt er Eindruck.
Gepriesen seist du, mein Herr, für Schwester Mond und die Sterne;
Am Himmel hast du sie geschaffen, hell, kostbar und schön.
Gelobt seist du, mein Herr, für Bruder Wind
Und für Luft und Wolke und heiteres und jedes Wetter,
Durch das du deinen Geschöpfen Erhaltung gibst.
Gelobt seist du, mein Herr, für Schwester Wasser,
Die gar nützlich ist und bescheiden und kostbar und keusch.
Gelobt seist du, mein Herr, für Bruder Feuer,
Durch den du die Nacht erleuchtest,
Und er ist schön und erfreulich und stark und kräftig.
Gelobt seist du, mein Herr, für unsere Schwester Mutter Erde,
Die uns erhält und leitet
Und mannigfache Früchte hervorbringt und bunte Blumen und Kräuter.
Gelobt seist du, mein Herr, für die, welche vergeben um deiner Liebe willen,
Und die Krankheit und Trübsal ertragen;
Selig, die sie in Frieden ertragen werden,
Denn von dir, Höchster, werden sie gekrönt werden."

Das genaue Gegenteil von Vergebung, Liebe und Frieden hatte Franziskus hautnah erfahren, als er im Sommer 1219 nach Ägypten gereist war und sich im Lager der Kreuzfahrer aufgehalten hatte. Die christlichen Ritter, die unter dem Oberbefehl eines päpstlichen Legaten, des Kardinalbischofs Pelagius, standen, bemühten sich damals in mörderischen, verlustreichen Kämpfen, die Festung Damiette im Mündungsgebiet des Nil zu erobern. Damiette, das am 5. November 1219 fiel, musste von den Christen nach kurzer Zeit wieder aufgegeben werden. Der ägyptische Feldzug war eine der letzten kriegerischen Großunternehmungen im Kampf um das Heilige Land, den die westliche Christenheit auf päpstliche Anstiftung hin unternommen hatte. Franziskus, der von dem Treiben der Kreuzfahrer angewidert war, besuchte mit Erlaubnis des Sultans Melek el-Kamil, dessen Sympathie er gewonnen hatte, die heiligen Städte Bethlehem und Jerusalem und kehrte dann nach Italien zurück.

Er muss zu der Überzeugung gelangt sein, dass die von den Päpsten seit über zweihundert Jahren betriebene „Befreiung" des Heiligen Grabes und des Heiligen Landes ein sinnloses und verbrecherisches Unternehmen war. Nach seiner Rückkehr machte er den kleinen Ort Greccio im Tal von Rieti zum „neuen Bethlehem". Dort inszenierte er 1223 seine berühmte Weihnachtsfeier. Dieses neue Bethlehem, in dem die neue Geburt des Erlösers für Menschen und Tiere den überraschten Teilnehmern an der Weihnachtsmesse augenfällig demonstriert wurde, musste nicht erst in einem blutigen Krieg erobert werden; es lag, für jedermann erreichbar, mitten in Italien.

Im September 1224 schließlich, zwei Jahre vor seinem Tod, erlebte Franziskus auf dem Berg La Verna bei Bibbiena, im Verlauf der rätselhaften Vision eines Engelwesens des obersten Ranges, eines Seraphen, die Stigmatisierung mit den fünf Wunden des gekreuzigten Christus. Im seinem eigenen Verständnis und dem seiner Gefährten gelangte er damit zur vollständigen Gleichheit mit dem Erlöser; er wurde definitiv zum „zweiten Christus". Doch die Erscheinung hatte nicht die in christlicher Kunst und Vorstellung überlieferte Gestalt eines gekreuzigten Menschen, sondern es war ein gekreuzigter Seraph „von unvorstellbarer Schönheit", wie die alten Lebensbeschreibungen betonen. Wie der ursprüngliche, vorzeitliche Sündenfall von dem ranghöchsten der Engel, Luzifer, initiiert worden war, so musste die endgültige Rettung durch einen seraphischen Welterlöser herbeigeführt werden. Dessen erlösende Tat galt nicht nur den Menschen, sondern der gesamten belebten und unbelebten Natur und den Dämonen. Die traditionelle katholische Erlösungslehre teilte hingegen mit dem Katharismus die Vorstellung von der endgültigen und ewigen Verlorenheit Satans und der verdammten Menschen.

Der Berg La Verna, wo der schöne gekreuzigte Engel aus der visonären Traumwelt des Franziskus aufgetaucht war, wurde damit zum „heiligsten Berg des Erdkreises", wie es dort oben noch heute über der mittelalterlichen Klosterpforte zu lesen ist.

Die Vorstellung von einer universalen, den gesamten Kosmos umfassenden Erlösung musste in der damaligen Kirche ungeheuerlich erscheinen, ebenso ungeheuerlich wie die Ketzereien des von zwei Päpsten gebannten Kaisers Friedrich II. Franziskus hat deshalb über die Worte, die der Seraph zu ihm gesprochen hatte, bis zu seinem Lebensende eisern geschwiegen. Aber das in den ältesten Biographien des Franziskus in teilweise kryptischer Sprache überlieferte Bild der Erscheinung spricht auch heute noch, wie ich meine, klar und verständlich.

Die hier zu Tage tretende Erschütterung einer religiösen Weltvorstellung, die über die Jahrhunderte hin anscheinend unbestritten und bewegungslos überliefert worden war, wird auch deutlich bei den anderen großen Protagonisten auf der historischen Bühne dieses bewegten dreizehnten Jahrhunderts. So wird das größte Epos des Staufischen Zeitalters, Wolfram von Eschenbachs „Parzival", wie mit einem Paukenschlag durch das Wort *zwivel*, Zweifel, eröffnet.

> „Wenn Zweifel Herzens Nachbar ist,
> Muss das der Seele sauer werden.
> Verunziert und geschmückt zugleich
> Ist der unverzagte Mann,
> Den zu Zeiten doch Verzagtheit überkommt:
> Grad so wie's bei der Elstern Farbe ist.
> Doch mag er sich des Lebens freun:
> Sind an ihm doch beide Teil,
> Des Himmels und der Hölle.
> Der unbeständige Gesell indes
> Hat sich ganz für Schwarz entschieden
> Und wird auch in das Dunkel fahren.
> So hält sich an die helle, lichte Farbe
> Der mit beständigen Gedanken."

Und der von Zweifeln am gerechten Weltregiment Gottes und an dem Sinn ritterlichen und menschlichen Daseins umgetriebene Parzival erlangt Versöhnung und Erlösung am Ende nicht auf dem durch Kirche und traditionellen Kult vorgezeichneten Heilsweg, sondern durch die erlösende Wirkung des Grals und seines an entrücktem Ort zelebrierten Kultes.

Der Zweifel als Denkmethode hatte sich schon um die Mitte des 12. Jahrhunderts an den Domschulen Frankreichs durchgesetzt. Vor allem die großen Theologen Peter Abaelard und Gilbert von Poitiers waren für die Vernunft und das Nachdenken beim Abwägen sich widersprechender Traditionen eingetreten und waren deshalb in Glaubensprozesse verwickelt worden. Aber der Zweifel, *Dubium*, setzte sich als ein elementarer Schritt in der theologischen Methode durch - übrigens mit Billigung der Päpste, von denen mehrere Schüler der genannten kritischen Theologen waren.

Um die gleiche Zeit entstand in der gleichen Landschaft, der Ile-de-France, eine neue Richtung der Kunst, die Gotik, ablesbar an der Architektur der großen Kirchen, die damals errichtet wurden: der von dem Abt Suger erbauten Abteikirche von Saint-Denis sowie den Kathedralen von Sens und Chartres.

Fast hundert Jahre später, in den dreißiger Jahren des 13. Jahrhunderts, erreicht die Hochgotik in der Kathedrale von Reims, und namentlich in den Figuren des Hauptportals, ihren Höhepunkt. In den großen traditionellen Szenen des Marien-Lebens: Verkündigung, Heimsuchung, Darstellung im Tempel, nehmen die Engel und Heiligen lebensvolle, individuelle Züge an. Das Natürliche, Körperliche, Materielle ist - erstmals seit der Antike - wieder in sein ursprüngliches Recht eingesetzt. Damit ist keineswegs der Geist oder das Heilige negiert. Vielmehr spricht sich in dem Lächeln des verliebten Verkündigungsengels der „gottgegebene Glanz" aus.

Diese Schönheit und Anmut des Göttlichen strahlt bis heute auch den an, der sich nicht mehr als Pilger, sondern eher als gedankenloser Tourist an einen solchen Ort begibt. Und sie kann zu dem, der denn bereit ist hinzusehen und hinzuhören, auch sprechen. In den Glanz, der von den großen Portalfiguren ausgeht, sind auch die im vorausgehenden romanischen Zeitalter geträumten und ausgedachten Halbmenschen, Chimären und Monstren eingetaucht; sie haben im Mauerwerk der Kathedralen ihren Platz und gewissermaßen ein Recht auf Überleben gefunden. In ihnen haben die Menschen des Mittelalters ihre geheimen Ängste und ihr seelisches Leiden Gestalt werden lassen.

Eine filigrane, lichtvolle architektonische Kostbarkeit entstand in der Sainte-Chapelle, die König Ludwig IX. auf der großen Seine-Insel in Paris errichten ließ, als Schrein für die (wirkliche oder vermeintliche) Dornenkrone Christi, die er in Konstantinopel gekauft hatte. In dem Licht, das durch die hohen, bunten Glasfenster der gotischen Sakralbauten einfiel, einem Licht, das den auf ihnen dargestellten heiligen Geschichten Gestalt und Glanz gab, erkannten die nachdenklichen Menschen des Mittelalters das Symbol des immateriellen, ewigen Lichts, das die Finsternis der Welt-Zeit erleuchtet.

Zu Beginn des 13. Jahrhunderts war die Gotik auch nach Italien gelangt. Ihre ersten großen Sakralbauten sind die Cistercienser-Abteikirchen von Fossanova und Casamari, die in ihrer strengen Schönheit bis heute den Besucher der römischen und neapolitanischen Campagna beeindrucken. Bis zur Jahrhundertmitte sind dann die Franziskanerkirchen von Assisi und Cortona vollendet; sie zeigen beide die unverkennbare „architektonische Handschrift" des genialen Franziskaners Bruder Elias von Cortona.

Das 13. Jahrhundert stellte sich einmal den Menschen, sogar den Gelehrten einer weniger erleuchteten Zeit als „finsterstes Mittelalter" dar. Dieselben Menschen taten denn auch das ihnen Mögliche, sowohl die ihrer Meinung nach „barbarischen" Bauwerke wie die „unerleuchteten" Gedanken des gotischen Zeitalters zu vernichten. Heute erkennt man, dass die Bauten und Kunstwerke der Gotik des 13. Jahrhunderts, etwa die Franziskanerkirche von Assisi, kostbare Schätze sind, um deren Erhaltung sich Restauratoren kümmern. Gilt das auch für die Gedanken? Ich meine, dass die zentrale religiöse Idee des 13. Jahrhunderts bis heute bedenkenswert und in einem höheren Sinne verbindlich ist: Es ist die Verwandlung des Materiellen in das Geistige, des Zeitlichen in das Ewige, des Irdischen in das Göttliche. Diese Idee – oder wenn man so will: diese Utopie – erscheint in der Kunst der Gotik ebenso wie in den gedanklichen Konstruktionen der Theologen, in den großen Dichtungen jener Zeit und den visionären Träumen des Franziskus von Assisi. Angesichts eines überschwappenden Marktes esoterischer Pseudoweisheiten und besinnungsraubender literarischer Psychodrogen verdient diese Utopie an der Schwelle zum dritten Jahrtausend christlicher Zeitrechnung mehr als nur Bewahrung und Restauration: Diese Idee verdient nachdenkende Beschäftigung und einfühlsame Meditation.

Im Zeichen des schwarzen Todes
– Das 14. Jahrhundert –

PETER KAMBER

Es war im Januar 1349, an einem Tag, der dem Fest des Heiligen Hilarius, am 13. Tag des neuen Jahres, folgte, dass der Bischof von Straßburg Landadelige des Elsaß und Boten der Städte in seiner Residenz zu Benfeld zusammenrief: „Der Bischof aber, die Großen des Elsasses und die Reichsstädte kamen überein, die Juden nicht zu dulden", berichtet der zeitgenössische Chronist Matthias von Neuenburg, „und so wurden sie bald an diesem, bald an jenem Ort verbrannt". Der Historiker Frantisek Graus nennt den „Tag zu Benfeld" das Datum, an dem „die Machthaber selbst ,grünes Licht' zum Morden gaben".

Mag der zunehmende Einfluss des Landadels und dessen tiefe Verschuldung bei jüdischen Bürgern ein sozialer Motor der geplanten Pogrome gewesen sein, so belegt der folgende Essay die Wirksamkeit der diesem Geschehen zugrundeliegenden Ideologie und deren Propaganda: die Brunnenvergiftungslüge, die der Ausbreitung der Pest ab Oktober 1347 von Sizilien, Genua und Venedig aus gen Norden vorauseilte.

Untersucht wird die Rolle eines Prozesses im waadtländischen Schloss Chillon im Herbst 1348 ebenso wie die Reaktionen auf den Brunnenvergiftungsvorwurf gegen die Juden in Lausanne, Bern, Straßburg, Köln und Regensburg.

Deutlich macht dieser Essay auch die Bedeutung des Geschehens an nur einem einzigen Tag in einem ganzen Jahrtausend: dass persönliches Verhalten und individuelle Entscheidung weitreichende Konsequenzen für nachfolgende Jahre und Jahrhunderte in sich tragen, ja mehr noch: dass dieses Geschehen rückblickend wie ein „Drehbuch" aller nachfolgenden Ausbrüche von Judenhass und Judenmord erscheint, bis hin zur Shoah des 20. Jahrhunderts. (St)

I Die Pest als prägendes Trauma des 14. Jahrhunderts

Am 13. Januar 1350, schreibt Francesco Petrarca, der italienische Dichter und Humanist, seinem Bruder einen Brief:

> „Die Zeit ist uns, wie man sagt, ‚zwischen den Fingern zerronnen.' Unsere alten Hoffnungen, sind mit unseren Freunden begraben. Das 1348ste Jahr – es hat uns einsam und arm gemacht. Denn was es uns geraubt hat, das lässt sich weder vom Indischen Meere her wiedererlangen, noch vom Kaspischen oder vom Karpatischen Meer. Unersetzlich sind die Verluste, die wir jüngst erlitten haben. Ist doch jede Wunde unheilbar, die der Tod geschlagen hat."

Und etwas später bricht Petrarca emotional in den Ausruf aus:

> „O glückliche Spätgeborene, die ihr solch abgrundtiefen Kummer nicht erfahren werdet und die ihr unsere Zeugnisse als Fabeln lesen werdet!"

Dass alle Menschen „sterblich" sind und, wie Petrarca es ausdrückt, „Überhaupt keine Regel für den Tod besteht", wird ab der Mitte des 14. Jahrhunderts zur prägenden Erfahrung: Denn die Pest, die in kurzer Zeit einem Drittel der Bevölkerung das Leben nimmt, bleibt von jetzt an in Europa heimisch und sucht die Bevölkerung in immer neuen Wellen heim. Auf dem Friedhof von Pisa, dem Campo Santo Monumentale, findet sich eine Wandmalerei von Francesco Traini mit dem Titel. „Triumph des Todes" aus eben diesem Jahr 1350: Eine schwarzbeflügelte Frau mit wehendem Haar stößt mit einer Sense auf eine Gruppe von Menschen im blühendsten Alter herunter; etwas höher oben kämpfen Engel mit Dämonen um die Seelen der Verstorbenen.

Der Tod ist in der italienischen – und auch der französischen – Sprache weiblich: la morte, la mort. Auch Petrarca nennt ihn in seinem Gedicht „Triumph des Todes" „Herrin", „eine Frau im schwärzlichen Gewand", mit „schlimmem" Zorn „im Angesicht", ebenso „schön" wie „grausam" – der Tod als Frau, die, wenn auch „nicht aus Hass", „der Welt die schönste Blüte raubt".

Die Kunst des Makabren, die mit den Totentanzdarstellungen des folgenden 15. Jahrhunderts ihren Höhepunkt finden wird, knüpft selbstverständlich an eine lange christliche und eine noch ältere antike philosophische Reflexion an. Doch im 14. Jahrhundert kommt mit Petrarca und dem ihm befreundeten Giovanni Boccaccio, der sein großes Erzählwerk „Decamerone" in die Zeit des großen Sterbens versetzt, eine „Wendung zum individuellen Bewusstsein" auf, wie die amerikanische Kulturhistorikerin

Barbara Tuchmann formuliert. In ihrem Buch „Der ferne Spiegel. Das dramatische 14. Jahrhundert" meint sie:

„Insofern mag der Schwarze Tod der unerkannte Geburtshelfer des modernen Menschen gewesen sein. "

Als die Pest von Asien sich auszubreiten begann – das war in den Jahren 1345, 46 und 47 – entwickelte sie sich von einer regional begrenzten, immer wieder aufflackernden Seuche zu einer Kontinente übergreifenden Epidemie. 1347/48 erreicht die Pest auch Europa, wo sie seit mehr als einem halben Jahrtausend nicht mehr aufgetreten war.

Wohl die spektakulärste Schilderung über den Beginn des großen Sterbens verfasste der aus Piacenza stammende Gabriel de Mussis. Aufgrund von Augenzeugenberichten beschreibt er, welchen dramatischen Weg die Pest von der Krim-Halbinsel am Schwarzen Meer nach Norditalien nahm.

„Im Jahre des Herrn 1346 starben im Osten unendlich viele Geschlechter von Tartaren und Sarazenen an einer unerklärlichen Krankheit und durch einen plötzlichen Tod. Sehr große Landstriche dieser Gegenden, unendlich viele Provinzen, wundervolle Königreiche, Städte, Burgen und Ortschaften voll von Menschen und reich an Bevölkerung wurden durch (...) die Bisse eines schrecklichen Todes von ihren Einwohnern beraubt. Und verödeten in kurzer Zeit."

Als die Tartaren die am Schwarzen Meer liegende Stadt Kaffa belagerten, in der sich zu dieser Zeit zahlreiche italienische Kaufleute befanden, geschah dann das Unerhörte. Gabriel de Mussis:

„Sie umzingelten die Stadt Kaffa und belagerten die eingeschlossenen Christen bis in das dritte Jahr. Dort, von einem ungeheuer großen feindlichen Heer umschlossen, konnten sie kaum mehr atmen, obschon ein Schiff Lebensmittel herbeischaffte und diese Hilfe den Belagerten eine ganz kleine Hoffnung gab. Plötzlich aber befiel eine Seuche die Tartaren und lag das gesamte Heer ganz darnieder. Täglich starben ihrer viele Tausende. Es schien den Eingeschlossenen, es flögen Pfeile vom Himmel, welche den Übermut der Tartaren ereilten. Auf der Stelle waren sie an den Gelenken ihrer Leiber gezeichnet, ihre Körpersäfte gerannen in den Leisten und unter hinzutretendem fauligen Fieber fanden sie den Tod. Alle ärztlichen Ratschläge und Hilfeleistungen versagten. So großes Verderben und pestbringende Krankheit zermürbten die Tartaren. Verlassen, kraftlos und in jeder Hinsicht betäubt, ohne Hoffnung auf Rettung ihrem Tod entgegensehend, befahlen sie, die Leichen auf die Wurfmaschinen zu laden und in die Stadt Kaffa hineinzuschleudern, um sich des unerträglichen Gestanks derselben zu entledigen. Es schien, als wüchsen die hineingeworfenen Kadaver zu Bergen auf. (...) So kam es (...), dass ein Schiff, dem die Wegfahrt gelungen war und das von wenigen Schiffsleuten gesteuert wurde, welche vom Gift der Krankheit ebenfalls angesteckt waren, in Genua anlegte. Einige von ihnen kamen aus Venedig, andere aus anderen Teilen der Christenheit. Es ist unglaublich, aber welche Länder die Seefahrer auch betraten, gingen sie, als ob böse Geister sie begleitet hätten, zusammen mit den da lebenden Menschen zugrunde. In jeder Stadt, jedem Ort und jedem Land vergifteten sich die Menschen beiderlei Geschlechts an der ansteckenden Seuche und erlagen einem plötzlichen Tod. Und sobald auch nur einer begann, krank zu werden, tötete er mit dem Gift im Niedersinken und Sterben alle übrigen Hausbewohner. Diejenigen, die es unternahmen, die Leichen zu begraben, kamen auf die gleiche Weise zu Tode. So trat der Tod durch die Fenster ein. Städte und Burgen wurden entvölkert und leere Gemäuer beweinten ihre aus dem Leben geschiedenen Bewohner. (...) Mit den Schiffen legten wir in unseren Städten an und betraten unsere Häuser, während die schwere Krankheit uns in ihrer Gewalt hatte und von tausend kaum zehn übrig geblieben waren, strömten die Nachbarn, die Verwandten und Mitbewohner von überall her bei uns zusammen. Weh uns, die wir die Pfeile des Todes trugen! Wir waren gezwungen, während sie uns in Umarmungen und Küssen umfangen hielten, mit jedem ausgesprochenen Wort Gift aus unserem Mund zu verströmen. Jene wiederum vergifteten, nach Hause zurückgekehrt, umgehend alle, mit denen sie selber zusammenlebten und innert dreier Tage erlag die Hausgemeinschaft dem Pfeil des Todes."

Die Pest verbreitete sich gleichzeitig auch im gesamten Nahen Osten. Georg Sticker notiert in seinen „Abhandlungen aus der Seuchengeschichte" mit Bezug auf arabische Quellen:

„Während sonst die Mohammedaner nie bei Pestseuchen öffentliche Gebete halten, machte diesmal das Volk von Damaskus im Monat Juli (1348) nach einem dreitägigen Fasten eine allgemeine Bittprozession. Die Mohammedaner trugen den Koran; es beteiligten sich die Juden mit der Bibel, die Christen mit dem Evangelium; Frauen und Kinder folgten den Männern wehklagend und Gott um Hilfe anrufend. Der Zug ging zur Moschee der Fußspur (sic) des Propheten."

Vor allem in den Hafenstädten wie Genua und Venedig war die wirkliche Herkunft der Seuche offensichtlich. Georg Sticker:

„Nach Genua kamen am Silvestertage drei mit Spezereien beladene Schiffe, die überall, wo sie angelegt hatten, in Griechenland und in Sizilien, Ansteckung und Tod zurückgelassen hatten. Das Gerücht von ihrem traurigen Gastgeschenk musste ihnen nach Genua vorausgeeilt sein; denn hier empfingen die Einwohner sie mit brennenden Pfeilen und anderen Geschossen, um sie aus dem Hafen zu vertreiben."

Diesen Vorfall meldete gemäß der Chronik des Aegidius Li Muisis ein a-
nonymer Kleriker auch in das südfranzösische Avignon. Dort residierten
mehr oder weniger erzwungen zwischen 1303 und 1376 die Päpste nach ihrer verloren gegangenen Kraftprobe mit der französischen Krone; sie bewohnten dort mit ihrem Gefolge ein riesiges, an eine Festung gemahnendes
städtisches Schloss.

Im nahen Marseille war die Pest schon im November 1347 ausgebro-
chen. In einem Monat raffte sie da und im dazugehörenden Umland 57.000
Menschen hin. Wenig später – so Georg Sticker – erreichte sie auch die
Schwelle der päpstlichen Residenz:

> *„Nach Avignon kam sie im Januar des Jahres 1348, im sechsten Jahr des
> Pontifikates von Clemens VI. Ihre erste Tat war, dass sie 26 Mönche im
> Karmeliterkloster tötete. Dann brach sie mit voller Wut in der Stadt aus
> und tötete in den drei ersten Tagen 1.800 Menschen; in den sieben Mona-
> ten ihrer Herrschaft raffte sie im Ganzen 150.000 weg."*

Der Chronist und Zeitgenosse Matthias von Neuenburg hielt fest:

> „Wie groß die Menge der Sterbenden zu Avignon am päpstlichen Hofe
> war und wie ansteckend die Krankheit, weshalb die Menschen ohne Sac-
> ramente starben, die Eltern sich nicht um ihre Kinder kümmerten und
> umgekehrt, die Gefährten nicht nach ihren Gefährten noch die Diener
> nach ihren Herren fragten, wie viele Häuser mit allem Hausrathe leer
> standen, in welche sich Niemand hineintraute, dies Alles zu beschreiben
> oder zu erzählen ist schrecklich. Keine Rechtsangelegenheit wurde da-
> selbst verhandelt, der Papst blieb in seinem Gemache eingeschlossen,
> hatte daselbst fortwährend ein großes Feuer und gestattete Niemandem
> den Zutritt."

II „Erklärungen" der Pest

Wenn die Chronisten jener Zeit Erdbeben wie in China, Vulkanausbrüchen
– der Ätna hatte 1321 und 1328 Lava gespieen – und Kometen eine besondere Aufmerksamkeit zukommen ließen, dann deshalb, weil die Beben in
der damaligen Zeit als Unglückszeichen in mehr als einem nur symboli-
schen Sinn betrachtet wurden. Außerordentliche Naturphänomene bildeten
eine der über Jahrhunderte hinweg gängigsten Pesterklärungen, die so genannte „Miasma"-Lehre: Diese Theorie fand seit der Antike und den überaus einflussreichen Schriften des griechisch-römischen Arztes Galen eine
große Verbreitung. Der „Miasma"-Lehre zufolge waren *giftige Ausdüns-
tungen in der Luft*, die der Wind selbst in die entlegensten Gegenden trage,
Ursache für das massenhafte Sterben. Das tödliche Miasma – das griechi-

sche Wort für Verunreinigung, Fäulnis, Verwesung – dringe, falls keine Schutzvorkehrungen getroffen würden, unweigerlich über die Atemwege in den Körper. Die Folgen seien Fieber und „Verderbnis" der menschlichen „Säfte", welche sich in Gestalt von Pusteln und Beulen einen Ausweg aus dem erkrankten Leib verschafften. Diese pestbringenden Dünste stiegen nach Auffassung Galens bei übergroßer Hitze und nach Erdbeben durch Risse und Klüfte aus dem Erdinnern auf oder sie bildeten sich über den Schlachtfeldern, wenn die Heere der toten Krieger unbestattet der Verwesung überlassen blieben.

Ein im Auftrag des französischen Königs erstelltes Pestgutachten der Medizinischen Fakultät der Universität Paris vom Oktober 1348 erneuerte nicht zuletzt auch auf astrologischer Basis diesen Glauben an die „Verderbnis der Luft" als Grund für die Pest: „Der warme und feuchte Jupiter", so vermerkten die Gelehrten, lasse „üble Dämpfe von der Erde aufsteigen". Die Konjunktion der Planeten Saturn, Jupiter und Mars im Zeichen des Wassermanns, wie sie 1345 herrschte, sowie die unguten Dämpfe, welche wegen der Beben aus dem Erdinnern aufgestiegen seien, werden als Hauptursache des großen Sterbens angeführt. Besondere Bedeutung für die Verpestung der Luft maßen die Pariser Ärzte darüber hinaus auch den sommerlichen Monsunwolken in Indien bei: Das Feuer der Sonne bringe das Meer zum Verdampfen; und wenn in einer Gegend das Wasser durch verendete Fische verdorben werde, stiegen diese giftigen Dünste mit der Feuchtigkeit auf und verbreiteten sich über die Länder, ohne dass die verdunkelte Sonne sie zu reinigen vermöge.

Die verbreitetste Erklärung der Gelehrten für die Pest blieb jedoch im 14. Jahrhundert die astrologische: Der Arzt Guy de Chauliac, zur Zeit der Pest einer der Leibärzte des Papstes in Avignon, vertrat 1363 in seinem Werk „La grande Chirurgie" die Theorie, wonach gerade das Zusammentreffen der drei Planeten Saturn, Jupiter und Mars im gleichen Tierkreiszeichen eine allgemeine Disposition für das Sterben geschaffen habe:

> „[Die Konjunktion dieser Gestirne] prägte in der Luft und in den anderen Elementen eine solche Form, dass sie, so wie ein Magnet das Eisen anzieht, die giftigen Körpersäfte in Bewegung versetzt: und diese sammeln sich im Innern, wo sie Abszesse verursacht: woraus ausgedehnte Fieber entstehen und Blutauswürfe folgen am Anfang (...). Dann (...) wirft die Natur (...) [diese Säfte] hinaus, so wie sie es nur kann, hauptsächlich in den Achseln und in der Leistengegend: und bildet Beulen (...)."

Guy de Chauliac war 1348 nach langer Pflege der Kranken selbst an der Pest erkrankt, hatte sie aber überlebt. Die Chirurgen pflegten damals die Pestbeulen aufzuschneiden, um sie von ihrem breiigen und übelriechenden Eiter zu befreien. Diese Maßnahme macht auch nach heutigem Wissen durchaus Sinn.

Befiel der Pesterreger aber über Tröpfcheninfektion von Mensch zu Mensch die Lunge und entwickelte sich eine so genannte „Lungenpest", starben die Erkrankten fast ohne Ausnahme in ein bis drei Tagen. Im Falle der Beulenpest dagegen erfolgte die Ansteckung über Rattenflöhe, die von den verstorbenen Nagern auf den menschlichen Körper – als Notwirt – übersprangen; wer an Beulenpest erkrankte, hatte eine gewisse Überlebenschance: Innerhalb von drei bis fünf Tagen verstarben zwischen 20 und 75 Prozent der so Erkrankten. Jede Pest befiel, wie seit Ende des 19. Jahrhunderts bekannt ist, zuerst die Ratten und die auf ihnenlebenden Flöhe. Durch Flohbisse wurde das Bakterium „Yersinia pestis" übertragen; die Bisse verursachten auf der menschlichen Haut die typischen schwarzen Pusteln, und die Lymphknoten der Leiste oder unter den Achseln schwollen zu Pestbeulen an. Im 14. Jahrhundert war in Europa noch die schwarze Ratte heimisch, die mit dem Menschen in viel engerer Gemeinschaft lebte als die scheuere braune Ratte; diese verdrängte – zusammen mit der Pest überhaupt – zu Beginn des 18. Jahrhunderts die schwarze Gattungsart aus Europa.

Der Ansteckungsweg über Ratten und Flöhe entzog sich im Mittelalter der Kenntnis der Menschen. Der Pesterreger selbst wurde erst 1894 von Alexandre Yersin anlässlich der Pest in Hong Kong genau beschrieben. Den Umgang mit dem Mikroskop und das mikrobiologische Wissen hatte sich der Westschweizer und Wahlfranzose Yersin in Paris bei Louis Pasteur und in Berlin bei Robert Koch erworben. Indessen war im Mittelalter schon klar gewesen, dass die Übertragung der Krankheit, die unterschiedslos alle erfasste, über ein Agens oder Medium größter Allgemeinheit erfolgen musste, dem alle täglich ausgesetzt waren: Wie etwa der Luft – und dem generellen Einfluss der Sterne. Anders hätte sich nicht erklären lassen, wie diese Seuche derart schnell so viele Menschen töten konnte. Aber ein solches von allen Menschen vor Ort geteiltes Element, mit dem täglich alle in Berührung kamen, war eben auch das Wasser.

III Die Mär einer Brunnenvergiftung

Die ersten Gerüchte über vermeintliche jüdische Pestverursacher entstehen nicht in Italien, sondern im Jahre 1348 in Frankreich und in Savoyen. Dort kommt der Verdacht auf, die Pest sei das Werk angeblicher jüdischer Brunnenvergifter.

Papst Clemens VI. bleibt in dieser Sache nicht untätig: In zwei Bullen tritt er Mitte des Jahres 1348 vehement gegen das anderswo einsetzende Morden an den Juden auf, denen plötzlich die Schuld am allgemeinen Sterben gegeben wird. Die Pest, erklärt der Papst, sei nicht durch menschliches Handeln verursacht, sondern ein Verhängnis Gottes oder eine Folge des Stands der Sterne. Schon ein Jahrhundert zuvor hatte Papst Innozenz IV. als Reaktion auf Massaker an Juden deutlich Stellung bezogen. Pogrome hatte es in ganz Europa nicht nur während der Kreuzzüge, sondern auch auf lokaler und regionaler Ebene immer wieder gegeben, sei es aus Anlass phantasierter Hostienschändungen oder auch dann, wenn rund um Ostern im Zusammenhang mit der Auffindung einer Leiche die Beschuldigung laut wurde, Juden hätten einen sogenannten „Ritualmord" begangen, um sich angeblich christliches Blut zum Backen ihres Pesach-Brotes zu verschaffen. Schon in der Antike war diese antijüdische Schauermär im hellenistischen Ägypten und im Römischen Reich herumgeboten worden. Damals hatten die Römer diesen Kannibalismus-Vorwurf auch gegen die Christen selber erhoben: Die Lehre der Anhänger des Jesus von Nazareth vom Heiligen Abendmahl leistete diesen Gerüchten in jeder nur erdenklichen Weise Vorschub.

Obwohl die Christen also während der frühen Verfolgungszeiten die Perfidie der Ritualmordlüge am eigenen Leib erfahren hatten, holten sie im Hochmittelalter diese absurde Legende wieder hervor, um sie nun ihrerseits gegen die Juden zu richten. Eine „Schule der Grausamkeiten" nennt der Historiker Frantisek Graus diese „Formen aktiver Judenfeindschaft".

Die Gerüchte nun, mit denen die Juden 1348 zuerst in Südfrankreich, dann in Spanien und schließlich rund um den Genfer See in einen Zusammenhang mit der Verbreitung der Pest gebracht wurden, sind genau besehen zunächst nur eine Art Neuauflage von Vorwürfen, die 1321 bereits anlässlich eines Massenmordes an Lepra-Kranken in Frankreich gegen die Juden vorgebracht worden waren. Die Lepra, der Aussatz, war im mittelalterlichen Europa eine verhältnismäßig weit verbreitete Krankheit. Den Aussätzigen wurden nach dem Vorbild der Bibel mit Almosen geholfen. Sie waren einzig gehalten, mit Holzklappern Gesunde vor dem Nähertreten zu warnen. 1321 aber – beschuldigt, Quellen und Brunnen zu vergiften und damit zu planen, die Christenheit zu vernichten – , waren die französischen Lepra-Kranken zusammengetrieben worden, wurden auf die Folter zu so genannten „Geständnissen" gezwungen und dann verbrannt. Mit ihnen wurden gleich auch die Juden hingerichtet, die sich seit der großen Vertreibung durch den französischen König im 13. Jahrhundert noch im Land befanden. Ihnen wurde angedichtet, im Auftrag des moslemischen Königs von Granada in Südspanien – vom 8. bis zum 15. Jahrhundert ja das Zentrum des westlichen Islam – den Lepra-Kranken das Gift besorgt zu haben. Hingerichtet wurden auch die christlichen Leiter der Lepra-Krankenhäuser, der sogenannten „Leprosorien".

Dieser scheußliche, politisch-ideologisch motivierte Mord im französischen Königreich und die wahnhaften Vergiftungsängste, die ihm zugrunde lagen, geistern noch immer in den Köpfen der Menschen herum, als 1347/48 die Pest ausbricht. Das erste Pogrom findet in Toulon statt und greift auf andere Ortschaften in der Provence über, wo damals, im April/Mai 1348, bereits die Pest wütete. In Barcelona artet „ein banaler Streit über die Bestattung eines Pestopfers in ein Massaker an den Juden aus (...). Ähnliche Vorfälle ereigne(te)n sich in den folgenden Monaten in weiteren Städten Kataloniens". Auch andere Randgruppen sehen sich plötzlich angeklagt. In Narbonne und Carcassonne im Süden Frankreichs, wo die Pest schon ein Viertel der Einwohner getötet hat, werden, wie der Historiker Carlo Ginzburg schreibt, „Arme und Bettler unterschiedlicher Herkunft festgenommen":

> *[Sie trugen] „Pulver bei sich (trugen), das sie in Wasserstellen, Speisen, Häuser und Kirchen streuten, um den Tod zu verbreiten. Einige hatten freiwillig gestanden, einige unter Folter. Sie [erklärten], das Pulver zusammen mit Geld von Personen erhalten zu haben, deren Namen sie nicht kannten: Dies hatte den Verdacht erweckt, die Anstifter seien Feinde des Königreiches Frankreich. In Narbonne [wurden] vier geständige Schuldige mit glühenden Zangen gezwickt, geviertelt, verstümmelt und schließlich verbrannt."*

Auch in Avignon grassierte die These eines Bettlerkomplotts. Von Juden ist erst in der Dauphiné wieder die Rede, und zwar Anfang Juli 1348:

> „Zwei Richter und ein Notar, versehen mit speziellen Briefen des Dauphin, [ermittelten] in Vizille, unweit von Grenoble, gegen (...) sieben Männer und eine Frau (...), die öffentlich [diffamiert] wurden, giftige Pulver in Quellen, Brunnen und Speisen gestreut zu haben. (...) Eine Abschrift der Prozessakten wurde im Auftrag des Amadeus VI. von Savoyen [durch einen] Notar zum Preis eines Goldflorins erworben, nachdem eine Volksmenge in Chambéry über die Juden hergefallen war, um sie zu massakrieren."

Daraufhin wird in Savoyen am 10. August 1348 ein „Commissarius", wie es wörtlich heißt, mit deutlichem Auftrag eingesetzt:

> [Er soll] „gegen die Juden in der Grafschaft Savoyen Beweismittel (zu) sammeln, (...) und ein vollständiges Gerichtsverfahren in der Angelegenheit durch(zu)führen, dass diese Juden in Gerüchten zur Last gelegt wird, Brunnen, Gewässer und verschiedenes anderes mehr vergiftet zu haben."

Zu den Bedingungen der Verbreitung der Mär einer Brunnenvergiftung gehörte ganz entscheidend, dass in Savoyen diese Gerüchte der Ankunft der Pest selbst deutlich vorangingen und den Leuten, die das Greuelmärchen weitererzählten, die direkte Erfahrung der Pest noch fehlte. Robert Hoeniger hat in seinem 1882 erschienenen Buch „Der Schwarze Tod in Deutschland" diesen Zusammenhang als Erster beleuchtet: Vorher war über Jahrhunderte hinweg der Eindruck vermittelt worden, die großen Verfolgungen seien zeitgleich mit dem Großen Sterben erfolgt.

„Verschwörungstheorien gedeihen besser auf dem Boden der Imagination", schreibt Carlo Ginzburg, und der Historiker Frantisek Graus, der das Vorauseilen der Gerüchte – Monate vor dem Eintreffen der Seuche – für die Zeit von 1348 bis 1350 belegt, betont in seinem Buch „Pest – Geissler – Judenmorde":

> „(...) im Reich kam 1348 die Fabel in einer Zeit auf, als man die Pest erst vom Hörensagen kannte. Als man im Reich das Wüten der Pest mit eigenen Augen beobachten konnte, stellte man empirisch schnell fest, dass die Pest ansteckend war und dass Juden zumindest genauso stark von der Seuche betroffen waren wie ihre christlichen Mitbürger."

1348 wird die Brunnenvergiftungslegende in jene Form gegossen, in der sie Jahrhunderte überdauert, und zwar im alten Savoyen an den Ufern des Genfer See, auf dem Gebiet der heutigen Schweiz. Im waadtländischen Schloss Chillon, am Stadtrand von Montreux, findet im September 1348 ein Prozess gegen vier Männer und eine Frau statt, ein Prozess, der gleich in mehrfacher Weise den Boden für die Judenpogrome im gesamten deutschen Reich legt. Der Prozess verleiht „allen späteren Judenverfolgungen den rechtlichen Schein", wie Justus Hecker 1832 in seinem Buch über den „Schwarzen Tod im vierzehnten Jahrhundert" vermerkt. Denn er präsentiert, wie Frantisek Graus hervorhebt, „weltlich formulierte" Anklagen mit „nicht-klerikalen Begründungen".

Erhalten geblieben ist – neben verschiedenen Briefen – einzig eine lateinische Prozessabschrift; sie wurde der Stadt Straßburg auf Anfrage aus Lausanne zugeschickt. Der erste Mann, der im Schloss Chillon, wie es beschönigend heißt, „ein wenig zur Folter gebracht" wird und „nach langer Zeit", wie das Protokoll ebenfalls festhält – ein sogenanntes Geständnis ablegt, ist der jüdische Wundarzt Balavignus aus Thonon, dem heute französischen Südufer des Genfer See. Die Juden hatten dank ihrer schriftlichen Kultur und dem engen Kontakt mit den arabischen Zentren des Wissens die Medizin seit der Spätantike auf einem hohen Niveau behalten. Auch als Praktiker waren jüdische Ärzte sehr gesucht, und der Versuch der Kirche am Konzil von Béziers 1246, Christen bei Strafe der Exkommunikation zu verbieten, sich von jüdischen Ärzten behandeln zu lassen, fand selbst unter Bischöfen und Päpsten keine Beachtung. Balavignus nun wird in dem Prozess vorgeworfen, er habe von einem Meister Jakob, der aus dem maurischen Toledo nach Chambéry gekommen sei, in einem ledernen Beutel Gift erhalten. Überbracht worden sei es ihm, Balavignus, von einem jüdischen Knaben, zusammen mit einem Brief. Darin sei ihm „geboten (...) uff Anordnung der Jüdischen Rabbinen oder Meister ihres Gesetz":

> „bey Straff des banns und Gehorsam ihres Gesetzes [solle er] denselben Gifft in den grössern und gemeinern Brunnen seiner Stadt legen, als dessen er sich gebrauch, die Leuthe zu vergifften, die sich des Wassers daselbsten erholleten, und dass er solches keinem Menschen [an]vertrauen so[l]lte."

Weiter habe der Arzt Balavignus „bekannt":

> „er [habe] besagte Quantität Gifft oder Pulvers in einen Brunnen des Ufers bey Thonon an einem Abend unter einen Stein heimlich gelegt (habe). Desgleichen hat er gestanden, dass (...) er seim Weib und Kindern ausdrücklich verboten hette, dass sie des Brunnens sich (...) gebraucheten; (...) und viel andere Schreiben mehr hätte der Knabe getragen, wie er gesagt, an unterschiedene und entlegene Orte, wüs[s]te aber nicht, an wenm (sic) sie gehalten."

Selbstverständlich werden sämtliche angeblich Mitschuldigen ihrerseits auf die Folter gespannt. Die Farbe des fraglichen Pulvers, das wenn nicht in Beuteln, dann in Leinen oder Papier gefaltet seinen Weg der Anklage nach in die Brunnen fand, variiert in den Geständnissen zwischen „roth und schwartz", „grün und schwartz", „schwartz und weiß". Diese Unstimmigkeit scheint die Richter nicht weiter zu bekümmern. Auch nicht die Tatsache, dass das Brunnenvergiftungs-Szenario nicht die für die Pest so typische gegenseitige Ansteckung der Menschen erklärt. Alles deutet darauf hin, dass Balavignus seine Folterer verzweifelt vom ganz anderen Charakter der Pest zu überzeugen versucht. Seine Erfolglosigkeit zeigt sich in einer Geständnispassage, die nicht anders zu verstehen ist, als dass ihm seine

Worte im Mund herumgedreht und – gegen ihn selber verwendet – auf das angeblich in den Brunnen gelegte Gift übertragen werden:

> „Dieser Balavigny sagt auch, weil er ein Wundarzt ist, wenn einer von solchem Gift angesteckt wird, und ein ander ihn anrühret in solchen seiner Schwachheit, wenn er schwitzet, dass er von solchem anrühren gar leicht angesteckt wird, auch von dem anhauchen eines angesteckten, und das glaube er wahr zu seyn, weil er's von erfahrnen Medicis gehört, und sey er gewiss, dass sich andere Juden davon nicht entschuldigen können, als die sich dessen wohl bewus[s]t und an vorbesagten dingen schuldig."

Das Protokoll, das keine wörtlichen Fragen und Antworten enthält, sondern im wahrsten Sinne des Wortes ein Machwerk ist, eine durchredigierte Zusammenfassung der erfolterten Satzfragmente, ist stilistisch auf größtmöglichen Effekt hin konzipiert. Wird – etwa von der Jüdin Belieta – als Tatmotiv zuerst genannt, dass die Leute „erkrankten", lautet es nach weiterer Folter schon, dass sie „erkrankten und danach stürben". Bei ihrem ebenfalls gefolterten Sohn wird als Absicht nur noch genannt, dass sie „stürben".

Dem gleichen Gesetz der Steigerung dient die schrittweise Ausdehnung des geographischen Raumes: Der eng gesteckte Handlungsrahmen des Genfer Seegebietes weitet sich bereits nach wenigen Wochen – während des Anschlussprozesses vom Oktober 1348 gegen fünf andere Juden – gewaltig aus; jetzt heißt es in dem nach Straßburg versandten Protokoll, über den Angeklagten Gimetus, der offenbar ein Seidenhändler war und weit herumkam:

> [Er hat das Gift in] „dünnen und geneheten ledern Säcklein (...) vertheilt in die Brunnen, Wasserkasten und Quellen in den venetianischen Orten" [und ist] „in Person in Calabrien und Apulien gegangen und [hat] daselbst in viel Brunnen besagtes Gifft geworffen. (...) Gesteht ferner, dass er von solchem Gifft gelegt hätte in den gemeinern Brunnen der Stadt Toulous[e]."

Ein weiterer Angeklagter, „Iconetus", hatte laut Prozessprotokoll diesen Auftrag:

> „Du geh (...) und lege in die Brun[n]en der besten Städte von dem Giffte, die Leuthe des Landes zu vergifften, die des Wassers brauchen, (...) heimlich und verborgen."

Ebenso große Mühe geben sich die *richterlichen Autoren* des Prozesses – wie man sie schlechterdings nennen muss – mit der Konstruktion einer jüdischen Kollektivschuld; sie soll implizit die Rechtfertigung für die Pogrome gegen alle Juden liefern: So steht nicht nur im Geständnis des Wundarztes Balavignus, es gebe für die anderen Juden keine Entschuldigung, denn sie hätten alle davon gewusst. „Mamsson der Jud" erklärt seinerseits, dass sich

> „niemand der Juden wegen dises Handels entschuldigen könne, sintemahl alle miteinander durchgehends davon Wissenschafft tragen und daran schuldig seyn."

Aquetus schließlich, der Sohn der erwähnten Belieta, bekennt – in der typischen Manier der erpressten Selbstbezichtigung, wie sie sich in allen Schauprozessen der Geschichte wiederfindet:

> „bey seiner Seelen, dass die Juden den Tod wol verdient, und das er nicht begehrte darvon zu kommen, sondern sterben, denn er den Tod wol verdient."

Noch gespenstischer als diese Prozesse selber aber ist, dass diese redigierte Prozessakte, das so genannte „Bekantnis der Juden (...) über der Vergifftung (...) so wol der Brunnen und Quellen als anderer orten auch speisen und anders, die gantze Christenheit zu sterben und auszurotten", dass dieses vorgebliche Protokoll noch im gleichen Herbst 1348 in Abschriften auf raschestem Wege von einer Stadt zur anderen wandert.

Die jüdischen Gemeinden rund um den Genfer See fallen wie Dominosteine, und die Brandspur der Pogrome weist rasch auch nordwärts. Die Stadt Bern mit ihrer Scharnierfunktion zwischen der französischen und der deutschsprachigen Welt erhält auf ihr Ersuchen hin eine Kopie aus Lausanne. Die Berner benachrichtigen daraufhin Straßburg, das sich seinerseits an Lausanne wendet und auf diesem Wege seine Abschrift erhält; die Lausanner versehen sie noch mit der lateinischen Warnung: „Omnipotens vos conservet / Der Allmächtige bewahre Euch."

In Bern sind unterdessen die Juden ebenfalls geständig gemacht. Sie werden im November 1348 verbrannt. Die Aussagen der Gefolterten reicht der Berner Rat den Städten Solothurn, Straßburg, Freiburg im Breisgau und Basel weiter. Die Stadt Zofingen behauptet daraufhin, im Haus eines verhafteten Juden namens „Tröstli" einen Giftfund gemacht zu haben. Der Chronist Heinrich von Diessenhofen berichtet, es sei „mittels einer Probe fest[gestellt] ,, worden; „dass es Gift war". Glied um Glied scheint sich unter der eisernen Härte der Scharfrichter die Beweiskette zu bilden. Einer der Angeklagten, vermutlich eben dieser „Tröstli", wird „gebunden" nach Bern geschickt, wahrscheinlich, um da sein Geständnis zu wiederholen. Die Nachricht über das angebliche Zofinger Gift, das sogar an Hunden, Schweinen und Hühnern ausprobiert wurde, macht schnell die Runde. Aber die Anfrage des Straßburger Rats, ein wenig von dem Gift zur Prüfung zugeschickt zu erhalten, bescheidet Zofingen am 23. Dezember 1348 mit einer Absage.

> „Wellent ir aber disu vorgeschriben ding nut gelouben, so sendent uns einen, zwene oder drue, dien ir wol geloubet und getruwent; wir lassen si die gift gesehen und versuochen, als wir sie versuocht hant vor mangem biderman."

Damals weilen bereits Straßburger Boten in Zofingen, die Zeugen werden, wie drei Juden gerädert und eine Jüdin auf andere Weise hingerichtet wird. In der Zwischenzeit hat in Bern der Jude Menli gestanden, er habe den Basler Juden Gift weitergegeben. Bern lässt auch eine Aufforderung an die Stadt Solothurn gehen, „ze klagenne uffen die juden umbe ir mort", da zwei der Angeklagten gestanden hätten, die Brunnen in Solothurn vergiftet zu haben. Die Vollzugsmeldung erfolgt bald darauf, was um so bedeutsamer ist, als der Mann, der in Solothurn das Gericht als Reichslehen innehat, ein Neffe des Straßburger Bischofs ist. Die Wellen schlagen aber längst schon über Straßburg hinaus bis nach Köln. So haben die Kölner unter anderem auch erfahren, dass Bern einen seiner geständigen Angeklagten wohl zum weiteren Beweis der „Schweizer Brunnenvergiftungen" dem Straßburger rat zugeführt hat. Dies ist in einem Brief vom 19. Dezember 1348 an die Straßburger zu entnehmen:

> „Unseren freundlichen Gruß und alles Gute allezeit zuvor in allem. Liebe Freunde! Es hat uns hinterbracht Bruder Heinrich von der Kommende des Deutschordens zu Köln, dass (...) der Rat der Stadt Bern (...) Euch einen gefangenen Juden überschickte, damit er Euch Nachricht gebe von der Vergiftung und Gift-Ausstreuung, daran in unterschiedlichen Enden der Welt die Christen gestorben. Bei uns ist vielerlei Redens hiervon, und indem einer dies, ein anderer ein anderes hervorbringt, wissen wir nicht, was hiervon wahr sei."

Dieses leibliche Herumführen eines Folteropfers ist der wohl beelendendste Aspekt der Berner Versuche, die Brunnenvergiftungslüge im Reich zu verbreiten. Die Kölner selbst bleiben jedoch zunächst skeptisch.

Einem weiteren Brief der Kölner an die Straßburger ist zu entnehmen, dass sie das große Sterben in den Gegenden, die von der Pest erfasst worden sind, als „nit anders (...) danne Gotz plage" ansehen, die Rede von der Brunnenvergiftung für eine Mär halten und die Juden „solicher getate unschuldig".

Die Kölner warnen auch davor, es zu Volksaufläufen kommen zu lassen, weil durch solche in etlichen Städten schon viele Leute umgekommen seien. Diese Furcht wird Ende des Jahres 1348 von den Regierenden Straßburgs geteilt. Auch sie halten die aus Lausanne, Bern, Zofingen und Solothurn beigebrachten Beweise für nicht schlüssig und sind in keiner Weise bereit, sich Maßnahmen gegen die Juden einreden zu lassen. Doch die angeblichen Erkenntnisse aus dem formal noch zum Reich gehörenden Gebiet der heutigen Schweiz sickern aus den Ratsstuben in die Bevölkerung durch; sie werden obendrein über den in Benfeld residierenden Bischof von Straßburg und die elsässischen Adeligen auf verschlungenen Wegen von außen in die Zünfte hineintragen: Dadurch gerät die städtische Führungsspitze politisch zunehmend unter Druck. Noch aber wirkt Straßburg wie ein Damm und scheint ein massives Übergreifen der Pogrome auf das eigentliche Reichsgebiet verhindern zu können; doch bereits im November 1348 ist es auch in Stuttgart, Kaufbeuren, Memmingen und Augsburg zu Massakern an den Juden gekommen, und im Dezember setzen sich die Verfolgungen in Nördlingen, Lindau, Reutlingen und einigen anderen Orten fort. Gefangengesetzt werden die Juden im Januar 1349 auch in Freiburg im Breisgau und in Konstanz.

Mittlerweile schwirren die Gerüchte völlig unkontrolliert herum, ist doch das Mittelalter ein Medienzeitalter ganz besonderer Prägung: Die Städte sind nämlich untereinander durch ein Netz von Eilboten verbunden; über diese Informationskanäle verbreiten sich zur Meinungsbildung und Beeinflussung beinahe in Echtzeit neben Gerüchten auch die zu ihrer Erhärtung gedachten geheimen Folter-Protokolle von Schloss Chillon.

Der entscheidende Rückschlag für die Straßburger Politik, die Juden der Stadt vor Übergriffen und ungerechtfertigten Anklagen zu schützen, erfolgt durch das Pogrom in der eng mit Straßburg verbündeten Stadt Basel. Wie der Chronist Matthias von Neuenburg berichtet, waren es „die Vornehmeren" der drei Städte Straßburg, Freiburg und Basel, „welchen darum zu thun war, die Juden zu gehalten, wiederholt zusammen[gekommen], allein sie fürchteten das Geschrei des Volkes".

Hinzu kommt der immer virulenter werdende Einfluss der Landadeligen im Elsass und des Straßburger Bischofs; sie waren, wie der Historiker Frantisek Graus festhält, „bei der Straßburger Juden tief verschuldet und deshalb an der Liquidierung ihrer Gläubiger interessiert". Sie drängen auf eine Konferenz über die Juden; als „Tag von Benfeld" wird dieses Treffen in die Geschichte eingehen.

Wenige Tage vor dieser Zusammenkunft wirken die Ereignisse in Basel als Fanal. Nachdem, wie Matthias von Neuenburg in seiner Chronik weiterschreibt, in Basel „sogar einige Edle (...) wegen eines der Juden zugefügten Unrechts auf längere Zeit verbannt wurden, sieh da rannte das Volk mit seinen Bannern vor das Rathaus":

> „Darüber erschraken die Ratsherren und der Bürgermeister fragte: 'was sie wollten?', deshalb wurde sofort nach denselben geschickt, weil sich die Ratsherren nicht heraustrauten, ehe sie zurück waren. Darauf sagte das Volk noch: 'es wollte die Juden nicht länger in der Stadt dulden' (...). Auf dieses Geschrei hin wurden am Freitage nach Hilarius im Jahre des Herrn 1349 alle Basler Juden auf einer Rheininsel in einem für sie errichteten Häuschen ohne Urteil verbrannt und am darauf folgenden Freitage die Freiburger, wobei man aber zwölf der reicheren noch aufbewahrte, um durch sie ihre Schuldner in die Enge zu treiben."

Der „Tag zu Benfeld" zeigte dann aber einige Tage später, dass es nicht zulässig ist, die Pogrome einfach einer so genannten „Wut des Pöbels" zuzuschreiben. An dieser Versammlung, die als eine Wannsee-Konferenz des Mittelalters angesehen werden kann, beschließen alle Teilnehmer mit Ausnahme Straßburgs die Vernichtung der Juden. Der zeitgenössische Chronist Matthias von Neuenburg hält fest:

> „Es wurde nun ein Tag in Benfelden im Elsass angesagt, auf welchem der Bischof [von Straßburg], die Herren, die Barone und die Boten der Städte zusammenkamen. Als die Boten der Straßburger sagten: 'sie wüssten nichts Schlimmes von ihren Juden', fragte man sie: 'warum die Eimer von ihren Brunnen weggenommen worden wären?' Das gesammte Volk eiferte nämlich gegen die Juden. Der Bischof aber, die Grossen des Elsasses und die Reichsstädte kamen überein die Juden nicht zu dulden, und so wurden sie bald an diesem, bald an jenem Ort verbrannt. An einigen Orten wurden sie bloss ausgewiesen, aber das Volk holte sie ein, verbrannte die einen und schlug andere todt oder erstickte sie in den Sümpfen."

„Es handelte sich beim Morden nicht um vereinzelte, von der Pest ausgelöste Einzelaktionen, hervorgerufen durch eine Massenhysterie", vermerkt Frantisek Graus und nennt den „Tag zu Benfeld" den Ort, „wo die Machthaber selbst 'grünes Licht' zum Morden gaben". Und der Historiker Reinhard Schneider, der alle vorhandenen Quellen zu dem Beschluss von Benfeld zusammengetragen hat, kommt seinerseits zu der Einschätzung:

> *„Beschlossen hatte man die Vernichtung – man hat(te) sie dann auch realisiert. (...) Vor den großen Judenverfolgungen durch den Nationalsozialismus dürfte es ganz selten Zeugnisse für eine gezielte Vernichtungsabsprache geben, die einen politisch-geographischen Raum [dieser] Größenordnung betraf."*

Nahezu schutzlos waren die Juden in die Mechanik der verschiedenen Politikfelder hineingeraten. Sie ermorden zu wollen, das zeigen die Quellen deutlich, war ein abgesprochener, von langer Hand vorgefasster Entschluss aus politischem Kalkül, das den Machtkämpfen der Zeit entsprang: den Auseinandersetzungen etwa zwischen weitgehend entmachteten Stadtherren wie dem Bischof von Straßburg und einer an städtischer Selbstbestimmung festhaltenden Straßburger Stadtregierung; oder dem Kampf zwischen den Städten und fehdesüchtigen, ländlichen Rittern, die wegen des Missverhältnisses zwischen ihren tendenziell steigenden Konsumwünschen und der Beschränktheit ihrer ökonomischen Ressourcen unter die Räder der städtischen Geldwirtschaft gerieten und sozial abstiegen; vor allem aber wurden bei innerstädtischen Auseinandersetzungen die Judenverfolgungen „in einigen Fällen ein günstiges Mittel", wie Alfred Haverkamp schreibt, „um die Autorität des bestehenden Stadtrats (...) zu untergraben". Die Juden waren zum Spielball in übergeordneten Auseinandersetzungen geworden, und die jeweilige Interessenlage bestimmte, ob sie gerade in Schutz genommen oder als Freiwild verfolgt und getötet wurden. Hätten die Verfolgungen einzeln und aus dem Affekt heraus, direkt vor der Kulisse des großen Sterbens stattgefunden, wäre es vielleicht noch möglich, den Verfolgern zumindest verminderte Zurechnungsfähigkeit für ihr unentschuldbares Tun zuzugestehen. So aber bleibt der Befund einer zynischen Instrumentalisierung der herannahenden Pest. Die Judenverfolgungen im Reich waren nur eine Fortsetzung der Politik mit mörderischen Mitteln.

Nach einem Umsturz, der unter Gewaltandrohung von der Straße erzwungen wird, brechen am 14. Februar 1349 auch in Straßburg die Barrieren; ein lange geplantes Vernichtungswerk nimmt seinen Lauf. Matthias von Neuenburg berichtet in seiner Chronik:

> „So wurden also (...) die Juden, welche (...) in das unterste Haus an der Breusch geführt waren, damit man sie von dort aus weiter bringen könnte, auf ihren Begräbnisplatz in ein zur Verbrennung errichtetes Häuschen gebracht, unterwegs aber vom Pöbel ihrer Kleider beraubt, in welchen man viel Geld fand. Gerettet wurden nur einige Wenige, welche vorzogen sich taufen zu lassen, einige hübsche Frauen, gleichsam gegen ihren Willen, und viele Kinder, die man ihnen gegen ihren Willen entriss und taufte. Alle Übrigen aber wurden verbrannt und Viele, welche den Flammen entsprangen, niedergestoßen."

In Köln hat sich der Rat im Blick auf die jüdischen Stadtbewohner vorgenommen, „wir wellent sie schirmen also sie unser vorvarn beschirmet und behuetet hant getruwelich"; längere Zeit steht alles auf der Kippe; doch in der Nacht vom 23. auf den 24. August 1349 kommt es zur so genannten „Judenschlacht": Eine Volksmenge erstürmt das Judenviertel, erschlägt „seine Bewohner und plündert(e) die Wohnstätten. Vier Rabbiner waren unter den Opfern". In den „Germania Judaica", 1968 in Tübingen erschienen, ist weiter zu lesen:

> „Mehrere Häuser mitsamt ihren Insassen gingen in Flammen auf – wir wissen nicht, ob die Juden selbst oder der Pöbel Feuer an sie legten, aber bald verbreitete sich das Gerücht, die Juden hätten sich sämtlich verbrannt, um nicht zur Taufe gezwungen zu werden. Die Synagoge wurde zerstört und ihr Boden aufgegraben, wohl weil man dort Schätze vermutete. Das Morden und Plündern, an dem auch Auswärtige beteiligt waren, dauerte mehrere Wochen."

Grässliche Szenen verzeichnet die Straßburger Handschrift der Chronik von Matthias von Neuenburg auch für Speyer:

> „In Speyer versammelten sich die Juden in ihren Häusern und verbrannten sich selbst, einige aber wurden (...) vom Volke ermordet und lagen todt auf der Straße, andere entgingen dem Feuertode, indem man sie leben ließ und taufte. Das Volk von Speyer, welches fürchtete, dass die Luft durch den Geruch der in den Straßen liegenden Leichen, selbst wenn sie verbrannt würden, verpestet werden könnte, ließ dieselben in leere Weinfässer stecken und in den Rhein werfen. Die Ratsherren erließen auch den Befehl, dass Niemand aus dem Volke die Häuser der Juden betreten sollte, und sperrten das Judenviertel ab, damit man nicht hineingehen konnte. Sie suchten den ganzen Schatz, welchen die Juden verborgen und mit sich verbrannt hatten, und nachdem sie ihn gefunden, verwahrten sie ihn. Es hieß nämlich, sie hätten einen großen Schatz in Silber und Gold gefunden."

Erhebliche Verantwortung für diese Entwicklung trägt König Karl IV.: Seit er sich 1346 zum Gegenkönig Ludwigs IV., des Bayern, hat ausrufen lassen, befindet er sich in chronischer Geldnot. Nach Ludwigs Tod 1347 vermochte König Karl als Luxemburger den Anspruch auf die Krone nur mit einer kostspieligen Kampagne gegen seinen Wittelsbacher Konkurrenten, Günther von Schwarzburg, durchzusetzen. Dass der Höhepunkt dieses Herrschaftskampfes mit dem Vorrücken der Schwarzen Pest zusammenfällt, wird der jüdischen Bevölkerung im deutschen Reich zum Verhängnis. Sie, die dem König hohe Steuern leistet, Steuern, die nichts anderes als Schutzgelder sind, werden von ihm in eigentlichem Sinne preisgegeben. Wo es nur geht oder opportun erscheint, verkauft und verpfändet Karl IV. seine Rechte an den Juden, seinen sogenannten Kammerdienern. Das geht

so weit, dass er in einem Optionenhandel für Nürnberg, Bamberg und andere Gebiete für den Fall ihrer Vertreibung oder Ermordung sogar den Nach-
lass der Juden gegen Geld aus der Hand gibt, obwohl es doch vordring-
lichste Pflicht des Königs wäre, diesen Eventualfall mit allen nur möglichen Mitteln zu verhindern. Um einen der Wittelsbacher, den Markgrafen
Ludwig von Brandenburg, in sein Lager zu ziehen, schenkt Karl IV. ihm,
wie Alfred Haverkamp schreibt, „drei der ihm am günstigsten erscheinen-
den Judenhäuser in Nürnberg, *wann die Juden da selbes nu nehst werden
geslagen"*. Aus demselben Beweggrund sichert der König dem Nürnberger
Stadtrat im Oktober 1349 „für den Fall Straffreiheit zu, *daz an den juden
doselbist icht [etwas] geschehe also, daz sie beschediget wurden wider der
burger von dem rat willen (...)."* Den Stadtverordneten erlaubt Karl IV.
auch, ebenfalls noch vor dem in jeder nur möglichen Hinsicht in Aussicht
gestellten Pogrom, mehrere Judenhäuser und die Synagoge abzubrechen,
um da „zwei städtische Plätze anzulegen" und eine der Muttergottes ge-
weihte Kirche zu errichten, die Liebfrauenkirche; eine solche Bautätigkeit
setzte aber , wie Alfred Haverkamp schreibt, „die Vertreibung, wenn nicht
Vernichtung der Judengemeinde voraus(setzte)." Die Chronik des ange-
kündigten Massakers schließt am 5. Dezember 1349. Es gibt in dieser Geschichte nur allzu viele „willige Vollstrecker". Das Martyrologium des
Nürnberger Memorbuches verzeichnet die Namen von 560 Opfern des Pog-
roms. Sogar der Friedhof wird geplündert. Einige der für den Bau einer
Wendeltreppe in der Laurentiuskirche verwendeten alten jüdischen Grab-
steine kommen 1917 bei einem Einsturz zum Vorschein.

Gegenbeispiel zu all den anderen Städten ist Mitte des vierzehnten
Jahrhunderts Regensburg: Dort bleibt die jüdische Gemeinde von den Verfolgungen verschont, weil Bürgermeister, Rat und führende Bürger, über
200 Personen, sich 1349 unter dem Eid zusammenschließen, „daz wir unser
juden ze Regenspurch beschirmen und befriden wellen und süllen, als verr
uns leib und guot werd".

Gewalttätigkeiten gegen Juden sollen als Verstöße gegen „unserr stat
ere und wierd", „der Stadt Ehre und Würde", mit aller Schärfe geahndet
werden. Vereinbart wird außerdem bei einem „auflauff in der stat" sich sofort bewaffnet beim Bürgermeister einzufinden. In Folge wird dadurch die
Absicht einer Menge vereitelt, die sich schon zusammenrottet, um über das
Judenviertel herzufallen.

Erst nach all dem – dem Prozess auf Schloss Chillon, den Pogromen,
den Beschlüssen am „Tag zu Bendorf", den Verleumdungen, Verfolgungen
und Morden – bricht von verschiedenen Seiten her im Reich die wirkliche

Pest – der Schwarze Tod – aus, nachdem bereits die Pest in den Köpfen so zerstörerische Folgen gezeitigt hat. Geissler haben zuvor in Zügen durch halb Europa noch erfolglos versucht mit ihren öffentlichen Bußübungen den Himmel zu besänftigen, erst unter großer Anteilnahme und Rührung der Bevölkerung, dann aus dem Effekt der Gewöhnung mit wachsender Missbilligung oder Gleichgültigkeit.

Von Juli bis Oktober 1349 verbreitete die Pestilenz ihren Schrecken in Straßburg, 1350 erreichte sie Köln. Der Straßburger Chronist Friedrich Closener hält fest, dass viele der Geissler ungeachtet der Pest in ihren Selbstzüchtigungen und Bußpredigten weiterfahren:

> „(...) und alle die wile daz die geischeler weretend, die wile starb man ouch, und do die abegingent, do minret sich daz sterben ouch. Daz sterben was so gros[s], (...) daz man die spitlgrube die bi der kirchen stunt, mus[s]te in einen wilen garten setzen, wann die alte grube zu enge und zu klein waz. die lute die do sturbent, die sturbent alle an bülen und an drusen die sich erhubent under den armen und obenan an den beinen (...). dovon, in welhes hüs daz sterben kam, do hort es selten uf mit eime. (...) man wil ouch, daz von dem sterbende zu Strosburg stürbe 16 dusent lütes (...).“

An Pogrome und an die Pest des 14. Jahrhunderts erinnert heute fast nichts mehr. Die Lücken, die sie damals schlugen, sind als solche in den Stadtbildern nicht mehr zu erkennen. In Zürich kamen vor einigen Jahren in einem mittelalterlichen Haus hinter dem Putz Wandmalereien des 14. Jahrhunderts mit hebräischen Legenden zum Vorschein. Ein Bild stellte den jüdischen Minnesänger Süsskind aus Trimberg bei Würzburg dar. Die Besitzerin des Hauses hatte vor dem Pogrom, wie es scheint, auf ganz selbstverständliche Weise an der städtischen Kultur ihrer Zeit teilgehabt. Das Gedächtnis braucht solche Spuren: um den Nicht-raum des Unerinnerten zu füllen, sozusagen.

Arthur C. Danto, der amerikanische Philosoph, schreibt in seinem Werk „Analytische Philosophie der Geschichte“:

> *„Wir besitzen natürlich keinen direkten Zugang zur Geschichte als Wirklichkeit, (...) wir sehen die Vergangenheit hier und jetzt nicht; wir sehen nur, was wir unmittelbar vor uns haben. (...) 'dort', in der Vergangenheit, sind (...) alle Ereignisse, die jemals geschehen sind, wie eingefrorene Bilder aufgehoben. Sie sind in der Reihenfolge ihres Eintretens dort gelagert, sie überlappen einander (denn sie sind von unterschiedlicher Größe) und durchdringen einander (...). (...) sie können sich wieder verändern, noch ist ihre Reihenfolge veränderlich, noch können der Vergan-*

genheit neue Inhalte zufließen, es sei denn an ihrem äußersten, vorge-schobenen Ende.''

Wenige Menschen sind der Meinung, die Geschichte ließe sich im Nachhinein verändern und beeinflussen. Betont doch auch Petrarca in dem anfangs zitierten Brief an seinen Bruder:

„Jede Wunde" [ist] unheilbar, die der Tod geschlagen hat."

Die einzige Möglichkeit, auf vergangene Ereignisse noch einzuwirken, eröffnet sich über die Art und Weise, wie wir uns an sie erinnern. Denn jede Vergangenheit wirkt nach in der Gegenwart, und durch sie hindurch auch in der Zukunft.

Walter Benjamin meinte einmal „dass das Gedächtnis nicht ein Instrument zur Erkundung der Vergangenheit ist, sondern deren Schauplatz". *Das Gedächtnis als Schauplatz der Vergangenheit!* Arthur Danto meint, dass wir von der Vergangenheit nur das erfassen, „was sie mit der Gegenwart gemeinsam hat". Das kann sehr viel sein, leider. Viel zu viel, manchmal.

„Gönnt jedermann die Wahrheit!"
– Das 15. Jahrhundert

JAN MILIC LOCHMANN

Es war am 6. Juli 1415, als in Konstanz am Bodensee ein kirchliches Konzil einen Glaubenden er-
mordete, den böhmischen Theologen und Priester
Jan Hus – ein tragischer Tag. Böhmen, seine Heimat, war im 14. Jahrhundert zum Zentrum des
Kaiserreiches geworden und Prag zum zentralen
Ort jener Krise, in der sich sozial, kulturell und
geistlich die Ablösung von der spätmittelalterlichen Gesellschaft vollzog. Jan Hus interpretierte
die Vermischung von Machtinteressen und Kirchenpolitik in seiner Zeit von der biblischen Botschaft her, verstand sie als Phänomen einer eschatologischen Spannung: in ihr wurde der „populus
novus", das erneuerte Volk zum Hoffnungsträger
der Reform.

Hus wurde mit seinem Wahrheitsanspruch zum
zentralen Vertreter dieses Aufbruchs, ja dieses
Umbruchs, der Europa erfasste. Und damit wurde
er zur Bedrohung, sowohl der kirchlichen wie auch
der weltlichen Ordnungen, stellte er sich doch mit
seiner „Option für die Armen" und mit seiner
Forderung, dass Christus das einzige wahre Haupt
der Kirche sei, auf die Seite der gesellschaftlich
Bedrängten und Diskriminierten.

Wahrheit und Toleranz waren die leitenden Motive des Jan Hus, denen er bis zu seiner Hinrichtung am 6. Juli 1415 treu blieb und die weit über
das 15. Jahrhundert zentral blieben für die gesell-
schaftliche und geistliche Entwicklung – nicht nur
in Europa. (St)

I   Der Konflikt: Kirchliche Autorität oder Glaubensfreiheit

Am Samstag, dem 6. Juli 1415,spielen sich in Konstanz unerhörte Szenen ab: In der schönen Stadt am Bodensee, einem wichtigen Zentrum der Christenheit, tagt seit Monaten das Konzil; maßgebende Kirchenmänner und politische Repräsentanten Europas sind erschienen. Sie sollen eine gründliche Reform der Kirche „an Haupt und Gliedern" durchführen, vor allem das päpstliche Schisma, also die Kirchenspaltung unter zwei rivalisierenden Päpsten beseitigen. Dabei beschäftigt die Konzilsväter auch der Fall des Prager Predigers und Universitätslehrers Jan Hus. Die Unruhe, die mit seinem Namen in Böhmen verbunden ist, scheint sowohl kirchliche wie auch politische Autoritäten des etablierten mittelalterlichen Systems zu bedrohen. Der Papst, eigentlich die Päpste, und die Konzilsväter – sonst oft miteinander im Streit – sind sich darin einig: Der böhmische Brandherd muss um jeden Preis gelöscht werden.

Der Prozess gegen Jan Hus, der vom Konzil in Konstanz geführt wird, durchläuft verschiedene Phasen. Das Konzil entfaltet eine vielseitige Strategie des Drucks auf den böhmischen Reformer Hus: Gegen alle Versprechen einer freien Anhörung wird er schon seit Monaten im Gefängnis gehalten. Er soll um jeden Preis zum bedingungslosen Widerruf gezwungen werden. Dabei bleiben auch die „weichen Mittel" einer väterlichen Überredung nicht ungenützt: Allein aus taktischen Gründen will man nicht einfach „Märtyrer schaffen". Hus weigert sich jedoch beharrlich, einen bedingungslosen Widerruf zu leisten. Nur klaren biblisch begründeten Argumenten ist er bereit nachzugeben. Die kann und will das Konzil jedoch nicht bieten. Da greift die Konstanzer Versammlung zum letzten Mittel: Es verurteilt Jan Hus als Ketzer zum Tod auf dem Scheiterhaufen.

Als Tag der Hinrichtung wird der 6. Juli bestimmt. Der junge Begleiter von Hus, Peter von Mladonovice, schildert den Verlauf des Tages: Im Konstanzer Dom findet die feierliche Versammlung in Anwesenheit des Königs Sigismund statt. Eine große Messe wird zelebriert und dabei eine Predigt gehalten mit dem Motto „Das Fleisch der Sünde sei vernichtet!". Danach werden die Anklage und das Urteil verlesen. Hus versucht wiederholt, dagegen an den Herrn der Kirche, Jesus Christus, zu appellieren. Doch gerade eine solche *appellatio* wird ihm als Ketzerei vorgeworfen. So kann er inmitten der Versammlung nur ausrufen:

> „Herr Jesus Christus, vergib allen meinen Feinden, die mich falsch angeklagt haben, falsche Zeugen herbei geschafft und falsche Artikel gegen mich ausgedacht haben. Vergib ihnen um deiner großen Barmherzigkeit willen."

Jan Hus ist katholischer Priester Deshalb ist es nach kirchlichem Recht nötig, vor der Hinrichtung seine Weihe zu annullieren. Dies wird drastisch durchgeführt: Im Dom ist ein Gerüst aufgebaut und obenauf, allen sichtbar, wird Hus aller priesterlichen Kennzeichen entkleidet. Selbst seine Tonsur, die kreisrunde Rasur des Haupthaares, wird verschnitten. Nach solcher Degradierung stülpt man ihm eine Papiermütze auf: Sie zeigt drei gemalte Teufelsfiguren und trägt die Inschrift: „Ecce haeresiarcha" – Seht den Erzketzer!

Unterwegs zur Hinrichtungsstätte singt Hus, allen hörbar, Psalmen. Am Wege werden seine Schriften verbrannt. Angelangt, beim Scheiterhaufen, betet Jan Hus, solange es die Henker zulassen. Einen letzten Versuch, ihn zum Widerruf zu veranlassen, lehnt er ab. Mit einigen Sätzen – darunter auch deutsche, um die anwesende Menschenmenge verständlich anzusprechen – begründet Hus seine Weigerung. Der Scheiterhaufen wird angezündet. Dann hört man nur noch ein Gebet:

„Herr Jesus Christus, diesen furchtbaren, schmachvollen, grausamen Tod will ich um deines Evangeliums und um der Predigt deines Wortes willen geduldig und demütig ertragen."

Und die letzten verständlichen Worte des fast schon Erstickten sind Bitte und Bekenntnis zugleich:

„Christe, du Sohn des lebendigen Gottes, erbarme dich meiner."

Wer war dieser Jan Hus? Wofür trat er ein – handelnd und leidend bis zum Martyrium? Was war der geistige Grund und das Programm seines Lebens? Jan Hus war kein einsamer oder gar eigenwilliger „Held", sondern ein Zeuge im Kontinuum einer geistesgeschichtlichen Entwicklung, der er sich zutiefst verbunden wusste: der böhmischen Reformbewegung.

II „Der böhmische Brandherd"

Bereits in der zweiten Hälfte des 14. Jahrhunderts erwachte in den böhmischen Ländern eine reformatorische Unruhe. Sie hing mit der sozialen, kulturellen und geistlichen Krise der spätmittelalterlichen Gesellschaft zusammen. Diese Krise drang vielen Denkenden und Glaubenden im Lande zu einem Zeitpunkt ins Bewusstsein, als Böhmen unter Kaiser Karl IV. zum Herzen des Reiches und Prag zur privilegierten Kaiserstadt wurde. Damit geriet das Land in den Brennpunkt der zeitgenössischen kirchlichen und kulturellen Strömungen – aber auch in den Brennpunkt der Kirchenpolitik und der Machtinteressen. Die Mängel, ja die Verkommenheit der organisierten Machtkirche, so wie sie sich in der kurialen Politik und im Verfall des Papsttums sehr anschaulich zeigte, schrie geradezu nach Reform und Erneuerung. Woher sollte die artikulierte Stimme dieses Rufes – in einer Zeit, in der Rom durch die herrschenden Zustände kompromittiert wurde – mit größerem Recht und mit größerer Dringlichkeit erklingen, als aus der jungen Kaiserstadt Prag?

Mit der negativen Erfahrung der Krise ist aber im Böhmen des ausgehenden 14. Jahrhunderts eine andere, eine theologisch positive Komponente eng verflochten: eine intensive Begegnung, mit der *biblischen Botschaft* und daraus resultierend eine *eschatologische Spannung* unter den Theologen und im Volk. Die Erneuerungsbedürftigkeit der Kirche und der Gesellschaft wird keineswegs bloß als allgemeines oder gar neutrales soziologisches Datum verstanden. Aus biblischer Perspektive erscheint sie gerade in besonders grellem Licht. Erst die Konfrontation mit der Schrift, vor allem mit den Worten und dem Lebensstil Jesu, macht die gegebenen Zustände unerträglich. Daher werden sie nicht als ein unveränderliches Übel oder gar als ein zu tragendes Schicksal verstanden, mit dem man sich mehr oder weniger versöhnen muss; im Gegenteil: Diese Zustände werden als ein Abfall verstanden, als eine geschichtlich entstandene und deshalb im Prinzip korrigierbare Erscheinung. Diese Begegnung mit der Bibel ereignet sich in Böhmen in der Predigt und in der Bibelübersetzung. Sie setzen eine unerhörte geistliche Energie frei. In der eschatologischen Perspektive werden die Missstände als antichristliche, geradezu apokalyptische Zeichen begriffen: die letzte Zeit bricht an.

Das Motiv des Antichrist spielt bald eine große Rolle: Die Kirche, die vor allem in ihren Spitzen und in der überlieferten Ordnung in solch krassem Gegensatz zum biblisch bezeugten apostolischen Weg denkt und handelt, eine solche Kirche nimmt für die Reformer antichristliche Züge an. Diese Kritik hat die Funktion eines mobilisierenden Aufrufs zum Widerstand und zur Erneuerung. Im eschatologischen Ausblick zu leben, heißt für die böhmischen Reformer nicht nur, mit lähmendem Schrecken dem Treiben des Antichrist zuzusehen, sondern heißt zugleich: *Christus*, dem kommenden Herrn, entgegen zu blicken und entgegenzuhandeln, also: in Worten und Taten der Nachfolge einen reformatorischen Gehorsam zu wagen.

Dabei entwickelte die böhmische Reformbewegung von Anfang an eine recht eigenständige und beachtenswerte Komponente. Sie gab auf die Frage nach dem *Subjekt* der Reform eine radikalisierte Antwort: In den meisten reformatorischen Bewegungen des Mittelalters waren es zunächst die hierarchischen Autoritäten der Christenheit, vor allem der Papst oder das Konzil gewesen, denen das Recht und die Verpflichtung zur Reform zuerkannt wurde. In den radikaleren, eschatologisch orientierten Kreisen, wie etwa bei Joachim von Fiore oder den frühen Franziskanern dachte man vor allem an die treuen Mönche, das „dritte Volk" neben Priestern und Laien. Und andere blickten erwartungsvoll zur weltlichen Macht: so etwa Cola di Rienzo, der 1350 nach Prag kam, um den Kaiser zu beschwören, die Reform der untreuen Kirche in seine Hände zu nehmen.

Die Denker der böhmischen Reformation lehnten solche Möglichkeiten zwar nicht von vornherein ab: vor allem das Konzil sahen sie immer wieder als Organ der erhofften Erneuerung. Entscheidend aber war ihre Antwort auf die Frage nach dem Subjekt der Reform: Ihr Hoffnungsträger ist das *populus novus* – das ganze, erneuerte Volk Gottes; und damit keine Missverständnisse entstehen, formulieren sie noch präziser: Ihr Hoffnungsträger ist das *populus simplex,* das einfache Volk. Jan Milic von Kroměriz, der große Prediger, der mit Recht ein „Vater der böhmischen Reformation" genannt wird, sagt das so:

> „Einfache Menschen, einfältig und ungebildet, stehen auf und predigen die einfache Wahrheit, reparieren die veralteten Netze und folgen in ihrem neuen Leben den evangelischen Fischern nach, ziehen Gläubige zu Christus. Als dies einst Christus mit seinen Jüngern tat, sagten gegen ihn die Juden (Mk 1, 27): Was für eine neue Lehre ist das? Sicher ist sie auch heute noch neu, denn angesichts der Meister und Mönche und Philosophen und Logiker, die große Fragen überlegen, nach neuen Pfründen und Würden fischen und jedes Jahr eine neue Logik dichten, um sie gleich wieder zu zerstören ..., stehen die Ungebildeten auf und sprechen mit neuen Sprachen und erreichen das Himmelreich."

Im eschatologischen Horizont wird die Reformbewegung soziologisch „entschränkt": sie wird zum Anliegen des ganzen Volkes.

Die Entwürfe der bahnbrechenden Denker der reformatorischen Bewegung wie Jan Milic oder der gelehrte Matthias von Janov sind in diesem kultur- und geistesgeschichtlichen Kontext zu verstehen. Und im besonderen Maße gilt dies von Jan Hus.

III Der geistige Führer: Jan Hus

Hus wurde um 1371 im südböhmischen Husinec geboren. Als armer Bauernsohn studierte er an der Universität Prag Philosophie und Theologie, um Priester zu werden. Seine Motivation war zunächst vordergründig. Er selbst schrieb darüber später ganz freimütig: Es ging ihm bei seiner Entscheidung für das priesterliche Amt um eine sichere und bequeme Existenz. Seine ersten Studienjahre deuteten keineswegs auf eine außerordentliche Laufbahn hin. Doch kam es bei Hus bald zu einer resoluten Umkehr: Aus einem leichtsinnigen jungen Mann – sein „Leichtsinn" war recht harmlos, nämlich passioniertes Schachspielen – wurde ein leidenschaftlicher Wahrheitssucher und Theologe. Hus hatte sich der böhmischen Reformbewegung angeschlossen und war den Ansichten des englischen Reformators *John Wicliff* begegnet. Dessen Schriften zirkulierten durch Vermittlung tschechischer Oxford-Studenten in Prag und riefen viel Aufsehen und Streit hervor.

Hus steht bald im Mittelpunkt dieses Streites. Seit 1398 las er bereits an der philosophischen Fakultät der Universität Prag und wird 1402 auch noch Prediger an der Bethlehemskapelle. Diese Verbindung von Universität und Predigtamt wird für Hus typisch und für seinen Einfluss entscheidend: Er entfaltet eine unerhörte Schaffenskraft, verfasst eine Reihe von lateinischen und tschechischen Schriften, darunter an die dreitausend Predigten und viele – bis heute gesungene – geistliche Lieder. Hus veranlasst obendrein eine beachtliche Orthographiereform der tschechischen Sprache. Durch seine vielseitige Tätigkeit wird er sowohl in den akademischen Kreisen wie auch in der breiten Öffentlichkeit bekannt und geschätzt – ist allerdings auch umstritten und angefeindet.

Im Zentrum steht zu Beginn der Streit um Wicliff. John Wicliff war im 14. Jahrhundert einer der scharfsinnigsten Kritiker der etablierten Kirchenordnung und entschiedener Befürworter einer radikalen Kirchenreform. Die historisch verfasste Kirche – so Wicliff – lässt sich mit der wahren Kirche Christi nicht identifizieren: die wahre Kirche ist die *ecclesia invisibilis,* die unsichtbare Kirche, verstanden als eine Versammlung der Erwählten, als *coetus electorum.* Allein Gott entscheidet, wer zu dieser wahren Kirche gehört. Darum ist eine Reform der sichtbaren Kirche eine sinnvolle und notwendige Aufgabe. Wicliff erwartet vor allem von den weltlichen Autoritäten, dass sie entsprechende praktische Reformmaßnahmen initiieren und notfalls auch in ihre Hände nehmen, indem sie etwa die Güter der vom irdischen Reichtum geblendeten kirchlichen Instanzen säkularisieren. Aber nicht nur die kirchenpolitische Seite seiner Reformvorstellungen, auch ihre philosophische Seite gewinnt in Böhmen Einfluss: Wicliff war ein Realist im mittelalterlichen Sinne und so dachte er kritisch über die traditionelle „Transsubstantiationslehre"; er empfahl die Remanenzhypothese: die Elemente beim Abendmahl, Brot und Wein, verbleiben bei der sakramentalen Handlung in ihrem natürlichen Wesen, wandeln sich also nicht „physisch". Leib und Blut Christi sind sie im theologischen, im „metaphysischen" Sinne.

Alle diese Aspekte der Wicliffschen Lehre wurden in Prag eifrig diskutiert. Dabei kristallisierten sich sehr bald die typischen Fronten heraus: Die ausländischen, vor allem die deutschen Magister und Studenten, widersprachen Wicliff aus philosophischen wie auch aus praktischen Gründen. Sie waren meistens Nominalisten in der Theorie und „Positivisten" in der Praxis. Dagegen öffneten sich die tschechischen Universitätskreise weitgehend den Gedankengängen des Oxforder Theologen. Sie sahen Wicliff in der Überlieferung der böhmischen Reformbewegung und erkannten sein Denken in entscheidenden Punkten als verwandt, etwa in der Lehre von der Kirche mit der Unterscheidung der wahren und der falschen Kirche nach dem Maßstab des Evangeliums, und vor allem in der polemischen Spitze seiner Argumentation gegen den Reichtum, der Kirche; aber auch in seiner Philosophie, eben in seinem Realismus, entdeckten die böhmischen Reformer in Wicliff einen Bruder im Geiste.

Zu einem besonders dankbaren und treuen Nachfolger des 1384 gestorbenen John Wicliff wird Jan Hus. Im Streit um die als ketzerisch verurteilten und in Prag öffentlich verbrannten Schriften des Engländers wird Hus zum Wortführer der tschechischen Universitätskreise. Dabei geht Hus mit Wicliff nicht in allen Punkten einig, zum Beispiel folgt er ihm nicht in seiner Abendmahlslehre; Hus hält an der katholischen Transsubstantiationslehre fest. Rückte Hus mit diesem theologisch-philosophischen Disput ins Zentrum des Prager akademischen Lebens und der Universitätspolitik – 1409 wurde er auch zum Rektor der Prager Universität gewählt –, so spielt er mit seiner Predigttätigkeit in der Bethlehemkapelle bald eine noch wichtigere Rolle.

Die Bethlehemkapelle, diese große Hallenkirche im Zentrum von Prag, war eine typische Einrichtung der Prager Reformbewegung. Ihre Vordenker, vor allem Jan Milic, waren alle auch leidenschaftliche Prediger. Sie wandten sich nicht nur auf lateinisch an die akademische Zuhörerschaft, sondern auch auf deutsch an die deutschsprechende Bürgerschicht und, besonders wirksam, auf tschechisch an breite Schichten der Prager Bevölkerung. Im 15. Jahrhundert wurde so die Bethlehemkapelle zum geistigen Zentrum von Prag und Böhmen. Die Kirche war 1391 begründet worden und zwar als eine Predigtstätte zur allgemein verständlichen Verkündigung in der Sprache des Volkes.

In der Stiftungsurkunde hieß es:

„Der barmherzige und gnädige Herr hinterließ seinen Jüngern die geistliche Speise im Samen seines Wortes und gebot uns durch die Ordnungen der heiligen Väter, dass das Wort Gottes nicht gebunden wäre, sondern dass es zum freiesten und nützlichsten Werk in der Kirche würde ... Wenn er uns diesen Samen des Wortes Gottes nicht hinterlassen hätte, so wären wir zu Sodom und Gomorrha (geworden). Und nachdem er sich nach der Auferstehung den Jüngern offenbarte, gebot er ihnen, zu seinem Andenken Predigten zu halten."

Der Wille der Stifter wurde respektiert: die Bethlehemskapelle wurde zum wahren *Beth-lehem*, zum „Haus des Brotes", der lebendigen Verkündigung. Die Prediger wurden vom Volke hoch geschätzt und rekrutierten sich aus reformfreudigen Kreisen der Universität. Eine entscheidende Rolle spielt die Kapelle, als Jan Hus das Predigtamt innehat.

Hus wird schnell zu einem besonders geliebten Volksprediger in der besten Tradition der böhmischen Reformbewegung. Ihr entspringt die immer klarere Ausrichtung seiner Predigttätigkeit. Den Zustand der Amtskirche und das machthungrige Gebaren ihrer Würdenträger konfrontiert Hus mit dem Lebensstil Jesu und seiner Apostel. Das führt theologisch wie sozial zu einer radikalen Kritik. Der religiöse und sittliche Ernst von Jan Hus wirkt dabei so überzeugend, dass er zunächst sogar seitens der maßgeblichen Autoritäten mit Respekt betrachtet wird: Selbst Königin Sophie gehört zu seinen Hörern.

Dies ändert sich jedoch, als die Spannungen innerhalb der römischen Kirche wegen des päpstlichen Schisma stärker werden. Vor allem die Ablasspredigt im Auftrag des Papstes Johannes führt an einen kritischen Scheidepunkt: Hus sieht in der Ablasspredigt einen empörenden Mißbrauch der Heilssehnsucht des Volkes, und zwar zu höchst dubiosen Zwecken der päpstlichen Politik. Hus protestiert dagegen öffentlich und energisch – so wie hundert Jahre später Martin Luther. Mit seinem Affront trifft Jan Hus jene Privilegierten, die aus diesem Handel ihren Profit ziehen. Dazu gehört neben dem Papst und den kirchlichen Würdenträgern auch der König. Desto stärkere Unterstützung findet Hus unter den Armen der Stadt Prag. Es kommt zu Zusammenstößen und auch zu den ersten Märtyrern der Reformbewegung: Drei protestierende Anhänger von Hus werden von den deutschen Ratsherren gefangen und hingerichtet. Schließlich greift die römische Kurie ein und erklärt 1412 über Prag das Interdikt: Sie verbietet damit alle kirchlichen Handlungen in der Stadt, solange sich Hus dort aufhält. Mit Rücksicht auf die Bevölkerung verlässt Hus die Hauptstadt und begibt sich unter den Schutz einiger tschechischer Adliger nach Südböhmen. Er weigert sich aber, mit seinem öffentlichen Wirken aufzuhören. In einer feierlichen Appellation begründet Hus seinen Widerstand mit einem Bibelwortl: Es gelte Gott mehr zu gehorchen als den Menschen. Jan Hus entfaltet auf dem Land eine groß angelegte Predigttätigkeit, meistens im Freien, und findet eine überwältigende Unterstützung beim Volke. Daneben setzt er sein literarisches Schaffen fort. Eine Reihe von wichtigen Schriften werden konzipiert, darunter auch seine große Schrift über die Kirche *De ecclesia*.

Wegen der kaum erträglichen Mißstände im kirchlichen Leben wird 1414 das Konzil nach Konstanz zusammengerufen. Auch der Streit um Hus soll dort gelöst werden. Die Freunde raten Hus davon ab, nach Konstanz zu reisen; sie glauben nicht an eine faire Chance der Verteidigung selbst vor diesem Reformkonzil. Hus entschließt sich jedoch zu gehen, in der Hoffnung wider alle Hoffnung: Er möchte sein Reformanliegen vor der versammelten „Elite der Christenheit" allgemein hörbar machen. Er bereitet sich gründlich vor und verfasst einige eindrückliche Schriften, um den Anklagen gegen ihn mit theologischen Argumenten entgegentreten zu können. Darin wird Hus von seinen akademischen Kollegen und den tschechischen Adeligen voll unterstützt. Kaiser Sigismund gibt ihm einen Geleitbrief, in dem ihm das Gehör vor dem Konzil zugesichert und vor allem der kaiserliche Schutz und eine Rückkehrgarantie versprochen werden. Doch nichts davon wird gehalten. Kurz nach seiner Ankunft in Konstanz wird Jan Hus verhaftet und trotz nachdrücklicher Proteste seiner Landsleute unter unwürdigen Bedingungen gefangen gehalten. Das Konzil – geführt von Reformisten wie den Kardinälen d'Ailly, Zabarela, Gerson – ist an einem wirklichen Dialog nicht interessiert.

Es strebt einen bedingungslosen Widerruf an. Dabei sind die Anklagen geradezu grotesk: aus dem Zusammenhang gerissene Sätze – einige davon hat Hus überhaupt nie vertreten – werden präpariert und als ketzerisch inkriminiert. Hus ist durchaus bereit, sich vor dem Konzil eines Besseren belehren zu lassen, allerdings nur unter der Bedingung, dass er durch Argumente aus der Heiligen Schrift überzeugt wird. Dem bloßen Machtwillen selbst noch so berühmter Repräsentanten der Kirche will und kann er um der Wahrheit willen nicht nachgeben.

In einem seiner Briefe aus Konstanz an tschechische Freunde schildert Hus einige Wochen vor seinem Tod die folgende Szene:

> „Ein Doktor sagte zu mir, dass alles, was ich nur tun würde in Bereitschaft, mich dem Konzil zu unterwerfen, für mich gut und erlaubt wäre. Er setzte hinzu: 'Sollte das Konzil erklären, dass du nur ein Auge hast, obwohl du zwei hast, so musst du dem Konzil zustimmen, dass es so ist.' Ich sagte ihm: 'Auch wenn dies die ganze Welt behaupten würde, ich könnte – solange ich solches Verständnis habe, wie ich es nun habe – nie so eine Sache ohne den Widerstand des Gewissens behaupten.' Als

wir darüber noch weiter diskutierten, so ließ er von seinem Spruch ab und sagte: 'Ich habe nicht ein gerade geeignetes Beispiel gebraucht'."

Der entscheidende Streit- und Scheidepunkt zwischen den Reformisten der offiziellen Kirche und dem böhmischen Reformator wird in dieser Szene offensichtlich: Den Konzilsvätern war die organisierte Kirche, so reformbedürftig sie offensichtlich war, im Prinzip immer noch die souveräne Besitzerin der Wahrheit. Für Hus hingegen befand sich die letzte Autorität *über* der etablierten Kirche: Christus ist ihr Haupt, er selber und er allein ist die für die Kirche unverfügbare, sie ständig richtende und aufrichtende, ihre letztgültige Instanz. An diese Instanz appelliert Jan Hus und er ist nicht bereit, sich diesen Weg zur letzten und verbindlichen Wahrheit Christi durch hierarchische Instanzen verbauen zu lassen – auch wenn es sich dabei um den Papst oder um das Konzil handelt. In der Begegnung zwischen Hus und dem Konzil zeichnet sich bereits etwas ab vom kommenden Gegensatz zwischen dem mittelalterlichen Reformismus und der Reformation des 16. Jahrhunderts.

Und so kommt es zu jenem tragischen Tag, dem 6. Juli 1415: Zur Ermordung eines Glaubenden durch ein kirchliches Konzil!

IV Wahrheit als Basis jeden Christseins

Wollte man das wohl zentrale Motiv der reformatorischen Erkenntnis und Existenz von Jan Hus in einem Kurzsatz zusammenfassen, so bietet sich eine Formulierung im Schlusswort eines der letzten Briefe aus Konstanz an: *Gönnt jedermann die Wahrheit!*

Beim Motiv der Wahrheit schlägt das Herz von Hus sein Leben lang. Eines seiner bekanntesten, bis heute in Böhmen oft zitierten Worte ist ein Satz aus seiner tschechischen Credoauslegung:

> „Darum, treuer Christ, suche die Wahrheit, höre die Wahrheit, lerne die Wahrheit, liebe die Wahrheit, sage die Wahrheit, halte die Wahrheit, verteidige die Wahrheit bis zum Tod."

Das ist keine bloß feierliche Deklamation. Das vielschichtige Anliegen der Wahrheit ist in der Perspektive von Hus vielmehr die konstitutive Bedingung jeden Christseins.

Unter den wesentlichen Dimensionen des Wahrheitsverständnisses von Jan Hus sticht die *philosophische Dimension* als erste hervor: Hus war – wie Wicliff – ein überzeugter philosophischer *Realist*. Er vertrat, dass die allgemeinen Begriffe und Ideen, die „Universalien", ontologisch, seinsmäßig, wesentlich sind; die Nominalisten, die sich inzwischen gegen die Realisten etabliert hatten, verstanden die Universalien als bloße „Namen", als konventionelle Verständigungsmittel.

Diese Unterscheidung war im Kontext der Wahrheitsfrage bedeutsam. Der realistische Glaube an die seinsmäßige Überlegenheit der Ideen disponierte dazu, die Wahrheitsfrage ganz ernst zu nehmen: Begriffe, Überzeugungen, Glaubenssätze sind keine Fragen, mit denen man theoretisch spielen kann, ohne deren lebensgestaltende Konsequenzen verbindlich anzuerkennen. Die wahre Aussage ist nicht „Schall und Rauch", sondern eine Angelegenheit der ganzen Existenz. Das heißt nicht, dass die Nominalisten in der Wahrheitsfrage mit „logischer Notwendigkeit" zum Zynismus neigten. Auch unter ihnen waren Denker von unbestreitbarem sittlichem und philosophischem Ernst. Doch begünstigte jene metaphysische „Lockerung" im Wahrheitsverständnis eine mögliche „Zweigleisigkeit": kritische Radikalität der Theorie – pragmatische Anpassung in der Praxis.

Solche Zweigleisigkeit war für Jan Hus nicht denkbar. Die Wahrheit ist die wahre Wirklichkeit, die letzte und sinngebende, in diesem Sinne eschatologische Inanspruchnahme des Menschen. Sie wiegt mehr als pragmatische Überlegungen, zuletzt mehr als ein bloß physisches Überleben. Moderner gesagt: Die Wahrheit der Theorie drängt nach praktischer Bewährung, erfordert die Wahrheit der Praxis. Von daher waren die „altmodischen" Realisten für ein reformatorisches Engagement besser disponiert als die „aufgeklärten" Nominalisten. Jedenfalls war Hus bereits von seiner philosophischen Grundentscheidung her als Reformator motiviert: die für ihn typische Identität und Integrität von Theorie und Praxis, von Wort und Existenz, ist auch in diesem Zusammenhang zu verstehen.

Wesentlicher und wirksamer jedoch ist der *theologische* Grund der Wahrheitsfrage bei Hus. Die Wahrheit, der er dient, ist mit aller Eindeutigkeit die Wahrheit Gottes, konkreter: die Wahrheit des biblischen Wortes Gottes, noch konkreter: die Wahrheit Christi. Das gilt bereits vom Wahrheitsbegriff: Er steht viel näher zum hebräischbiblischen *emeth,* das die Wahrheit als Treue, die Wahrheit im Bunde mit Gott bezeugt; sein Wahrheitsbegriff hat weniger zu tun mit der griechischen *aletheia* im Sinne eines wissenden Einblicks in die Strukturen des Seins, ohne dass man die beiden Begriffe als Gegensätze auffassen müsste. Darum hängt bei Hus die Wahrheit des Wissens mit der Wahrheit des Handelns zusammen, mit Glauben als Treue und Vertrauen.

Maßstab für die Wahrheit als Basis des Christseins ist das biblische Wort, und Hus zögert nicht, diesen Maßstab praktisch und konkret anzuwenden. Sein Stand vor dem Konstanzer Konzil belegt diese Haltung: die biblische Wahrheit und das von ihr erleuchtete Gewissen soll entscheiden, ob ein Widerruf möglich ist oder nicht. Nur der Schrift, der biblischen Botschaft und Weisung, kommt die letzte souveräne Autorität zu. Sie muss die entscheidende Basis der Argumentation in der Kirche sein, vor allem die Basis der Verkündigung. In diesem Zusammenhang steht auch die leidenschaftliche Predigttätigkeit von Hus. In der besten Tradition seiner böhmischen Vorgänger – und auch der Waldenser, mit denen er sich während seiner Mission auf dem Lande wohl getroffen hat – drängt er auf die Predigt des Wortes: Diese Predigt muss als Dienst am Worte Gottes durch die unüberbietbare Autorität der Wahrheit Gottes selber legitimiert sein; sie braucht daher keine „administrative Legitimation". Alle eventuellen Verbote und disziplinarischen Maßnahmen kirchlicher oder politischer Autoritäten sind aufgrund dieses höheren Rechtes in Frage gestellt.

Der Kern der Schrift – und also das Herz der souveränen Wahrheit – ist Christus selbst. Hus ist ein christozentrischer Ausleger der Schrift. Er konzentriert sich auf das Wort, auf die Tat, auf das Leiden und die Auferstehung des biblisch bezeugten Jesus als dem Christus. Darum kennt auch seine wahrhaft reformatorische *appellatio* gegen die kirchlichen Instanzen nur diese eine konkrete Adresse: Jesus Christus als das einzig wahre Haupt der Kirche. Es ist *seine* Herrschaft, die entscheidet. Und das impliziert unmittelbar eine ethische Komponente, die „Option für die Armen": Der arme Jesus, der König der Armen, ist der wahre Herr der Kirche.

Damit ist zugleich die *kirchliche,* die ekklesiologische Dimension der Hus'schen Wahrheitsauffassung angesprochen. Seine große Schrift *De ecclesia,* von der Kirche, ist in mancher Hinsicht eine bahnbrechende Schrift. Hus wagte sich monographisch auf ein Neuland. Bahnbrechender noch als die Themenwahl ist seine Bearbeitung, seine Perspektive der Lehre von der Kirche: die Kirchenfrage als Wahrheitsfrage.

Die Kirche trägt keinen Sinn in sich, sondern sie steht im konstitutiven Verhältnis zur Wahrheit, zu Christus. Die kirchliche Institution darf diesen Sachverhalt nicht aus den Augen verlieren. Vergisst sie ihn, etabliert sie sich in sich selbst, beansprucht sie also die letzte Wahrheit für sich, so irrt sie: Sie wird zur unwahren Kirche. Sie kann sich dann mit der Macht ihrer gesellschaftlichen Positionen oder mit der Macht ihrer überlieferten Ansprüche noch so wappnen: Sie lebt dann im Widerspruch zu ihrem Grund, sie lebt nicht in der Wahrheit.

Hus stellt die etablierte Institution Kirche von der souveränen Wahrheit Christi her unter das Mandat der Kritik und der Erneuerung: Dieses Anliegen verteidigt er – zuletzt im Kampf auf Leben und Tod – auch gegen die Reformisten in Konstanz. Dabei ist es wichtig, zu beachten: Bei aller Enttäuschung durch die Institution gibt Hus die veruntreute Kirche nie preis; er überlässt sie auch nicht resignierend den Verwaltern des römischen Erbes; er flüchtet nicht in die idealen Sphären einer „unsichtbaren" Kirchlichkeit. Hus ist in diesem Sinne kein platonischer Dualist. Er ringt um die wahre Gestalt der Kirche bereits hier auf Erden – in der Hoffnung auf die Kraft des Unsichtbaren. Auch aus diesem Grund kommt es zum Konflikt. Sein biblischer Realismus ermöglicht Hus einen kritischen Abstand von der Institution nicht als Flucht, sondern als Ermächtigung zum konkreten Handeln: Ist doch das himmlische Haupt der Kirche, Christus, zugleich der geschichtliche Jesus, der Heiland und der Meister, der seine Jünger und Jüngerinnen in die von ihm vorgezeichnete Nachfolge ruft. Dieser doppelte Bezug prägt die kritische Lehre von der Kirche und die kritisch betrachtete Praxis der Christen.

Und das führt zum *sozialen* Akzent der Wahrheitsfrage: Für Hus ist die Wahrheit immer sozial. Als *emeth,* als Wahrheit im Bunde, als die zu predigende, in der Kirche zu suchende Wahrheit, lässt sie die Wahrheitszeugen nicht allein; die Wahrheit im Bunde löst sie nicht aus den Bindungen an die Mitmenschen, sondern im Gegenteil: sie führt in die Gemeinschaft.

Hus hat dies in seiner Predigttätigkeit einzigartig und überzeugend gelebt. Er predigte nie in reinen Monologen über die Köpfe der Zuhörerinnen und Zuhörer hinweg. Er stand mit ihnen im ununterbrochenen Dialog. Seine Briefe aus Konstanz geben diese Bindung des Predigers an die Gemeinde deutlich wieder. Hus nimmt nicht nur stets – selbst in Lebensgefahr – am Geschick seiner Brüder und Schwestern teil, auch seine innersten Entscheidungen werden angesichts der Gemeinde getroffen. In seinen Überlegungen, ob er nicht widerrufen sollte, um sein Leben zu retten, spielt neben seinem realistischen Verständnis der Wahrheit auch sein soziales Wahrheitsverständnis eine wichtige Rolle: Er darf die Mitmenschen, konkret seine Predigtgemeinde in der Bethlehemskapelle, nicht im Stich lassen, er darf nicht die gemeinsam gesuchte und bezeugte Wahrheit durch taktischen Widerruf kompromittieren. Die Wahrheit Christi ist auch darin souverän: Indem sie den Einzelnen transzendiert, bindet sie ihn an die Gemeinschaft der Mitmenschen, tröstend und verbindend.

Das Wort von der sozialen Dimension der Wahrheit bei Hus ist aber noch in einem anderen Sinn zu verstehen. Die Wahrheit ist auf die Gesellschaft der Menschen bezogen, und zwar mit einer klaren Ausrichtung und Tendenz, nämlich in Parteinahme für die gesellschaftlich Bedrängten und

Diskriminierten. Jan Hus hat nicht nur in seinen Predigten Jesus Christus als den Herrn der Armen verkündigt. Die gleiche Botschaft vermittelten die Gemälde auf den Wänden der Bethlehemskapelle: Das Bild des armen Jesus auf der einen Wand wurde dort auf der anderen konfrontiert mit den Bildern des Glanzes und der Prachtentfaltung des Papsttums. Predigt wie Malerei sprachen die Not des gemeinen Volkes an und bezogen mit aller Brisanz das biblische Nein und Ja auf die zeitgenössische soziale Situation.

Die Nachfolger von Jan Hus – vor allem der revolutionäre Prager Priester Jan Zelivsky und die Taboriten – entfalteten diese sozialen Akzente zu einem revolutionären Programm. Sie gingen dabei in mancher Hinsicht über Hus hinaus; aber in der Erkenntnis, dass die Wahrheit verpflichtende soziale Folgen zeitigt, darin dachten und handelten sie im Geiste von Jan Hus.

Dieses umfassende Wahrheitsverständnis von Hus hatte auch seine *eschatologische* Komponente. Der Glaube, dass das Reich Gottes im Kommen ist und dass es nötig ist, seinem Kommen bereits in der Gegenwart nachfolgend und vorbereitend zu entsprechen, dieser Glaube ist ein starkes Motiv der gesamten böhmischen Reformation, bis hin zur Reformation des 17. Jahrhunderts: Von Jan Milic bis zu Jan Amos Comenius leben die Vordenker der Hussiten und der Böhmischen Brüder in dieser Perspektive. Die Zeit ist kurz, der Tag des Herrn naht. Doch der Ausblick hin zum Letzten entfremdet sie nicht den konkreten irdischen Aufgaben. Im Gegenteil. Die biblische Vision des „Neuen Jerusalem", der zukünftigen Stadt Gottes, mobilisiert sie sogar in ihrem Engagement für die Erneuerung ihrer irdischen Städte.

Auch Jan Hus lebt in dieser Perspektive, wenn auch zurückhaltend. Ausgesprochen eschatologische oder gar apokalyptische Akzente tauchen bei ihm vor allem in kritischen Entscheidungssituationen auf, etwa in den Tagen seines Ringens in Konstanz. So schreibt er bereits 1413 in der Zeit seiner Verbannung aus Prag an seine Freunde:

> „Es naht das Kommen des Herrn zum Gericht. Steht fest, ihr Liebsten, in Gnade, Geduld und Tugend. Es naht nämlich das Gericht des scharfsinnigen, gerechtesten und schrecklichsten Richters ... Und falls ihr etwas erleidet, so blicket aufwärts und erhebet eure Häupter, das heißt, sammelt alle Kraft eures Denkens, denn euer Heil naht!"

Die Briefe von Hus aus Konstanz bezeugen diese eschatologische Ausrichtung und auch die Freiheit, die er durch diesen Bezug auf das letztgültige Urteil Gottes angesichts der ungerechten und bedrohlichen menschlichen

Gerichte verspürt. Von daher wird seine Entscheidung getragen, die „Wahrheit bis zum Tode zu verteidigen":

> „Auf die Artikel des Pariser Kanzlers werde ich antworten, wenn ich am Leben bleibe; sollte ich sterben, wird Gott am jüngsten Tage klare Antwort geben."

Diese Ausrichtung bewirkt für die Wahrheitsfrage vor allem das Element einer zukunftsorientierten Hoffnung, geprägt vom Vertrauen auf die Treue und die Verheißungen Gottes. Das spätere Losungswort der hussitischen Bewegung – und noch später auch des tschechischen Staates – ist ohne Zweifel ein Wort aus dem Geiste von Jan Hus: „Die Wahrheit des Herrn siegt!"

Dieses Wort ist keine optimistisch-dogmatische These vom automatischen Triumph der Wahrheit in der Geschichte. Hus wurde hingerichtet und der Weg seiner Reformation – und die spätere Geschichte seines Volkes – ist voll von tragischen und auch schuldhaften Verirrungen und Verwirrungen. Dass die „Wahrheit des Herrn siegt", ist ein Hoffnungssatz, ein Satz des eschatologisch motivierten und auf die Endzeit ausgerichteten Glaubens. Doch gerade dadurch erwies er sich als Aufruf und als Ermutigung, auch in schwierigen kirchlichen und gesellschaftlichen Situationen andernorts, als ein „Versuch, in der Wahrheit zu leben „, wie es im Geiste von Hus Vaclav Havel für das 20. Jahrhundert formuliert hat.

Kurz vor seinem Märtyrertod – am Tag vor dem endgültigen Urteil – verfasst Jan Hus im Gefängnis zu Konstanz einen Brief an die Freunde in Böhmen; er offenbart wohl am eindrücklichsten des innersten Grund seiner Haltung:

> „An die Freunde in Böhmen: Magister Jan Hus, in der Hoffnung Diener Gottes, entbietet allen treuen Böhmen, die Gott den Herrn lieben und lieben werden, seinen Wunsch, dass Gott der Herr ihnen verleihe, in seiner Gnade zu leben und zu sterben und in der himmlischen Freude in Ewigkeit zu leben. Amen.
> Getreue und in Gott gliebte Herren und Frauen, Reiche und Arme! Ich bitte und ermahne euch: Seid Gott gehorsam, preist sein Wort, hört und erfüllt es gern! Ich bitte euch, haltet fest an der Wahrheit Gottes, die ich euch aus Gottes Gesetz geschrieben und aus den Worten der Heiligen gepredigt und geschrieben habe! Ich bitte euch: Wenn jemand von mir in der Predigt oder persönlich etwas gegen die Wahrheit Gottes gehört haben sollte – ich hoffe bei Gott, es war niemals der Fall! –, dann solle er dem nicht Folge leisten ...
> Diesen Brief habe ich euch im Kerker geschrieben, in Ketten, morgen das Todesurteil erwartend und doch in völliger Hoffnung zu Gott, dass

ich Gottes Wahrheit nicht preisgeben und die Irrtümer nicht abschwören werde, die falsche Zeugen gegen mich bezeugt haben. Wie gnädig Gott der Herr an mir handelt und mit mir ist in wunderlichen Anfechtungen, das werdet ihr erfahren, wenn wir einander bei Gott in der Freude mit seiner Hilfe wiedersehen ..."

Den Schluss des Briefes von Anfang Juli 1415 formuliert Jan Hus geradezu als programmatischen Aufruf:

> „Ferner bitte ich: Liebt einander! Lasst nicht zu, dass die guten Leute durch Gewalt bedrängt werden. Und gönnt jedermann die Wahrheit!"

V Das Vermächtnis: Wahrheitseifer und Toleranz

Dieser Brief, dieses Vermächtnis wird nicht überhört, vor allem in Böhmen nicht: Als der Konstanzer Scheiterhaufen erloschen ist, ordnen die Konzilsväter zwar an, dass die Asche unverzüglich eingesammelt und in den Rhein geworfen wird, „auf dass den Böhmen kein Andenken an Hus bewahrt werde". Doch der Wunsch, jede Spur des Wirkens und Leidens von Hus zu beseitigen, jedes Gedenken an den Prager Meister womöglich auszumerzen, erfüllt sich nicht. Vielmehr bestätigt sich das urchristliche Wort: „Semen est sanguis christianorum" – der Märtyrer Blut sei Same des Glaubens: Wurde schon das mutige Ringen von Jan Hus vor dem Konstanzer Konzil in seiner böhmischen Heimat mit wachsender Spannung verfolgt, so rüttelt die Nachricht von seinem Märtyrertod das ganze Königreich auf. Der böhmische Adel richtet nach Konstanz eine feierliche Protestation mit 452 Siegeln. Und die Reformbewegung in Prag und auf dem Lande wird durch den Tod des Reformators nicht gelähmt, wie es das Konzil hofft. Mit dem Tod von Jan Hus wird die hussitische Reformation zur Massenbewegung. Unerhörte geistige und soziale Energie wird freigesetzt: Die Reformation zieht faktisch alle Kreise des kulturellen, politischen und kirchlichen Lebens in ihren Bann.

Es beginnt eine turbulente Entwicklung, die – vor allem als gegen Böhmen Kreuzzüge lanciert werden – zu kriegerischen Auseinandersetzungen führt, mit gewalttätigen Exzessen auf beiden Seiten. Doch nicht nur der Hus'sche Nachdruck auf die Wahrheit ist zu verteidigen, die wirkt nach, sondern auch seine Erkenntnis und Überzeugung, dass sich das Wahrheitspathos im Geist der Liebe zu bewähren hat. Vor allem der Hussite Petr Chelcicky ruft inmitten der kriegerischen Auseinandersetzungen zur gewaltlosen Nachfolge auf, und die Bewegung der Böhmischen Brüder sammelte sich bewusst als ein „Volk ohne Schwert". Das entspricht ganz und gar dem zentralen Vermächtnis von Jan Hus in seinem letzten Brief aus Konstanz: *„Gönnt jedermann die Wahrheit!"* In diesem Satz verbinden sich zwei Motive: Wahrheitseifer und Toleranz. Das Wahrheitspathos dominiert zwar, doch der andere Akzent, jenes „gönnt jedermann", setzt sich allmählich durch. Er zeitigt im Laufe des 15.Jahrhunderts auch politische Konsequenzen. Der Reichstag des Königreichs Böhmen beschließt 1485, also viel früher als in anderen europäischen Ländern, dass das „beiderlei Volk" im Lande, die große hussitische Mehrheit und die katholische Minderheit, dass beide das Recht haben, nach ihrem Glauben und Gewissen ihre Religion auszuüben. Besonders beachtenswert ist, dass dieses Recht nicht nur für die Herren gilt, sondern auch für die Untertanen. Also kein *cuius regio – eius religio* – jene berüchtigte These, nach welcher die Obrigkeit die Konfession des Volkes bestimmt, eine These, die im 17. Jahrhundert in vielen europäischen Ländern zum konfessionspolitischen Grundsatz erhoben wird. Ein anderes Recht soll laut dem verbindlichen Beschluss des böhmischen Reichstags gelten, das Gewissensrecht, das jedem Glaubenden zusteht.

Bald werden diese Rechte, die zunächst nur auf Hussiten und Katholiken beschränkt sind, auf andere nonkonforme Bewegungen erweitert, etwa auf die Böhmischen Brüder und die Anabaptisten. Vor allem Mähren erweist sich dabei als ein im europäischen Rahmen besonders tolerantes Land. Ganz im Geiste von Hus kann der Landeshauptmann gegen die Ansprüche der Habsburger erklären:

„Mähren würde eher durchs Feuer zugrunde gehen als zulassen, dass das Gewissen der Glaubenden vergewaltigt würde."

Wahrheitseifer und Toleranz: In diesen beiden Motiven – und vor allem in deren spannungsreicher Verbindung - iegt das bleibende Vermächtnis von Jan Hus und der Böhmischen Reformation des 15. Jahrhunderts. Die Verbindung ist verletzlich - von beiden Seiten. Wahrheitseifer kann zum blinden Fanatismus verkommen, Toleranz zur leeren Gleichgültigkeit degenerieren. Beide Versuchungen belasten die europäische Geistesgeschichte und das politische Geschehen in den kommenden Jahrhunderten, sind gefährlich bis heute.

Die Erinnerung an den 6. Juli 1415, die Erinnerung an Jan Hus ist eine Mahnung: Wahrheitspathos ohne Toleranz ist blind; Toleranz ohne Wahrheitstreue wird leer.

Auf dem Denkmal am Altstädter Ring sind seit 1915 Worte in Stein gemeisselt, die tagtäglich von unzähligen Passanten und Besuchern Prags gelesen werden können; es sind die Worte von Jan Hus, seine weiterhin gültige Aufforderung: *Gönnt jedermann die Wahrheit!*

„Mit außerordentlicher Leidenschaft" – Luthers 'Turmerlebnis' und die Reformation
– Das 16. Jahrhundert –

WOLFGANG HUBER

Es ist nicht der Abstand von fast 500 Jahren, der das genaue Datum jenes Tages im zweiten Jahrzehnt des 16. Jahrhunderts im Dunkeln lässt, jenes Tages, an dem in großem inneren Beben der gut dreißigjährige Augustiner-Eremiten-Mönch und Theologieprofessor zu Wittenberg Martin Luther erkannte, dass „der Gerechte als durch Gottes Geschenk lebt, nämlich aus dem Glauben". Diese Erfahrung im sogenannten „Turmerlebnis" – als Vorgang im Innern nachträglich schwer datierbar – war, wie Wolfgang Huber sagt, „ein Ereignis von weltgeschichtlicher Dimension": Denn für Martin Luther löste sich mit der Entdeckung der Rechtfertigung des Menschen vor Gott allein aus dem Glauben nicht nur ein existentielles Problem: Das „Turmerlebnis" ist vielmehr Ausgangspunkt und Auslöser der Reformation, die in den kommenden Jahrzehnten und Jahrhunderten nicht nur das christlich geprägte Europa grundlegend umgestalten wird. (St)

Den Übergang von der ersten zur zweiten Hälfte des zweiten Jahrtausends christlicher Zeitrechnung scheinen die damaligen Zeitgenossen kaum bewusst wahrgenommen zu haben. Dieses Datum hat sie offenkundig weniger bewegt, als die Menschen der Wechsel vom zweiten zum dritten Jahrtausend nach Christi Geburt in Atem hielt. Und doch erweist sich im Rückblick der Übergang vom 15. zum 16. Jahrhundert wirklich als eine „Zeitenwende": Als das Ende des Mittelalters und der Beginn der Neuzeit . Ob dem Übergang vom 20. zum 21. Jahrhundert einmal eine vergleichbare epochale Qualität zugesprochen werden kann, vermag noch niemand zu sagen.

Natürlich sind die Ereignisse, die den epochalen Wandel jener Zeit begründen, nicht genau auf das Jahr zu datieren. Sie fallen vielmehr teils vor, teils hinter diesen Jahrhundertwechsel. Eine Epochenschwelle ist der Beginn des 16. Jahrhunderts also nur bei großzügiger Interpretation. Man muss sowohl hinter dieses Datum zurückgehen als auch über es hinausgreifen, um der dramatischen Einschnitte ansichtig zu werden, mit denen rückblickend der Übergang zur Neuzeit verbunden wird.

I Epochale Anbahnungen vor dem 16. Jahrhundert

In die erste Hälfte des 15. Jahrhunderts muss man zurückgehen, um auf jene Erfindung zu stoßen, mit der die Welt des Wissens und der Kommunikation äußerst folgenreich revolutioniert wurde: Um 1440 erfand Johannes Gensfleisch zur Laden genannt Gutenberg den Buchdruck mit beweglichen Metall-Lettern. Die technische Reproduktion von Texten und damit ihre Verbreitung tat damit einen gewaltigen Sprung nach vorn; ohne den Buchdruck lassen sich die Entwicklungen der Folgezeit schlechterdings nicht verstehen. Die weitere Entwicklung der Renaissance kann man ohne diese Entdeckung so wenig nachvollziehen wie den Humanismus und insbesondere natürlich die Reformation, die vom gedruckten Wort einen besonders ausgiebigen Gebrauch machte.

In das letzte Jahrzehnt des 15. Jahrhunderts muss man auch zurückgehen, wenn man den epochalen Schritt zur Entdeckung der „neuen Welt" in den Blick nimmt, der sich an den Namen des Christoph Columbus heftet. Diese Eroberung der neuen Welt hatte allerdings eine Wiedereroberung der alten Welt zur Voraussetzung. Die „reconquista" Spaniens, die Wiedergewinnung des jahrhundertelang weitgehend islamisch beherrschten Landes für das Christentum bildete die innere Voraussetzung für das Ausgreifen auf neue Weltgegenden, das sich von Spanien und Portugal aus dann in den nächsten Jahrzehnten vollziehen sollte. Erst als mit dem Fall Granadas

1492 die „reconquista" vollendet war, konnte Columbus zu seiner großen Fahrt aufbrechen, die nach Indien führen sollte und in der Karibik endete. Damit war das Tor zur Entdeckung Amerikas aufgestoßen. Papst Alexander VI. deutete das unverzüglich als die Chance, den christlichen Glauben auf den neu entdeckten Erdteilen auszubreiten. Ausdrücklich bezeichnete er im Jahr 1493 die Unterwerfung der „heidnischen" Völker und ihre Bekehrung als die wichtigste Aufgabe der westlichen Christenheit.

Ebenfalls in die Zeit vor der Jahrhundertwende wird man verwiesen, wenn man auf den einschneidenden Wandel in der politischen Ordnung Europas, insbesondere des Heiligen Römischen Reiches Deutscher Nation, schaut. Die folgenreichen Schritte der Reichsreform vollzogen sich zwischen 1486 und 1495. Der Reichstag wurde in diesen Jahren in seinen Rechten gestärkt; das Reichskammergericht wurde 1495 als zentrale Instanz der Rechtssetzung installiert. Eine durchgestaltete Gerichtsordnung und damit die Anfänge eines staatlichen Gewaltmonopols im modernen Sinn datieren auf diese Zeit. Auch von diesen Wandlungen der politischen Verfassung gilt, dass sie eine maßgebliche Voraussetzung für das bildeten, was sich dann im 16. Jahrhundert vollzog.

Auch wenn man schließlich auf die neue Wende zum Menschen im Geist der wiederentdeckten Antike schaut, wird man in das ausgehende 15. Jahrhundert geführt. Auch diese „Wiederentdeckung des Menschen" war ein Vorgang von epochaler Bedeutung. Als besonders eindrückliches Beispiel lässt sich die Rede „Über die Würde des Menschen" nennen, die der seinerzeit erst dreiundzwanzigjährige italienische Humanist Giovanni Pico della Mirandola im Jahr 1486 veröffentlichte. Groß dachte Pico vom Menschen; als einen Gott entsprechenden Mikrokosmos beschrieb er ihn, in dem eine unendliche Fülle von Möglichkeiten angelegt sei. Die Bestimmung des Menschen sah Pico darin, aus dieser Fülle zu wählen; seine Freiheit verstand er als die Möglichkeit, aus eigener Kraft das höchste Glück zu erstreben. Seit der Antike hatte man nicht mehr so überschwenglich vom Menschen gedacht wie in dieser Zeit, die deshalb zu Recht den Namen der „Renaissance", also einer Wiedergeburt der Antike, erhielt. Indem sie an die Ideale der griechisch-römischen Antike anknüpfte, brach sie auch dem Humanismus Bahn, der Zuwendung zu den Quellen, die Kenntnis ihrer Sprachen – Hebräisch, Griechisch, Latein – eingeschlossen. Auch hier handelt es sich um Entwicklungen, die sich für den reformatorischen Durchbruch des frühen sechzehnten Jahrhunderts als entscheidend erweisen sollten.

Die genannten politischen und kulturellen Entwicklungen weisen zumindest in ihren Anfängen oder in ihren entscheidenden Wurzeln auf das 15. Jahrhundert zurück. Mit ihnen verglichen mag man den religiösen Durchbruch Martin Luthers und der Reformation im zweiten und dritten Jahrzehnt des 16. Jahrhunderts als vergleichsweise spät ansehen.

Eine solche Betrachtungsweise hat jedoch etwas Ungerechtes an sich. Denn an kirchlichen Reformversuchen hatte es während des ganzen Mittelalters keineswegs gefehlt: Bernhard von Clairvaux hatte schon im 12. Jahrhundert eine mönchische Reform innerhalb der Kirche zu etablieren gesucht; John Wicliff, Petrus Waldus und vor allem Johannes Hus hatten im 14. und frühen 15. Jahrhundert der historisch verformten Kirche mit schroffen Worten die wahre Kirche entgegengesetzt. Unter ihnen hatte sich auch die Bereitschaft entwickelt, es notfalls zum Bruch mit der etablierten Kirche kommen zu lassen; denn das Gebot, man müsse Gott mehr gehorchen als den Menschen, wandten sie nicht nur auf die politische Autorität an, sondern besonders unerschrocken auch auf die kirchlichen Machtinstanzen. Hus beispielsweise musste dieses unerschrockene Bekenntnis am 6. Juli 1415 mit dem Tod auf dem Scheiterhaufen in Konstanz bezahlen.

So reich und vielfältig christliche Frömmigkeit sich im ausgehenden Mittelalter auch zeigte, so verkrustet waren doch zugleich die dogmatischen Denkformen der herrschenden Lehre und so abstoßend waren auch die Strukturen kirchlicher Herrschaft. In der theologischen Lehre standen die *via moderna* des Wilhelm von Ockham und die *via antiqua* der Hochscholastik nebeneinander, ohne sich zu befruchten und dadurch Neues hervorzubringen. In den kirchlichen Strukturen schlug sich eine grobe Verweltlichung nieder, in der profane, ja finanzielle Interessen allzu oft die Herrschaft über religiöse Intentionen errangen. Die häufig geforderte und noch häufiger beschworene „Reform an Haupt und Gliedern" blieb aus. Das Papsttum, das sich durch die Zeit der Schismen und der Reformkonzile hindurchgerettet hatte, verlor massiv an geistlicher Autorität. Die Renaissancepäpste wurden eher als politische Prätendenten, als Bauherren und Kunstmäzene denn als religiöse Vorbilder und spirituelle Führer wahrgenommen. Hätte man damals schon über die Mittel der Meinungsumfrage verfügt, dann wäre wohl offensichtlich geworden, dass nur ein kleiner Teil der damaligen Christenheit im Papst eine Instanz sah, die in Glaubensfragen mit Vollmacht sprechen konnte. Dass religiöse Institutionen zu materiellen Zwecken ausgebeutet wurden, war eine verbreitete Einschätzung; an der Ausnutzung des Ablasses zugunsten des Baus von St. Peter in Rom war das zu Beginn des 16. Jahrhunderts mit Händen zu greifen.

II Luthers reformatorische Entdeckung

Zu einer Macht wurde diese Kirchenkritik, als sie sich mit der reformatorischen Entdeckung und dem reformerischen Ingenium Martin Luthers verband. Damit vollzog sich auch im Religiösen der Übergang vom Mittelalter zur Neuzeit. Doch wann genau geschah das? Man hat sich daran gewöhnt, den 31. Oktober 1517 als das entscheidende Anfangsdatum der Reformation anzusehen. An diesem Tag schlug Martin Luther nach einer alten Überlieferung seine fünfundneunzig Thesen zu Ablass und Buße an die Tür der Schlosskirche zu Wittenberg . Von manchen Forschern ist das Faktum des Thesenanschlags auch bestritten worden; dann begann die Reformation eben mit Druck, Versendung und Verbreitung dieser Thesen. Wie auch immer es sich im einzelnen verhielt, ganz gewiss war die Veröffentlichung der fünfundneunzig Thesen Luthers das erste reformatorische Ereignis, das eine entsprechende öffentliche Resonanz auslöste. Andere Vorstöße Luthers waren zuvor nahezu schweigend übergangen worden.

Trotzdem verführt die Konzentration auf den 31. Oktober 1517 zu einer verkürzten Betrachtungsweise. Die Reformation begann nicht mit dieser öffentlichen Intervention und vergleichbaren, weniger beachteten Schritten Luthers zur selben Zeit. Sie sind allesamt nur die Außenseite eines Prozesses, der sich einem inneren Beweggrund verdankt. Als geistiges und geistliches Geschehen wurde die Reformation nicht erst durch die fünfundneunzig Thesen vom 31. Oktober 1517 in Gang gebracht. Vielmehr verdankt sie sich einer Entdeckung, die vordem fern von aller Öffentlichkeit stattfand. Offenkundig handelt es sich um eine plötzliche Einsicht, um das Geschehen eines besonderen Tages im 16. Jahrhundert; dessen Datum aber, ja sogar den Ort weiß niemand genau zu nennen: Ein „Turm" sei es gewesen, sagt die Überlieferung – welcher auch immer. Damit sei in Wahrheit eine „Kloake" gemeint, also der in einem separaten Gebäude untergebrachte Ort leiblicher Notdurft – so mutmaßten einige, die sich durch ihre Respektlosigkeit hervortun wollten. Solchermaßen liegt der Ort des Geschehens im Zwielicht. Das Datum selbst aber liegt vollends im Dunkeln. Aber das historische Unvermögen verhindert nicht, in diesem Ereignis den eigentlichen reformatorischen Durchbruch zu sehen, als das wichtigste Ereignis im 16. Jahrhundert des zweiten Jahrtausends christlicher Zeitrechnung. Denn auf diesen inneren Durchbruch Martin Luthers kommt es an, will man die Reformation als das weltgeschichtlich bedeutendste Ereignis des 16. Jahrhunderts begreifen.

Die Datierungen für Luthers „Turmerlebnis" schwanken zwischen den Jahren 1513 und dem Jahr 1519. Die Spätdatierungen haben inzwischen an

Anhängerschaft erheblich verloren, obwohl sie sich auf eine Aussage Luthers selbst berufen können. Es kann auch kaum einleuchten, dass die eigentliche reformatorische Entdeckung zeitlich der ersten öffentlichkeitswirksamen reformatorischen Aktion nachgefolgt sein soll. Naheliegend ist es, Luthers Vorlesung über den Römerbrief 1515/16 als Zeitpunkt für diese Entdeckung anzusehen. Denn dem Römerbrief des Paulus kommt in diesem Zusammenhang die entscheidende Bedeutung zu. Andere Reformationshistoriker sind mit vergleichbarer Plausibilität dafür eingetreten, dass der alles Weitere bestimmende innere Durchbruch Luthers sich bereits im Herbst 1514 ereignete: Denn schon in der Psalmenvorlesung, die Luther in dieser Zeit hielt, lassen sich Spuren der theologischen Neuorientierung entdecken, die zusammenfassend als Luthers Rechtfertigungslehre bezeichnet wird.

Dass das Datum dieses denkwürdigen Tages im Dunklen liegt, hat einen nachvollziehbaren Grund. Ein authentisches Zeugnis dafür gibt es erst mit erheblichem zeitlichem Abstand. Aber es stammt immerhin von Luthers eigener Hand. Dieses Selbstzeugnis findet sich in der Vorrede zum ersten Band seiner gesammelten lateinischen Werke, der 1545, ein Jahr vor dem Tod des Autors, erschien.

In diesem späten Rückblick scheinen sich die Daten zu verschieben. Denn Luther bringt seine reformatorische Entdeckung mit Ereignissen des Jahres 1519 in Zusammenhang, denen sie aller Wahrscheinlichkeit nach aber vorausgegangen war. Doch so eigentümlich es ist, dass sogar der alt gewordene Luther selbst sich über das exakte Datum für den Anfangspunkt der Reformation zu täuschen scheint, so ist doch weit wichtiger der Inhalt, um den es ging. Luther beschreibt ihn mit Worten, in denen auch dreißig Jahre nach dem Geschehen die innere Erregung mitklingt, die sich seiner damals bemächtigte, um ihn für den Rest seines Lebens nicht mehr loszulassen:

„Mit außerordentlicher Leidenschaft war ich davon ergriffen, Paulus im Brief an die Römer kennenzulernen; aber es hatte bis dahin im Wege gestanden nicht die Kälte meines Herzens, sondern das einzige Wort im ersten Kapitel (des Römerbriefs): ‚Die Gerechtigkeit Gottes wird im Evangelium offenbart.' Denn ich hasste dieses Wort ‚Gerechtigkeit Gottes', welches ich nach der üblichen Gewohnheit aller Doktoren gelehrt worden war, philosophisch von der sogenannten formalen oder aktiven Gerechtigkeit zu verstehen, durch die Gott gerecht ist und die Sünder und Ungerechten straft. Ich konnte den gerechten, die Sünder strafenden Gott nicht lieben, im Gegenteil, ich hasste ihn sogar. Obwohl ich als Mönch untadelig lebte, fühlte ich mich vor Gott doch als Sünder, und mein Gewissen quälte mich sehr. Ich wagte nicht zu hoffen, dass ich Gott durch meine Genugtuung versöhnen könnte. Ich war unmutig gegen Gott, wenn nicht mit heimlicher Lästerung, so doch mit gewaltigem Murren, indem ich sprach: Muss Gott durch das Evangelium Leid auf Leid fügen und uns auch durch das Evangelium seine Gerechtigkeit und seinen Zorn androhen? So raste ich in meinem verwirrten Gewissen, pochte aber trotzdem ungestüm an dieser Stelle bei Paulus an, indem ich vor Durst brannte zu wissen, was der heilige Paulus wollte. Da erbarmte Gott sich meiner. Unablässig sann ich Tag und Nacht, bis ich endlich den Zusammenhang der Worte beachtete, nämlich: ‚Die Gerechtigkeit Gottes wird im Evangelium offenbart, wie geschrieben steht: Der Gerechte lebt aus dem Glauben.‘ Da begann ich die Gerechtigkeit Gottes als diejenige zu verstehen, durch welche der Gerechte als durch Gottes Geschenk lebt, nämlich aus dem Glauben. Ich fing an zu begreifen, dass dies der Sinn sei: durch das Evangelium wird die Gerechtigkeit Gottes offenbart, nämlich die passive, durch welche uns der barmherzige Gott durch den Glauben rechtfertigt, wie geschrieben steht: ‚Der Gerechte lebt aus dem Glauben.‘ Da fühlte ich mich wie ganz und gar neu geboren, und durch offene Tore trat ich ins Paradies selbst ein. Gleich zeigte mir die ganze heilige Schrift ein völlig anderes Gesicht. ... Mit so großem Hass, wie ich zuvor das Wort ‚Gerechtigkeit Gottes‘ gehasst hatte, mit so großer Liebe hielt ich jetzt dies Wort als das allerliebste hoch. So wurde für mich diese Stelle des Paulus zur Pforte ins Paradies.“

Der alt gewordene Reformator Martin Luther will eine grundlegende Erfahrung, die er um die Wende zu seinem vierten Lebensjahrzehnt existentiell erlebte, hier Menschen verständlich machen, die möglicherweise vom eigentlichen Ursprung der Reformation keine Ahnung haben. Ungefähr drei Jahrzehnte nach diesem Geschehen geschrieben, klingen seine Zeilen wider von dem inneren Beben, das jene Glaubenserfahrung bei ihm auslöste. Aber besonders erstaunlich ist, dass diese Entdeckung, die sich als ein Ereignis von weltgeschichtlicher Dimension erweisen sollte, auf eine philologische Feststellung zurückgeht. Die Reformation beginnt nämlich mit einem Auslegungsproblem. Dadurch, dass eine Aussage des Apostels Paulus neu verstanden wird, verändert sich bei Luther das Koordinatensystem. Seit er weiß, was Paulus in seinem Römerbrief unter „Gerechtigkeit Gottes“ versteht, gewinnt er Klarheit über seine Theologie. Aber auch ein persönliches Glaubensproblem ist für ihn dadurch zum ersten Mal gelöst.

Denn das Selbstzeugnis Luthers macht zweifelsfrei deutlich, dass die reformatorische Wende es im Kern mit einem neuen, klärenden und befreienden Verständnis dieses einen Satzes im Römerbrief des Paulus zu tun hat: „Der Gerechte lebt aus dem Glauben.“ Damit vollzieht sich eine theologische Klärung und ein existentieller Wandel zugleich. Ein Blick auf Luthers bisherigen Lebensweg macht das verständlich.

III Biographie und Theologie bei Luther

Am 10. November 1483 in Eisleben geboren stammte Martin Luther eigentlich aus einer bäuerlichen Familie. Sein Vater hatte jedoch den Hof verlassen und es im mansfeldischen Kupferbergbau zu Ansehen und Vermögen gebracht. Der Bergarbeiter war zum Teilhaber eines Grubenunternehmens aufgestiegen. Was er selbst gegen viele Widerstände errungen hatte, wollte er in seinem Sohn fortgesetzt sehen. Der Vater schickte den jungen Martin auf die Universität Erfurt; dort sollte er nach erfolgreicher Ausbildung an der Artistenfakultät Jura studieren. Denn das Studium der Jurisprudenz, der „Rechtsgelahrtheit", eröffnete jemandem, der nicht von Geburt zu den Führungsschichten zählte, schon damals am ehesten den Zugang zu Leitungsaufgaben. Diese aber traute Hans Luder - wie sich sein Vater schrieb - seinem Sohn zu; und er wollte ihm alle Voraussetzungen vermitteln, die für ihn erschwinglich waren.

Doch der junge Martin entzog sich diesen Möglichkeiten, ähnlich wie Franz von Assisi, der einer Laufbahn als erfolgreicher Kaufmann entsagt hatte. Darf man hinzufügen: ähnlich wie Jesus, der auch als Zimmermann ein ruhiges und unauffälliges Leben hätte führen können? Solche Vergleiche lagen dem jungen Juristen natürlich fern, als er von einem Blitz, der unmittelbar neben ihm einschlug, zu dem Gelübde veranlasst wurde, sein Leben in den Dienst Gottes zu stellen.

Auch von diesem Ereignis gibt es nur ein verhältnismäßig spätes Zeugnis. Bei Tisch berichtete Luther im Jahr 1539, was sich seiner Erinnerung nach im Jahr 1505 vollzog und sein Leben von Grund auf veränderte:

> „Und er begann die Geschichte zu erzählen, wie er ein Gelübde getan, als er nämlich unterwegs gewesen und durch einen Blitzstrahl bei Stotternheim nicht weit von Erfurt derart erschüttert worden sei, dass er im Schreck gerufen habe: Hilf du, heilige Anna, ich will ein Mönch werden! - Aber Gott hat damals mein Gelübde hebräisch verstanden: Anna, das heißt unter der Gnade, nicht unter dem Gesetz. Nachher reute mich das Gelübde, und viele rieten mir ab. Ich aber beharrte dabei, und am Tage vor Alexius lud ich die besten Freunde zum Abschied ein, damit sie mich am morgigen Tag ins Kloster geleiteten. Als sie mich aber zurückhalten wollten, sprach ich: Heute seht ihr mich zum letzten Mal. Da gaben sie mir unter Tränen das Geleite. Auch mein Vater war sehr zornig über das Gelübde, doch ich beharrte bei meinem Entschluss. Niemals dachte ich das Kloster zu verlassen. Ich war der Welt ganz abgestorben."

In seiner ganzen Tiefe lässt sich der krisenhafte Grund von Luthers Entscheidung des Jahres 1505 auch aus dieser dramatischen Schilderung nicht entnehmen. Doch den Ernst seiner Entscheidung stellte der junge Mönch alsbald unter Beweis. Auf die Profess im Jahre 1506 folgte schon im Jahr 1507 die Priesterweihe. Die folgenden fünf Jahre waren mit theologischen Studien an den Universitäten Erfurt und Wittenberg ausgefüllt. Seit 1509 ist das Studium von eigenen Lehrverpflichtungen begleitet, zunächst im Feld der Philosophie. Bereits 1512 übernahm Luther als Doktor der Theologie den Wittenberger Lehrstuhl für Altes und Neues Testament, den er bis zu seinem Tod im Jahr 1546 innehatte. Neben den akademischen Aufgaben übertrug man dem jungen Theologen zugleich Ämter im Augustiner-Eremiten-Orden. 1512 wurde er Subprior des Wittenberger Klosters, ab 1515 übernahm er Aufsichtsaufgaben gegenüber zehn Klöstern seines Ordens.

So untadelig er lebte und so ernsthaft er seinen umfangreichen Pflichten nachkam, so litt der junge Mönch doch zugleich unter der Angst, dass der gerechte Gott ihn seiner Sünden wegen hasste. Denn Luther sah die entscheidende Vorbedingung der göttlichen Rechtfertigung in einem menschlichen Werk. Dieses Werk hatte der sündige Mensch zu vollbringen, bevor er gerechtfertigt werden konnte. Zunehmend war er – auch durch die Lektüre des großen Kirchenvaters Augustin – davon überzeugt, dass der Sünder dazu niemals in der Lage sei. Deshalb konnte er die „Gerechtigkeit Gottes" nur als eine strafende Gerechtigkeit verstehen. Angst war die einzig denkbare Antwort darauf. Aus dieser Angst befreite Martin Luther das überraschende Turmerlebnis des noch jungen Theologieprofessors. Lange vorbereitet war dieses Ereignis insofern, als es sich dem unermüdlichen Studium der Heiligen Schrift verdankte. Dennoch überkam ihn die Einsicht, dass Gottes Gerechtigkeit in Wahrheit etwas ist, was Gott dem Sünder mit plötzlicher Wucht schenkt. Umstürzend neu war die Erkenntnis, dass Gott gerade darin gerecht ist, dass er dem Menschen seine Gerechtigkeit zueignet und ihn damit bekleidet, indem er ihn rechtfertigt. Die existentielle Erfahrung des „Turmerlebnis" bestand in der Begegnung mit dem barmherzigen, rechtfertigenden Gott.

Die theologische Erkenntnis aber hatte ihren Kern darin, dass eine lange Tradition die Gerechtigkeit Gottes deshalb missverstanden hatte, weil sie in ihr bloß eine Eigenschaft, nicht aber eine Gabe Gottes hatte sehen können. Luther entdeckte parallele Sprachformen im Hebräischen. Wo von der Weisheit Gottes, seiner Kraft, seinem Heil die Rede ist, da ist jeweils nicht nur eine Eigenschaft Gottes, sondern die Gabe gemeint, durch die er den

Menschen weise und stark macht oder in einen heilsamen Zustand versetzt. All diese Wortverbindungen sind also kausativ zu deuten: sie bezeichnen das, was Gott an den Menschen und für sie bewirkt. Damit aber wird auch die Stellung der Menschen vor Gott grundstürzend verändert. Sie wird durch das bestimmt, was sie von Gott empfangen, nicht etwa durch das, was sie vor Gott darstellen oder zuwege bringen. Für kein Thema ist das wichtiger als für die Gerechtigkeit, die vor Gott gilt. Sie ergibt sich nicht aus menschlichen Leistungen, sondern aus göttlicher Gnade. Kurzum: Das Gottesbild und die Vorstellung von der Beziehung zwischen Gott und Mensch verändern sich tiefgreifend.

Weil diese Beziehung allein in der Gnade Gottes gründet, kann sie auch nur im Glauben ergriffen werden. Allerdings darf auch dieser Glaube nicht als ein menschliches Werk verstanden werden; vielmehr ist er jene Vereinigung mit Christus, in der die göttliche Gnade empfangen wird. Auch der Glaube ist also ein Geschenk, nicht eine selbstmächtige menschliche Aktion. „Rechtfertigung aufgrund der Gnade durch den Glauben" – so lässt sich Luthers existentielle Erfahrung und theologische Auffassung am kürzesten zusammenfassen.

Die Gerechtigkeit, die Gott so dem Menschen zueignet, bleibt eine für ihn fremde Gerechtigkeit. Von sich aus kann er sein Sündersein weder verändern noch überwinden. Das hat Luther zu der paradoxen Aussage veranlasst, der Christ sei „gerecht und Sünder zugleich". In der Zeit seiner reformatorischen Entdeckung hat Martin Luther das einmal so erläutert:

> „Denn solange die Heiligen immer ihre Sünde vor Augen haben und ihre Gerechtigkeit von Gott gemäß seiner Barmherzigkeit erflehen, werden sie immer ohne weiteres auch von Gott gerechtgesprochen. Dennoch sind sie von sich aus gesehen selbst und in Wahrheit ungerecht, von Gott aus aber, der sie wegen dieses Bekenntnisses der Sünde anerkennt, gerecht; in Wahrheit Sünder, aber im Urteil des barmherzigen Gottes gerecht; gerecht, ohne es zu wissen, und wissentlich ungerecht; Sünder in ihrem Tun, Gerechte aber in der Hoffnung."

Zu den wichtigen Folgerungen aus dieser Einsicht gehörte es, dass Luther und deutlicher noch sein Mitkämpfer Melanchthon zwischen der Gerechtsprechung und der Gerechtmachung des Menschen unterschied. Denn bedeutungslos wurden die Werke des Menschen auch in Luthers Betrachtungsweise nicht. Doch trugen sie zur Gerechtsprechung des Menschen vor Gott nichts bei. Die guten Werke gehörten für ihn vielmehr als Handeln aus dem Glauben in den Vorgang der Gerechtmachung, der Heiligung oder Erneuerung des Menschen. Luther kannte die „guten Werke", ja er hielt sogar große Stücke auf sie. Aber sie folgten auf das Geschenk der göttlichen Gerechtigkeit, sie gingen ihm nicht als Vorbedingung voraus.

Ohne Zweifel hat Luther mit der Neuentdeckung der Rechtfertigung allein aufgrund der Gnade und allein durch Glauben eine Tradition begründet; der Weg dahin war bestimmt durch Traditionskritik. Seine eigene Lebenssituation führte Luther dazu, dass er sich mit den gewohnten Deutungen der „Gerechtigkeit Gottes" nicht abfand, sondern weiterfragte. Nach langem Suchen erschloss sich ihm der Sinn der paulinischen Redeweise neu. Was er bei Paulus wieder entdeckte, war zwar auch manchen Theologen vor Martin Luther nicht unbekannt gewesen. Aber niemand hatte diese Einsicht so konsequent mit der einen grundlegenden Formulierung im ersten Kapitel des Römerbriefs verbunden. Und vor allem: Niemand hatte mit solcher Konsequenz wie der Reformator gesehen, wie das Geschenk der Gerechtigkeit Gottes und das Heil der Menschen zusammenhängen.

Luther hat in den dem „Turmerlebnis" folgenden Jahren die neue Erkenntnis durch intensives Bibelstudium vertieft und befestigt. Die Einsichten, die er so gewann, führten ihn zunächst zu der Forderung nach einer Erneuerung der Theologie und einer Reform des Theologiestudiums. Der reformerische Impuls zeigte sich im Jahr 1517 mit besonderer Deutlichkeit.

Ob Luther zu dieser Zeit die Absicht hatte, die *Kirche* zu reformieren, mag fraglich sein; daran, dass er die *Theologie* erneuern wollte, ist ein Zweifel nicht möglich. Seine Disputation gegen die scholastische Theologie vom 4. September 1517 ist unter dieser Perspektive weit bedeutender als die fünfundneunzig Thesen gegen den Ablass vom 31. Oktober 1517. Dass sich der Konflikt an letzteren entzündete, wird von manchen Forschern deshalb sogar als „Zufall" bezeichnet.

Den Durchbruch, der sich auf diese Weise vollzog, hat Luther damals auch äußerlich kenntlich gemacht. In der Zeit der beiden gerade erwähnten öffentlichen Vorstöße änderte er seinen bisherigen vom Vater weitergegebenen Nachnamen „Luder" in die neue Form „Luther". Der Anklang an den von ihm für eine kurze Zeit ebenfalls gebrauchten, dem Griechischen entlehnten Namen „Eleuthérius" war deutlich: Das griechische Wort „eleútheros" bedeutet „frei". Dass er in die Freiheit des Glaubens geführt worden sei, sollte auch die Umwandlung von „Luder" in „Luther" symbolisieren. Im Namen „Luther" sollte „eleútheros" anklingen; es sollte die Existenzveränderung deutlich werden, durch die der Träger dieses Namens hindurchgegangen war: Er hatte sich aus den Fesseln der scholastischen Theologie befreit; und er war seiner Freiheit vor Gott innegeworden. Dass die Freiheit die Existenz des Christenmenschen bestimmt, wurde somit zu einem Grundzug der Reformation. In Luthers Traktat „Von der Freiheit eines Christenmenschen" aus dem Jahr 1520 kommt das unüberbietbar zum Ausdruck:

> „Ein Christenmensch ist ein freier Herr aller Dinge und niemandem untertan. Ein Christenmensch ist ein dienstbarer Knecht aller Dinge und jedermann untertan."

IV Freiheit und Bindung

Die Knechtschaft, von der hier in paradoxer Weise die Rede ist, bezeichnet die Unterwerfung um der Liebe willen, meint also die Tat der Liebe, in der jemand sich ungezwungen und aus freien Stücken seinen Mitmenschen zum Diener macht. Ihren einzigen Grund hat diese Tat der Liebe in der Freiheit des Glaubens, die allein ein göttliches Geschenk ist. Dank diesem Geschenk weiß der Glaubende, dass er mehr ist, als er selbst aus sich macht. Dank der göttlichen Anerkennung weiß er um eine Würde, die nicht aus den eigenen Leistungen hervorgeht und auch nicht durch die eigenen Fehlleistungen verwirkt werden kann.

Soweit sich in der Neuzeit ein Bewusstsein von der unaufhebbaren menschlichen Würde entwickelt hat, verdankt es sich ganz maßgeblich diesem reformatorischen Impuls. Weitergewirkt hat dieser Impuls vor allem durch die Gestalt, die Johannes Calvin als wichtigster Reformator der zweiten Generation der Entdeckung Luthers gab. Calvin entwickelte insbesondere die Unterscheidung zwischen Rechtfertigung und Erneuerung weiter und fasste sie in den Gedanken einer „doppelten Gnade". Die Vereinigung des Glaubenden mit Christus bewirkt beides zugleich: die Rechtfertigung, in welcher der Glaubende durch Christus in den Augen Gottes für gerecht erklärt wird, und die Gleichgestaltung mit Christus, die als Prozess der Erneuerung ein lebenslanger Vorgang ist.

Durch diese Vorstellung einer „doppelten Gnade" gewann die Frage nach der christlichen Lebensführung zusätzlich an Bedeutung. Das prägte vor allem den Puritanismus, in dem das Erbe Calvins in der englischsprachigen Welt Gestalt annahm und später den nordamerikanischen Kontinent eroberte. Auf diesem Weg verschaffte sich das protestantische Freiheitsbewusstsein auch politischen Ausdruck: Die moderne Demokratie hat hier eine ihrer wichtigsten Wurzeln.

Natürlich bestimmt dieses Freiheitsbewusstsein auch das protestantische Verhältnis zur Tradition. Sie ist kein Selbstzweck, sondern steht im Dienst der Glaubenserkenntnis und des christlichen Lebens. Die christliche Freiheit wird nach reformatorischer Auffassung dort in Frage gestellt, wo sich die Tradition der Kirche, insbesondere ihre Lehrtradition, verselbständigt und eine Ämterhierarchie sich verfestigt, Vorgänge die das Suchen nach der rechten Lehre ebenso bedrohen wie die christliche Freiheit insgesamt. Gegenüber einer solchen Verselbständigung schärft bereits Luther immer wieder ein, dass die Rechtfertigungsbotschaft das Kriterium für die Beurteilung aller Lehrfragen in der Kirche ist:

> „Der Artikel von der Rechtfertigung ist Meister und Fürst, Herr, Lenker und Richter über alle Arten von Lehre, er erhält und regiert jegliche kirchliche Lehre und richtet unser Gewissen vor Gott auf. Ohne diesen Artikel ist die Welt durch und durch Tod und Finsternis."

Alle Lehräußerungen der Kirche haben demgemäß ihren entscheidenden Bezugspunkt an der Rechtfertigungsbotschaft und damit an der Frage, „was Christum treibet". Christusgemäßheit erscheint deshalb als der einzige Maßstab evangelischer Lehre und als entscheidendes Traditionskriterium. Der Exklusivität dieses Maßstabs und dieses Kriteriums entspricht die Freiheit der Lehre. Denn die Anerkennung der unvergleichlichen Autorität Christi verknüpft sich notwendigerweise mit einer Relativierung aller irdischen Verfügungsgewalt in der Kirche. Es widerspricht dem Wesen des Rechtfertigungsglaubens, wenn er in der Form der Reglementierung oder gar mit äußeren Zwangsmitteln durchgesetzt wird. Die Wahrheit verschafft sich vielmehr Geltung „ohne äußeren Zwang, allein durch das Wort".

Luther hat freilich schon früh zweifelnd gefragt, ob die neue Einsicht, die sich ihm aufgedrängt hatte, ihren Weg allein mit innerkirchlichen Mitteln werde machen können. Bereits im Jahr 1520 wandte er sich „An den christlichen Adel deutscher Nation", um ihn „über des christlichen Standes Besserung" aufzuklären. Programmatisch heißt es in der Vorrede:

> „Die Zeit des Schweigens ist vergangen, und die Zeit zu reden ist gekommen, wie der Prediger sagt. Ich habe ... einige Stücke zusammengetragen, welche die Besserung des christlichen Standes betreffen, um sie dem christlichen Adel der deutschen Nation vorzulegen. Vielleicht will Gott doch durch den Laienstand seiner Kirche helfen, denn der geistliche Stand, dem es viel mehr zukommt, ist ganz abtrünnig geworden. ... Ich weiß wohl, dass es mir nicht ohne Tadel abgehen wird, ich hätte mir zuviel angemaßt, dass ich verachteter, weltfremder Mensch so hohe und große Stände in so außerordentlichen, großen Sachen anzureden wage, als wäre sonst niemand in der Welt als Doktor Luther, der sich des christlichen Standes annehmen und so hochverständigen Leuten Rat geben könnte. Ich entschuldige mich nicht; tadle mich, wer da will! Vielleicht bin ich meinem Gott und der Welt noch eine Torheit schuldig: die habe

ich mir jetzt vorgenommen, wenn mir's gelingt, redlich zu zahlen und auch einmal den Hofnarren zu spielen. ... Aber weil ich nicht nur ein Narr, sondern auch ein geschworener Doktor der Heiligen Schrift bin, freue ich mich, dass sich mir die Gelegenheit bietet, meinem Eid – eben in dieser Narrenweise – genugzutun. ... Gott helfe uns, dass wir nicht unsere, sondern allein seine Ehre suchen! Amen."

Es war kein übertriebenes und exaltiertes Selbstbewusstsein, das Luther bei seinem reformatorischen Tun antrieb. Auch nach seiner großen Entdeckung blieb er oft von Selbstzweifeln gequält; sie nahmen eher zu – vor allem wenn sein „Bruder Leib" ihn quälte und gesundheitliche Beschwernisse, vor allem Nierensteine, ihn missmutig stimmten. Ausfallend konnte er dann werden, wie es seine unverzeihlichen Äußerungen über die Juden, seine maßlosen Angriffe auf den Papst als Antichrist oder seine verständnislosen Attacken auf die „mörderischen und räuberischen Rotten" der aufständischen Bauern belegen. Dass er von dem Vorhaben einer Reform der Kirche nicht abließ, sich vom päpstlichen Bann nicht abschrecken ließ und auch vor der Reichsacht nicht zurückwich, hatte nur den einen Grund: dass er sich in seinem Gewissen gebunden wusste.

Diese Hartnäckigkeit, mit der Luther um seiner Bindung willen für die Freiheit des Gewissens focht, ist oft beschrieben worden: Solange er nicht mit Gründen der Heiligen Schrift und der Vernunft widerlegt werde, so Luther immer wieder, könne er von dem als richtig Erkannten nicht abweichen und nichts zurücknehmen. Nicht die eigene Autorität, sondern das an Gottes Wort gebundene Gewissen nahm er auch in der berühmten Szene auf dem Wormser Reichstag von 1521 in Anspruch:

„Hier stehe ich, ich kann nicht anders. Gott helfe mir. Amen."

Man kann nicht leugnen, dass die bei Luther angelegte starke Verknüpfung von Freiheit und Traditionskritik als ihre Kehrseite auch eine Schwäche mit sich führt, die den Protestantismus in seiner Geschichte stets begleitet hat. Die Schwäche zeigte sich schon in der Anfangszeit der Reformation: Eine eigenständige kirchliche Gestalt brachte der reformatorische Neuaufbruch nicht zustande, insbesondere nicht in Deutschland selbst, dem Ursprungsland der Erneuerungsbewegung. Vielmehr musste dafür staatliche Hilfe in Anspruch genommen werden; das landesherrliche Kirchenregiment entstand. Man hat deshalb die Gestalt der Reformation, die von Wittenberg ausging, aber ebenso auch die Reformation Zwinglis in Zürich und die Reformation Calvins in Genf als „obrigkeitliche Reformation" bezeichnet. Ihr trat die „radikale Reformation" gegenüber, die das kirchliche Erneuerungsprogramm ohne Unterstützung der politischen Obrigkeiten durchführen wollte. Für diesen „linken Flügel" der Reformation sind etwa Gruppen der „Wiedertäufer" ein charakteristisches Beispiel.

Alister McGrath erläutert diese wichtige Unterscheidung zwischen „obrigkeitlicher" und „radikaler" Reformation so:

> „Die ungewöhnliche Wendung 'obrigkeitliche Reformation' ... lenkt die Aufmerksamkeit auf die Art und Weise, in der die Reformatoren der Hauptströmung sich zu den säkularen Autoritäten, den Fürsten, Obrigkeiten oder Stadträten in Beziehung setzten. Während die radikalen Reformatoren diesen Autoritäten keine Rechte innerhalb der Kirche zugestehen wollten, vertraten die der Hauptströmung zugehörigen Reformatoren die Auffassung, die Kirche sei – zumindest bis zu einem gewissen Grade – den säkularen Trägern der Regierung unterworfen. Der Obrigkeit komme ein Autoritätsanspruch innerhalb der Kirche zu, wie umgekehrt die Kirche auf die Autorität der Obrigkeit vertrauen könne, um die Disziplin zu stärken, Irrlehren zu unterdrücken oder die Ordnung zu bewahren."

Man wird zugeben müssen, dass die Entscheidung zur Kooperation mit den politischen Autoritäten sich als die geschichtlich wirkmächtigere Form der Reformation erwiesen hat. Das landesherrliche Kirchenregiment in Deutschland oder die Verbindung von Kirche und Magistrat in den Schweizer Städten hat den Kirchen der Reformation zu einer dauerhaften institutionellen Form verholfen. In Deutschland hatte diese Verbindung bis zum Ende der Monarchie im Jahr 1918 Bestand, also über nahezu vier Jahrhunderte hinweg.

Doch diese Verbindung von Kirche und Landesregiment war zugleich ein Zeichen für eine unübersehbare Strukturschwäche des Protestantismus. Vergleicht man die evangelischen Kirchen mit der katholischen Kirche, die in der Reaktion auf die Kirchenspaltung im Konzil von Trient ein eigenes Programm der Selbstbehauptung und Erneuerung entwickelte, so sticht die institutionelle Selbständigkeit der römisch-katholischen Kirche als wichtigstes Unterscheidungsmerkmal hervor. Gewiss ist aus einer evangelischen Perspektive die hierarchische Form dieser Institution und die starke Betonung des auf der apostolischen Sukzession beruhenden kirchlichen Amtes befremdlich. Die Krönung dieses Kirchenverständnisses durch die Lehre von der Unfehlbarkeit des Papstes , 1871 vom Ersten Vatikanischen Konzil formuliert, hat auch innerhalb des Katholizismus selbst immer wieder Kritik auf sich gezogen. Doch ein historisch abwägendes Urteil muss auch die offenkundige Strukturschwäche des Protestantismus einbeziehen. Sie zeigt sich in einer verbreiteten Gleichgültigkeit gegenüber Traditionen, denen von vornherein bloße Äußerlichkeit unterstellt wird, zeigt sich in der Geringschätzung des institutionellen Rahmens, von dem die christliche Freiheit angeblich unabhängig sei, und diese Strukturschwäche zeigt sich ebenfalls in der Verführung zur Formlosigkeit, in der die Freiheit allzu leicht in Beliebigkeit umschlägt.

V Künftige innerkirchliche Aufgaben des Protestantismus

Als die institutionelle Verbindung von Staat und Kirche für den deutschen Bereich im Jahr 1918 weitgehend ihr Ende fand, wurde diese Strukturschwäche offenkundig: Eine Neuorientierung kam, aufs Ganze gesehen, nur zögernd in Gang. Vor allem waren die Ansätze dazu allzu unterschiedlich. Theologische Neubesinnung, liturgische Erneuerung oder die Bemühung um eine eigenständige evangelische Kirchenverfassung standen weithin unverbunden nebeneinander oder gerieten sogar in Streit miteinander. Die notwendige „zweite Reformation", in der die Eigenständigkeit der Kirche in ihrer institutionellen Gestalt wahrgenommen und bejaht wird, steht den europäischen evangelischen Kirchen weithin noch bevor. Es genügt nicht, die christliche Freiheit als blanke Traditionsfremdheit, als Antiinstitutionalismus oder als bloße Formlosigkeit zu verstehen. Die bewusste Anknüpfung an die eigene Tradition und ihre Weiterentwicklung, das Bejahen der Gemeinschaft der Glaubenden auch in ihrer institutionellen Gestalt und schließlich das Bemühen um eine kulturgeprägte religiöse Gestalt des Glaubens erweisen sich vielmehr als wichtige Aufgaben eines zeitgemäßen Protestantismus, der seinen Ort in der ökumenischen Christenheit wahrnehmen und ausfüllen will. Nach wie vor macht Luthers „Turmerlebnis", macht seine Entdeckung der Freiheit eines Christenmenschen in ihrer unüberholten Radikalität den Protestantismus als eine besondere Gestalt des christlichen Glaubens nötig. Aber nachdem dieser Protestantismus sich für seine institutionelle Form nicht mehr auf die religiöse Funktion staatlicher Autoritäten stützen kann, muss er den geschilderten Schritt einer „zweiten Reformation" gehen. In einer Gegenbewegung gegen den Traditionsabbruch zeigen sich dazu heute an vielen Orten Ansätze. Die bewusste Aneignung von Traditionen, ein geklärtes Verhältnis zur Kirche als Institution und die bewusste Arbeit an der Gestalt des Glaubens - damit auch an der liturgischen Form des Gottesdienstes - gewinnen vielerorts wieder an Bedeutung. Wo das geschieht, erweist sich das reformatorische Christentum als eine eigenständige Gestalt des christlichen Glaubens, die auch im Übergang zu einem neuen Jahrtausend ihre Bedeutung behält.

Der mit existentiellem Beben erfahrene innere Durchbruch Martin Luthers an jenem Tag des „Turmerlebnisses" um die Mitte des zweiten Jahrzehnts des 16. Jahrhunderts hat eben seine Auswirkungen vom Reformationsjahrhundert bis in die Gegenwart. Daneben wäre sicher auch anderes zu bedenken: Die inneren Verzweigungen der Reformation etwa oder ihre Bekämpfung in der Zeit der Gegenreformation, ihr trauriges Schicksal im Zeitalter der Konfessionskriege und das schiedlich-friedliche Nebeneinander nach dem Motto „cuius regio, eius religio", wes die Herrschaft , dessen sei auch die Religion. Doch hier soll das eine Thema im Vordergrund bleiben, das Luther zeitlebens angetrieben hat: seine grundstürzende Entdeckung der Rechtfertigung und die Fragen nach ihrer bleibenden Bedeutung.

Man hat Luthers Grundfrage im nachhinein auf die verkürzende Formel gebracht: „Wie finde ich einen gnädigen Gott?" Verkürzend ist das, weil in einer solchen Formulierung ein Heilsegoismus steckt, der Luthers Intention nicht trifft. Man hat diese Formel gleichwohl benutzt, um mit ihrer Hilfe die Behauptung zu stützen, die reformatorische Frage sei nicht mehr die Frage des modernen Menschen. Mit der anthropologischen Wende der Neuzeit datiert man dann den Abschied von Luthers Fragestellung. Nicht mehr die Freiheit, die aus der Bindung des Gewissens an Gottes Wort ihre Kraft bezieht, tritt ins Zentrum, sondern diejenige, die sich der menschlichen Autonomie verdankt. Seit der Aufklärung beherrscht nicht mehr die Frage nach dem gnädigen Gott das Feld, sondern die Frage nach dem seiner selbst bewussten Menschen. Nicht mehr die Theodizee, sondern die Anthropodizee steht im Mittelpunkt. Gefragt wird nicht mehr, was Gott in *seiner* Welt zulässt, sondern wozu der Mensch in *seiner* Welt fähig ist.

Ohne Zweifel sind die zwei Jahrhunderte zwischen dem Ende des achtzehnten und dem Ende des zwanzigsten Jahrhunderts durch eine eigentümliche Anthropozentrik geprägt. Deren Spannung zu Luthers Theozentrik ist nicht zu übersehen. Aber beim Übergang zum 21. Jahrhundert meldet sich verstärkt die Frage an, ob dieser Anthropozentrik wirklich das letzte Wort gebührt. Zwar geben Fortschritte von Wissenschaft und Technik dem menschlichen Selbstbewusstsein immer wieder neue Nahrung, aber auch ein neues Bewusstsein der damit verbundenen Gefahren: Es meldet sich ein neues Verständnis für die Einbettung menschlichen Lebens in den umgreifenden Zusammenhang der Natur. Zwar herrscht gerade in hoch entwickelten Industriegesellschaften noch immer eine Vorstellung vor, nach welcher der Mensch sein Leben selbst in die Hand nehmen und den Sinn seines Lebens selbst verwirklichen müsse; doch zugleich wächst das Erschrecken darüber, zu was der Mensch im Umgang mit anderen fähig war und ist: institutionell wie individuell! Es zeigt sich ein neues Suchen nach Transzendenz und einem Sinn des Lebens, den der Mensch nicht selbst hervorbringt. Zwar haben sich die Spielräume menschlichen Handelns und die Reichweite menschlicher Macht dank neuer technischer Möglichkeiten in unvorhersehbarer Weise erweitert; doch hat sich dabei auch die Verführbarkeit menschlichen Handelns, sein Vernichtungspotential und die Ambivalenz menschlichen Machtgebrauchs auf unvorhersehbare Weise gezeigt. Das zwanzigste Jahrhundert hat nicht nur ungeahnte Fortschritte, sondern auch unvorstellbare Verbrechen hervorgebracht. So zeigt sich an der Schwelle zum dritten Jahrtausend christlicher Zeitrechnung, dass der Mensch ein Wesen bleibt, das sich nicht selbst zu rechtfertigen vermag. So viel dem Menschen auch möglich ist – Bestand erhält sein Leben nicht durch das, wozu er selbst fähig ist. Ein halbes Jahrtausend nach Luthers „Turmerlebnis", seiner reformatorischen Entdeckung, gewinnt seine Einsicht, dass der Mensch mehr ist, als er selbst aus sich macht, neues Gewicht.

Robert Leicht hat die Aktualität dieser Einsicht so formuliert:

> „Wenn der Mensch mehr, ja wesentlich etwas anderes ist als die Summe seiner Taten und Untaten, dann erst gibt es tatsächlich eine von Menschen nicht anzutastende Menschenwürde. Und die darf, zum einen, der Staat selbst gegenüber einem schwer straffällig gewordenen Menschen nicht verletzen; erst recht muss in dieser Sicht die Todesstrafe als menschenwidriger Skandal gelten. Zum anderen aber: Es gibt auch keinen menschlichen Richter, dessen Sprüche vollendete Gerechtigkeit stiften können. Und so ließe sich diese Einsicht immer weiter buchstabieren durch die Wirtschaft und die Naturwissenschaft, gegenüber allen Versuchen, menschliche Werte zu beziffern, menschliche Existenzen zu berechnen, zu klonen ... Zwanghafte Selbstrechtfertigung wie zwanghafte Selbstverwirklichung erfahren hier eine Grenze."

VI Künftige Aufgaben in der Ökumene

Die Aktualität der reformatorischen Entdeckung macht verständlich, warum die Rechtfertigung aufgrund der Gnade durch den Glauben auch im Gespräch der christlichen Konfessionen untereinander gegen Ende des 20. Jahrhunderts wieder an Bedeutung gewonnen hat. Ob die beiden großen Strömungen der westlichen Christenheit – die römisch-katholische Kirche und die reformatorischen Kirchen – auf eine neue ökumenische Gemeinsamkeit zugehen können, entscheidet sich nicht zuletzt an der Frage, ob das Verständnis der Rechtfertigung sie noch in dem Sinn trennt, in dem dies im 16. Jahrhundert von den Reformatoren einerseits, vom Trienter Konzil andererseits behauptet wurde. Deshalb ist ein Prozess in Gang gekommen, durch den man versucht hat, wechselseitige Missverständnisse abzubauen und im Rückgang auf die biblische Botschaft eine gemeinsame Sprache zu finden, auf deren Hintergrund sich das Gewicht unterschiedlich geprägter Einzelaussagen relativiert: Auch dies eine Spätfolge von Luthers „Turmerlebnis".

Der Deutschlandbesuch von Papst Johannes Paul II. im Jahr 1980 hat dazu den entscheidenden Anstoss gegeben. Eine hochrangig besetzte Theologenkommission klärte daraufhin in sorgfältiger Expertenarbeit, die Jahre in Anspruch nahm, ob die wechselseitigen Lehrverurteilungen, die im 16. Jahrhundert in den reformatorischen Bekenntnisschriften und in den gegenreformatorischen Texten des Konzils von Trient ausgesprochen worden waren, die beiden Seiten auch ein halbes Jahrtausend später noch träfen. Dabei zeigte sich insbesondere eine Übereinstimmung in der Einsicht, dass die Stellung des Menschen vor Gott sich allein der göttlichen Gnade verdankt, die jedoch aufruft zu guten Werken.

Diese Einsicht wurde in der Gemeinsamen Erklärung zur Rechtfertigungslehre aufgegriffen, die im Jahre 1997 zwischen dem Lutherischen Weltbund – dem Dachverband lutherischer Kirchen in allen Kontinenten – und der römisch-katholischen Kirche, vertreten durch den Päpstlichen Rat zur Förderung der Einheit der Christen, vereinbart wurde. Diese Erklärung hat eine komplizierte Geschichte; manches an ihrem Inhalt ist bis zum heutigen Tag umstritten. Trotzdem ist ihre gemeinsame Unterzeichnung am 31. Oktober, also am Reformationstag des Jahres 1999, ein wichtiges und denkwürdiges Datum. Denn damit wird eine Gemeinsamkeit im Verständnis der Rechtfertigung anerkannt, die wichtiger ist als deren unterschiedliche Entfaltung in einzelnen Aussagen. Gemeinsam wird beispielsweise festgestellt:

> *„Es ist unser gemeinsamer Glaube, dass die Rechtfertigung das Werk des dreieinigen Gottes ist. Der Vater hat seinen Sohn zum Heil der Sünder in die Welt gesandt. Die Menschwerdung, der Tod und die Auferstehung Christi sind Grund und Voraussetzung der Rechtfertigung. Daher bedeutet Rechtfertigung, dass Christus selbst unsere Gerechtigkeit ist, derer wir nach dem Willen des Vaters durch den Heiligen Geist teilhaftig werden. Gemeinsam bekennen wir: Allein aus Gnade im Glauben an die Heilstat Christi, nicht aufgrund unseres Verdienstes, werden wir von Gott angenommen und empfangen den Heiligen Geist, der unsere Herzen erneuert und uns befähigt und aufruft zu guten Werken. ...*
>
> *Gemeinsam sind wir der Überzeugung, dass die Botschaft von der Rechtfertigung uns in besonderer Weise auf die Mitte des neu-*

testamentlichen Zeugnisses von Gottes Heilshandeln in Christus verweist: Sie sagt uns, dass wir Sünder unser neues Leben allein der vergebenden und neuschaffenden Barmherzigkeit Gottes verdanken, die wir uns nur schenken lassen und im Glauben empfangen, aber nie – in welcher Form auch immer – verdienen können.

Darum ist die Lehre von der Rechtfertigung, die diese Botschaft aufnimmt und entfaltet, nicht nur ein Teilstück der christlichen Glaubenslehre. Sie steht in einem wesenhaften Bezug zu allen Glaubenswahrheiten, die miteinander in einem inneren Zusammenhang zu sehen sind. Sie ist ein unverzichtbares Kriterium, das die gesamte Lehre und Praxis der Kirche unablässig auf Christus hin orientieren will. Wenn Lutheraner die einzigartige Bedeutung dieses Kriteriums betonen, verneinen sie nicht den Zusammenhang und die Bedeutung aller Glaubenswahrheiten. Wenn Katholiken sich von mehreren Kriterien in Pflicht genommen sehen, verneinen sie nicht die besondere Funktion der Rechtfertigungsbotschaft. Lutheraner und Katholiken haben gemeinsam das Ziel, in allem Christus zu bekennen, dem allein über alles zu vertrauen ist als dem einen Mittler, durch den Gott im Heiligen Geist sich selbst gibt und seine erneuernden Gaben schenkt."

Die Gemeinsame Erklärung enthält nicht alles, was im Sinn der Reformation über die Rechtfertigung des Sünders zu sagen ist. Die bebende Erregung, in die Luther zeit seines Lebens durch seine epochale Entdeckung im „Turmerlebnis" versetzt wurde, ist ihr allenfalls von ferne abzuspüren. Die Erklärung enthält keinen abschließenden ökumenischen Konsens, sondern bildet nur einen Schritt auf diesem Weg. Wie epochal dieser Schritt sein wird, ist jetzt noch nicht abzusehen. Denn insbesondere im Verständnis des kirchlichen Amtes sind die Kirchen noch nicht wirklich aufeinander zugegangen. Das hierarchische, in der apostolischen Sukzession gegründete Bischofsamt mit dem unfehlbaren Papst an der Spitze gilt nach römisch-katholischer Auffassung nach wie vor als Bedingung einer umfassenden Kirchengemeinschaft. Auch eine vollgültige Abendmahlsgemeinschaft ist an diese Voraussetzung gebunden. Deshalb ist nach wie vor ungewiss, ob mit der Gemeinsamen Erklärung zur Rechtfertigungslehre ein Prozess eingeleitet wurde, der zu umfassenderer Kirchengemeinschaft führen kann, die gemeinsame Feier des Heiligen Abendmahls eingeschlossen. Viele warten darauf – gerade in Deutschland, wo für das Jahr 2003 ein großer Ökumenischer Kirchentag in Berlin geplant wird.

Zunächst aber war sogar ungewiss, ob es überhaupt zu einer Unterzeichnung der Gemeinsamen Erklärung würde kommen können. Nachdem vor allem deutsche lutherische Theologen erhebliche Einwände gegen manche Verkürzungen erhoben hatten, die sie in der Darstellung der Lehre

Luthers durch die Gemeinsame Erklärung fanden, trat im Gegenzug eine überraschende Irritation durch eine förmliche Stellungnahme des Vatikans auf: Dieselbe römisch-katholische Behörde, die den Text der Gemeinsamen Erklärung mit ausgehandelt hatte, erklärte nämlich im Juni 1998, einem vollständigen Konsens stünden Schwierigkeiten vor allem in der reformatorischen These vom bleibenden Sündersein des Gerechtfertigten entgegen. Denn die Aussage, der Glaubende sei „gerecht und Sünder zugleich", sei „unvereinbar mit der Erneuerung und Heiligung des inneren Menschen", wie sie vom Trienter Konzil ausdrücklich festgestellt worden sei. Deshalb gebe es auch Schwierigkeiten mit der Aussage, die gegenwärtige lutherische Lehre in dieser Frage werde von den Verurteilungen des Trienter Konzils nicht mehr getroffen.

Eine neue Anstrengung musste unternommen werden, um diesen nur scheinbar beiläufig vorgebrachten Einwand zu überwinden. Am 11. Juni 1999 bekräftigen der Lutherische Weltbund und die Katholische Kirche den zwischen ihnen bestehenden Konsens in Grundwahrheiten der Rechtfertigungslehre. Auch in der Streitfrage, ob die Christen als „gerecht und Sünder zugleich" bezeichnet werden können, wird nun eine Lösung gesucht. Als vor Gott Gerechtfertigte bleiben sie nicht Sünder. Aber sie würden irren, wenn sie von sich selbst sagten, dass sie ohne Sünde sind. Biblische Beispiele belegen das überdeutlich, wie eine Reihe aufgeführter Zitate zeigen:

> *„Wir ,verfehlen uns in vielen Dingen'. ,Wer bemerkt seine eigenen Fehler? Verzeihe mir meine verborgenen Sünden!' Und wenn wir beten, können wir nur wie der Zöllner sagen: ,Gott, sei mir Sünder gnädig!' ... Gemeinsam hören wir die Mahnung: ,Daher soll die Sünde euren sterblichen Leib nicht mehr beherrschen, und seinen Begierden sollt ihr nicht gehorchen'. Dies erinnert uns an die beständige Gefährdung, die von der Macht der Sünde und ihrer Wirksamkeit im Christen ausgeht. Insoweit können Lutheraner und Katholiken gemeinsam den Christen als ,gerecht und Sünder zugleich' bezeichnen, unbeschadet ihrer unterschiedlichen Zugänge zu diesem Themenbereich. "*

So wird ein wichtiges Element in Luthers reformatorischer Entdeckung, die ihm in seinem „Turmerlebnis" existentiell klar wurde, zu einer gemeinsamen Glaubensaussage für Protestanten und Katholiken. Und zugleich wird anerkannt, dass die Kirchen, wenn sie so nach einem gemeinsamen Ausdruck für ihr Glaubenszeugnis suchen, ihren Dialog als gleichberechtigte Partner führen.

„Unbeschadet unterschiedlicher Auffassungen von der Autorität in der Kirche respektiert jeder Partner die geordneten Verfahren für das Zustandekommen von Lehrentscheidungen des anderen Partners."

Vielleicht wird mit diesem Satz doch das Tor zu weiteren ökumenischen Entwicklungen geöffnet. Einer Zeit, in der nicht nur das richtige Verständnis des christlichen Glaubens umstritten ist, sondern der Zugang zu ihm für viele Menschen verstellt scheint, täte das gut. Der Wert und die Bedeutung unterschiedlicher Traditionen würden dadurch nicht geleugnet. Aber sie würden einer größeren Aufgabe untergeordnet: an der Schwelle des dritten Jahrtausends christlicher Zeitrechnung gemeinsam verständlich zu machen, wer Christus ist und was ein Leben aus Gottes Gerechtigkeit bedeutet.

Der hochbetagte Tag
oder: Die Unendlichkeit kommt in Sicht
– Das 17. Jahrhundert –

KLAUS ULRICH LEISTIKOW

„Montag, den 23. November (...) im Jahr der Gnade 1654, abends etwa zehneinhalb Uhr bis etwa eine halbe Stunde nach Mitternacht" – so präzise benennt Blaise Pascal, der eminente Mathematiker und Physiker des 17. Jahrhunderts, einen ganz bestimmten Tag, ja die genaue Uhrzeit und Dauer einer Erfahrung, die paradigmatisch für das Jahrhundert der Naturwissenschaften genannt werden kann. Aber Pascals Einsicht vom Abend des 23. November 1654 betrifft weder die Kombinationslehre oder die Wahrscheinlichkeitsrechnung, nicht die Eigenschaften der Zykloide oder das Gesetz der kommunizierenden Röhren: In der „Mitternacht Pascals" handelt es sich um eine innere Klarheit, die das französische Genie „in einer Feuererscheinung von biblischer Intensität" erfährt und in seinem „Mémorial" festhält.

Die Unzulänglichkeit der Vernunft, wenn es um die „Gründe des Herzens" geht, um die Gewissheit, nicht verloren zu sein, ist mit diesem Novemberabend mitten im 7. Jahrhundert des 2. Jahrtausends christlicher Zeitrechnung markiert – jenem Jahrhundert des „Sonnenkönigs" und des Galileo Galilei, des Isaac Newton und des Johannes Kepler, dem Jahrhundert des René Descartes, aber auch des Dreißigjährigen Krieges.

Schon Jakob Böhme, der im Jahre 1624 starb, wusste, dass Naturwissenschaften und Mystik vereinbare Größen sind. (St)

I Annäherungen

Bei einem Interview in Wien sagte der Nestor der Vererbungs-Biochemie, Erwin Chargaff, im April 1997 von der Wissenschaft, dass sie davon lebe, die Wahrheit nicht zu finden. Täte sie es dennoch, würde sie aufhören zu existieren. Das Tun der Wissenschaft ist demnach eine fortwährende, also unendliche Annäherung. Aber, Annäherung an was? An gewisse Übereinstimmungen von etwas Gedachtem, etwas Erwartetem, Ersehntem oder Befürchtetem mit etwas, das „Wirklichkeit" genannt wird, etwas „Tatächlichem", das „richtig" heißt, wenn es einer Überprüfung mit einer Ausgangsüberlegung standhält, eben mit ihr, der Ausgangsüberlegung, übereinstimmt. „Angenommen, Dreieck ABC sei das Verlangte."Ob das Wahrheit ist? Oder auch nur mit Wahrheit zu tun hat? Etwas, das man konstruiert?

„Was ist Wahrheit?" - eine freilich nur rhetorische Frage, die der römische Statthalter Pilatus jenem unscheinbaren und mittellosen jungen Juden vor ihm stellt, der zuvor bekannt hat, er sei in der Welt, um die Wahrheit zu bezeugen, und der dem fragenden Römer keine weitere Auskunft gibt. Dieser hätte ihn trotzdem gern vor der Menge fanatischer Ankläger gerettet; denn: „Was ist schon Wahrheit?" – für einen Machthaber auf dem Richterstuhl? Da spricht ein gebildeter, wenigstens geschulter Hellenist von Rang im klassischen Zeitalter des Kaisers Augustus. Die Frage ist also alt und doch bislang ohne eine ein für allemal erschöpfende Antwort geblieben. „Wahrheit ist Wahrheit", sagt Chargaff, das Thema kurzweg abschließend mit einem Einmal Eins ist Eins.

Die Geschichte lehrt allerdings einen ganz anderen Umgang mit der Wahrheit; dort, wo die Waffen geschmiedet werden, und wo sie sprechen. Die Wort-Waffen hoher Konsilien und die Feuerwaffen, deren Anwendung ausgerechnet als „ultima ratio", als letztes Mittel der Vernunft, im Wissen ihrer Hüter stets „der gerechten Sache dient", „dem Volke" (oder „der Allgemeinheit") nützt, „die Menschheit weiterbringt" und dergleichen Redensarten vom verordneten Charakter der Wahrheit, seltsamerweise eben als „*ultima* ratio".

Wer wollte, wer könnte indessen sich auf Leben und Tod an Ungewisses halten? sich mit dem „wechselnd-wandernden Kreuzweg" zufrieden geben? diesem „es trümmert und wankt ja, wohin ich blicke"? Die Summe der Winkel in einem Dreieck beträgt einhundertachtzig Grad: das ist nachprüfbar und insofern gewiss. Doch so wie man ein Dreieck ausmisst, kann man das Leben nicht ausmessen. Das Leben nicht, und das eigene Leben auch nicht. Die erreichbare Gewissheit reicht nicht aus, um der Ungewissheit die Waage zu halten. Die Ungewissheit neigt zum Überwiegen. Zum

Überwiegen zumal, wenn der Zweifelsfall hinfällig wird, und der Ernstfall eintritt. In articulo mortis.

II Gewissheit und Gefühl

Am 19. August 1662 stirbt in Paris erst neununddreißigjährig Blaise Pascal. Im Futter seines Rockes fällt einem Bediensteten eine etwas dickere Stelle auf. Nach dem Auftrennen findet sich ein kleines Pergament, beschrieben von der Hand des Verstorbenen und um ein Papier herum gefaltet, das beschrieben ist mit dem gleichen Text von der selben Hand. Die Echtheit des Autographs, von engen Freunden geprüft, steht außer Zweifel. Das Dokument, unter dem Titel „Mémorial" bekannt geworden, besteht in einer offenbar unmittelbaren, spontanen Niederschrift Pascals, Protokoll eines Ereignisses in seinem eigenen Inneren. Es ist datiert auf einen bestimmten Tag und eine bestimmte Stunde:

> „Montag, den 23. November, den Tag des heiligen Märtyrer-Papstes Clemens im Jahr der Gnade 1654, abends etwa zehneinhalb Uhr bis etwa eine halbe Stunde nach Mitternacht."

Der Text trägt die Überschrift „Feuer" und beginnt mit folgender Aussage:

> „Feu
> ,Dieu d'Abraham, Dieu d'Isaac, Dieu de Jacob'
> non des philosophes et des savants.
> Certitude. Certitude. Sentiment. Joie. Paix.
> Dieu de Jesus Christ.
> Deum meum et Deum vestrum.
> 'Ton Dieu sera mon Dieu'
> Oubli du monde et de tout, hormis Dieu."

„Feuer – ‚Gott Abrahams, Gott Isaaks, Gott Jakobs', – nicht der Philosophen und der Gelehrten." Also nicht ein Gott der großen klugen Köpfe, zu deren Größten er selber, Pascal, schon damals gehört hat und immer noch gehört: „Gewissheit, Gewissheit, Gefühl, Freude, Friede."

Das Wort „Gewissheit" (certitude) steht als Erstes und wird durch die Wiederholung betont als das Wichtigste, Wesentlichste für ihn, Pascal, den Begründer der Wahrscheinlichkeitsrechnung. Das Wahrscheinliche, heißt das, ist sehr wohl berechenbar und hat seither an Bedeutung immer weiter gewonnen, aber es hat die Gewissheit nicht ersetzt, nicht eingeholt, nicht überflügelt. Die Gewissheit gehört, wie Pascal sagen würde, nicht ihrer Ordnung an. In dem nachgelassenen Konvolut seiner Aufzeichnungen von bibelkundigen Argumenten zur Verteidigung der in Christus offenbarten Lehre, aber auch von Eingebungen zur Besänftigung seiner Selbstzweifel - postum wieder und wieder veröffentlicht als seine „Pensées", „Gedanken", mehr noch Gedankengänge – urteilt Pascal, der Mathematiker, Physiker und Philosoph aus der Tiefe seiner Erfahrung so:

„Das Herz hat seine Gründe, die der Verstand nicht kennt."

Die Gewissheit, um die es ihm geht, ist eben nicht kalkulatorisch gewonnen, nicht ein Kalkül. Sie ist eine bestimmte Empfindung, eine Ahnung und zwar keine „bloße" Ahnung, sondern eine Ahnung, die nicht trügt, deren er gewiss ist. Die deutsche Sprache hat für diesen Grad des Vertrauens das Wort „aus Herzensgrund". Das ist eine Instanz des „Inneren Menschen", den Alten, dem Psalmisten wohlbekannt, und nun, im 17. Jahrhundert, von einem Mathematiker und Physiker höchsten und unbestrittenen Ranges, von Blaise Pascal, neu bezeugt. Aufs Neue bezeugt.

Allerdings zunächst im Verborgenen, die „Wahrheit unter dem Rock", ein Versteck für ihn selbst, für kein fremdes Auge bestimmt, wie auch die ekstatischen Äußerungen, die folgen im „Mémorial". Der Schluss, in Latein: „Ich werde Deine Worte nicht vergessen. Amen", niedergeschrieben und verwahrt im eingenähten Depot, zur Selbstvergewisserung, wenn nötig.

Wer das „Mémorial" in den Rock genäht hat? – War Pascal manuell so geschickt? – Was geschah, wenn der Rock gewechselt wurde? – ein Feld für Vermutungen. Vielleicht dienten ihm Pergament und Papier als ein „Knoten im Taschentuch", nur um sich an die Einmaligkeit eines Mitternachts-Ereignisses zu erinnern, das ihm in einer Feuererscheinung von biblischer Intensität jene Klarheit verschafft hatte, nach der er auf der Suche gewesen war, nämlich Klarheit darüber, nicht verloren zu sein. Ein Herrenwort beim Propheten Sacharja, an Satan gerichtet, lautet: „Ist dieser nicht ein Brandscheit, das aus dem Feuer gerettet wurde?"

Darüber hatte er, Pascal, sich die ganze Zeit in der Ordnung der Rechenmaschinen, der Kegelschnitte, des Pascalschen Dreiecks, der Messung verschiedenen Luftdrucks, der Konstruktion kompliziertester Kurven niemals, nämlich von Natur aus, nicht unterrichten können. Er kannte die Kraft der Beobachtungen, der Beweise und der Schlussfolgerungen und wusste, worauf sein Verstand sich verlassen konnte, aber, wenn es zum Äußersten kommt, nicht verlassen durfte. Dann musste er sich zur Klarheit des Herzens bekennen.

Selbstverständlich ist auch sie nicht, oder leicht zu erwerben, keineswegs. Das fälschlich anzunehmen, oder sie wegen der anfangs unbekannten

Schwierigkeiten auf dem Wege zu ihr gering zu schätzen oder für entbehrlich zu halten, das verrät eine finstere Unwissenheit, zuletzt ein Höchstmaß an Verödung des menschlichen Geistes, der nicht mehr abzuhelfen ist. „Abyssus abyssum invocavit". Die als Wasserberge beschriebenen Tiefen unterhalb der Schöpfung. Der „Engel des Abgrunds".

Pascal hat den biblischen Glauben für sich selber verteidigt und die reichlichen Zweifel eines geometrisch denkenden Menschen – nicht für andere zunächst, die er zu Lebzeiten nicht erreicht hat – „gemäß der Schrift" zu beheben versucht. Nicht „zwölf Legionen Engel" anfordern und zu Hilfe kommen lassen, sondern den bitteren Kelch leeren, sich der Verlassenheit anheim geben. Das ist Wahrheit. Wenn er die Vorhersagen der biblischen Propheten mit den Ereignissen verglich, die auf sie folgten und ihnen entsprachen – das konnte seine Zweifel beruhigen, obwohl die Ereignisse chronologisch folgten und nicht kausal, jedenfalls nicht „nach menschlichem Ermessen".

Bei alledem blieb aber *eine* Verheißung unerfüllt übrig, diejenige nämlich von der „Teilhabe des Gottesvolkes an Gottes eigener Ruhe, an seinem ewigen Schabbat, am letzten Erdentage, dem Jüngsten Tag. Diese Verheißung war so weit zurück schon gegeben und empfangen und seither so oft und vor einer „Wolke von Zeugen" wiederholt worden, dass ihre noch immer fehlende Einlösung, das Ausbleiben dieses Jüngsten, mittlerweile so hochbetagten Tages also, ein Ausharren, eine Festigkeit im Glauben verlangte, ein unverzagtes Vertrauen auf ein Worthalten Gottes „zu einer Zeit, die keiner erwartet", ach, ein Ausharren, das über Menschenkräfte zu gehen und zu einem Ärgernis zu werden drohte und wie vielen inzwischen längst geworden ist. „Wir sollten nun wirklich nicht mehr warten", resigniert Erwin Chargaff; doch womit sich dann die Zeit vertreiben? Was könnte denn „Zeit sein, wenn nicht Warte-Zeit?

III Nachahmendes Handeln als Krücke auf dem Weg zur Gewissheit

Pascal, der diese Schwierigkeiten kennt, empfiehlt in einem als „Wette" bekannten Beispiel eine Art Einübung in den Glauben mit Hilfe einer Glaubens*haltung*, erlangt durch einfaches Nachahmen bestimmter Riten eines bestimmten Glaubens, wie etwa „Weihwasser nehmen, Messen lesen lassen". „Das", so rät er seinem fiktiven Gesprächspartner, einem Zeitgenossen und Ehrenmann, „das" – und nun folgt eine von Anfang an als durch und durch skandalös empfundene Behauptung – „vous abêtira", „das wird Euch verdummen".

Dieser Rat, oft ausgelassen oder abschwächend umgedeutet, scheint den empfindlichsten Nerv des Menschen im technisch-wissenschaftlichen Zeitalter zu treffen. „Dumm", ein noch weit ärgerer Schimpf als „arm". Das ließe sich noch mit einem Unglück erklären; aber: „Werdet dumm"? Sein Partner erwidert denn auch ganz entgeistert: „Das eben befürchte ich ja!" Darauf Pascal:

„Warum? Was hättet Ihr zu verlieren?"

Zu verlieren hätte der Welt-, Ehren- und Hofmann das Idealbild seiner Bildung auf der Höhe der Zeit im 17. Jahrhundert. Sein Sich-in-Allem-Auskennen, die Überlegenheit gerade seiner Intelligenz gegenüber den Wechselfällen des Lebens, die Achtung in der Wertschätzung anderer. An seine Vernunft braucht er nicht zu glauben, die kann er zur Geltung bringen, denkt er, dem Bild, das Welt und Menschen in ihr dem Denker bieten zum Trotz. Durch Vernunftgebrauch auch gegen die Dummheit anzukämpfen, wäre das möglich? Gegen die Übel, die aus der Dummheit erwachsen, wenn es die Dummheit wäre?

Pascal ist durch seine Vernunft zu der Einsicht gekommen, dass er sich nicht in Allem auf sie verlassen kann, nicht auf sie allein, um in der Welt zu bestehen, noch weniger vor seinem „Inneren Menschen", der Instanz des Herzens. Ihn wandelt mit seinem „abêtir" nicht die Lust an, auf allen Vieren zu gehen, die Voltaire vorgeben wird, bei der Lektüre Rousseaus zu verspüren. Was Pascal im Kopf hat, ist indessen sehr wohl ein Zurückgehen auf die „tabula rasa" vor dem Genuss vom Baum der Erkenntnis, die Umkehr zum unschuldigen Menschen. Das ist sein jansenistischer Zug. Wie komme ich von dem Erbübel dieses als Strafe verhängten, darum verwerflichen und in seiner Vergeblichkeit verderblichen Erkenntnisstrebens *los*? Wie komme ich von der Unstillbarkeit des Wissensdurstes *los* zur *Erlösung*?

Nietzsche hat schon beanstandet, dass ihm viele erlöst Genannte nicht wie Erlöste aussehen. Daran ist Richtiges, denn was Einer wirklich ist, und als was er erscheint, kann zweierlei sein. Pascals Überlegungen gipfeln jedenfalls darin, dass man nicht durch Kenntnis des Pascalschen Dreiecks zur Erlösung kommt, nicht durch die Ableitung der Hekto-Pascal des Luftdrucks, nicht durch nachahmende Handhabung der Pascal-Sprache der Computer, sondern viel eher durch die nachahmende Handhabung einfacher Gebräuche, denen die unbewusste Kraft der Überlieferung innewohnt. Was das bewirken soll? Was bewirkt denn eine Umarmung? ein Händedruck? eine Glückwunschkarte zum Geburtstag? Was sind und was bewirken Wünsche überhaupt? Warum hält man an ihnen fest?

„Man beweist nicht, dass man geliebt werden muss, indem man die Ursachen dieser Liebe der Reihe nach entwickelt."

„Werdet dumm!" – das heißt nicht, stellt euch einfach dumm, noch dümmer als ihr ohnehin schon seid. Gottfried Keller beschreibt solche Verstellungskünstler der Dummheit. Sie laufen einem immer wieder über den Weg. Ein sicheres Kennzeichen der Unwahrheit ist, dass sie ästhetisch nicht befriedigt.

„Werdet dumm." – „Das eben befürchte ich ja!" – „Warum? Was hätten Sie zu verlieren?" – In der Tat, ein starkes Stück. Als pure Ironie genommen, weist es von Pascal vor zu Voltaire und dem nächsten, dem 18. Jahrhundert, dem Jahrhundert der Aufklärung, der Erleuchtung, dem Jahrhundert der Alleswissenden, weist voraus zum „grünen" Rousseau, seinem hasserfüllten Aufbäumen gegen die Welt-Mechanistik des gleichfalls hasserfüllten, obwohl vernunftbesessenen Voltaire, es weist voraus auf die Mensch-Maschinerien der Berliner Akademie, einen allenfalls als „algebraische Formel" denkbaren Gott eines Maupertuis, und es deutet sich an die Kopfvor-die-Füße-Säuberung der überkommenen Gesellschaft gerade im Gefolge einer als Vergötterung dekorierten Vergötzung der Vernunft auf Straßen und Plätzen, umschlagend in die Bestialität der Septembermorde, der Piken und Beile.

IV Voltaire

Voltaire hat eine der postumen Ausgaben der „Gedanken" Pascals mit Anmerkungen versehen, nicht immer schonend: Zum Glauben durch nachahmendes Handeln zu kommen, widerstrebt Voltaire. Er hält das für ausgeschlossen. Nicht so, wieder ein Jahrhundert später, der Weltverneiner Schopenhauer in Frankfurt am Main. Er rät sogar, die Pascal-Stelle vielleicht gar nicht kennend, zu einem solchen nachahmenden Handeln. Er hält es für Aberglauben, aber, sagt er, wenn es die Seele erleichtert – warum nicht? Schließlich kann es ja auch dem Nächsten nicht so schaden wie die nachahmende Berechnung einer Kurve, die eine Rakete beschreiben wird, mit einem nuklearen Sprengkopf vornedran.

Voltaire personifizierte selber vielleicht das 18. Jahrhundert, wenn man Europa als Ganzes nimmt und von allem übrigen absieht. Ihm fiel es ebenso leicht wie jedem Franzosen, das 17. Jahrhundert als ein von Größe und Glanz Frankreichs, seiner Machtentfaltung und Geltung in der Welt ganz und gar eingenommenes und beherrschtes Jahrhundert zu sehen und es das „Große Jahrhundert", „Le Grand Siècle" zu nennen, bestimmt von einer Zentralfigur, dem „Sonnenkönig", Louis XIV, schon zu Lebzeiten (und eigentlich nur zu Lebzeiten) zu Louis-le-Grand erhoben. Das hat seine Richtigkeit.

Das Schloss von Versailles strahlte mit seinem Prunk und mit seinen Proportionen noch bis in die letzten Duodez-Residenzen Europas aus und prägte von seinem Hof in Gebarung, Sitte und Geschmack, vor allem aber im Gebrauch der französischen Sprache die Herrschenden und die ihnen zugehörigen Stände bis in die entlegensten Adelssitze im weiten Russischen Reich und bis heute den Briefstil der höheren Diplomatie.

Frankreich reichte in einem riesigen Bogen über sein Canada und die Großen Seen, über den ganzen langen Mississippi hinunter bis in das nach Louis Quatorze benannte Louisiana mit seinem Mardi Gras – auch heute noch immer im Französischen Viertel von Neu-Orleans.

Jeder Indianer, der unter der französischen Flagge von den Waldläufer-Jesuiten den Christen-Glauben annimmt, wird damit auf der Stelle französischer Staatsbürger. Eine Diffamierung der Roten Rasse gibt es nicht. Der Gouverneur, ein Marquis, lernt die Indianer-Sprache, das Algonkin, und verkehrt mit dem Häuptling auf gleichem Fuße.

Diese Herrlichkeit hat eine kalendarische Schwäche: Sie deckt sich nicht mit dem 17. Jahrhundert insgesamt, sondern im Großen und Ganzen nur mit etwa seiner zweiten Hälfte, nämlich mit der Regierungszeit des Sonnenkönigs. Sie reicht zwar, frei von Mazarin, 1661 beginnend, noch fünfzehn Jahre in das folgende Jahrhundert hinein, aber die historische Kulmination Frankreichs wird am 20. September 1697 mit dem Frieden zu Ryswijk, dem Ende der kriegerischen Expansion erreicht und überschritten. Im Frieden zu Utrecht von 1713 gehe die militärisch-politische Vormachtstellung Frankreichs in Europa und der Welt an England verloren. Zwei Jahre darauf stirbt der König.

Nach acht Hugenottenkriegen und der Bartholomäusnacht im 16. Jahrhundert, einer Zeit, von der Montaigne urteilt: „Wir fressen einander nicht, wir töten uns bloß", und das allein unterscheide die Franzosen seiner Zeit Zuhause von den Kannibalen der Neuen Welt, nach alledem hatte das Edikt von Nantes 1598 den Protestanten in Frankreich die Freiheit der Religionsausübung gewährt, aber doch mehr auf dem Papier; denn sie stand der Einheit von Kirche und Staat und dem zentralen Alleinanspruch des Herrschers als Apostolischer Majestät entgegen. Die mühsam bewahrte Duldung eines Staates im Staate nahm mit der Aufhebung des Edikts von Nantes 1685 ein drastisches Ende: Hunderttausende von Hugenotten verließen vor den Nachstellungen und Herabsetzungen das Land und nahmen ihre Tüchtigkeit in Künsten, Handel und Gewerben mit und obendrein die dazugehörigen Märkte aus dem Mutterland in die Gast- und schließlich neuen Heimatländer. Dort fielen sie niemandem zur Last, sondern waren hoch willkommen als jeweilige Bereicherungen der Nationalbudgets. Frankreich hatte, sich also von innen her einen nie ermessenen Verlust und wirtschaftlichen Schaden zugefügt; und da seine Schuldenlast nach Colberts Tod nicht mehr zu kontrollieren und abzubauen war, bildete sich eine stärker werdende, eine fast zwingende Strömung aus in Richtung auf den Katarakt der Revolution. Bischof Bossuet hatte es gut gemeint: Lieber ein tief zweifelnder Katholik sein und bleiben als der Kirche in ihrer festgefügten Ordnungseinheit von Krone und Land den Rücken kehren; aber „Spiritus, ubi vult, spirat". - „Der Geist weht, wo er will."

Er wehte im 17. Jahrhundert in Frankreich mit einer Stärke und Reichweite, die ihresgleichen im Abendland der Neuzeit sucht. Es ist vielleicht einfacher, als dass es gerecht und richtig wäre, die Gestalt und die Persönlichkeit Ludwigs XIV., geprägt von Noblesse und Unduldsamkeit, gewissermaßen musterbildend zum Urheber dieser französischen Geistigkeit zu erklären, wie es im Nachhinein durch Voltaire geschah. Er griff dabei auf die altüberkommene Vorstellung vom Zeitalter, dem 'saeculum', zurück als auf ein geeignetes Mittel der großen und einleuchtenden Gliederung eines schwer überschaubaren Panoramas der Geistesgeschichte des Okzidents, eine Art organischer Morphologie, wie sie immer wieder versucht worden ist. Hat das Ganze dem Menschen überhaupt etwas zu sagen? Bedeutet es etwas? Und wenn ja, was? Können und sollen die Teilnehmer an dem Geschehen, sich nach irgend etwas richten, das „von Außen" an sie herangetragen wird? Müssen oder dürfen sie demgegenüber eine Haltung einnehmen, die sei es von der Vernunft des Denkens, sei es von der Vernunft des Ahnens bestimmt wird? Ernstmachen mit der Wahrheit im Alltag. Gibt es das? Geht das? Entscheidet sich zum Beispiel der Christenmensch, jesuitisch geschult, den Umständen nach, von Fall zu Fall, kasuistisch? Neigt er dem Laxismus zu? Nimmt er das Ernstmachen selber ernst wie Pascal in seiner Mitternacht vom 23. November 1654 und stirbt glücklicherweise in der Blüte der Jahre, bevor der stets wache Zweifel ihn erneut übermannt? Entscheidet er sich für ein sicheres Nichts oder aber für ein mögliches Alles mit der Chance einer Operation seines Glaubens? Ex opere operato. Der Einzelne ist da, sich selber zu überlassen. Das schreckliche Bewusstsein seiner schrecklichen Entscheidungsfreiheit bleibt ihm nicht erspart. Diese Freiheit steht ja als solche nicht in seinem Belieben, sondern er ist ihr unterworfen. Das ist die Lage, die Pascal in seiner „Wette" analysiert.

V   Anthropozentrik vs. kosmische Unendlichkeit

Von großen Einzelnen wimmelt es nur so im 17. Jahrhundert. Sie begegnen einander auf der Ebene der Konvention, aber nie für lange. Der Denker für sich selber allein wird zur Erscheinung der Zeit. Zweifel, gepaart mit Melancholie, das lädt nicht zur Geselligkeit ein. Das schafft kein Publikum.

Es muss etwas gegeben haben, dass so viele Einzelne auf so vielen und so grundverschiedenen Gebieten in gleicher Weise inspiriert hat, Gebieten so verschieden wie Kriegskunst und Verskunst. Der König kann es kaum gewesen sein. Ob eine durch ihn vermittelte Idee? Er selber gehört ja zu den Inspirierten. Woher also die Essenz der Geistigkeit: in der Geometrie, in den Proportionen der Architektur, in der Physik, im Klang der Verse?

Ausdruck verleiht dem überhöhten Zusammenhalt, dem verfeinerten „Alles in Allem" ein Bronze-Standbild, das den König zu Pferde zeigt, in antikisierter Kriegstracht, à la romain, mit der Allonge-Perücke, die keineswegs verfehlt wirkt, setzt sie doch einen Kopf mit Profil voraus. Der König streckt den rechten Arm in halber Höhe zwanglos vor. Seine Hand erscheint gebieterisch ohne Gewalt, vorwärts und leicht auswärts geöffnet, fast segnend, wie es ihm durch die Salbung zukam. Die Monumental-Statue stammte von Girardon und war – Höhe der Kunst! – geschaffen aus *einem* Guss! Am 13. August 1699, das Datum bezeichnet den just überschrittenen Zenith des Zeitalters: Enthüllung des Denkmals auf der Place Louis-le-Grand, der späteren Place Vendôme. Die Weite des Platzes vor den maßvollen Fronten seiner Gebäude erlaubt jedem, der ihn betritt, das Gefühl einer Würde seiner selbst. Man muss sie nicht deklarieren und deklamieren. Folgerichtig wurde das Reiterstandbild des Königs in der Mitte des Platzes 1792 in Trümmer gelegt. Der linke Fuß hat sich erhalten und wird im Louvre verwahrt. Dort befindet sich auch noch ein Modell der Statue von Girardon 'en miniature'. Durch die Verkleinerung büßt sie an Größe nichts ein.

Verglichen mit dem Stil „Louis Quatorze" sieht der Anfang des 17. Jahrhunderts auf den ersten Blick geradezu märchenhaft entrückt aus, weiter jedenfalls als seine Ferne in Wirklichkeit war. Die erste Hälfte des 17. Jahrhunderts wird geprägt von Neuerern wissenschaftlicher Denkweise und Methodik, deren Leben noch im 16. Jahrhundert begann und nicht über die erste Hälfte des Siebzehnten hinausreicht. Wohl aber reicht ihre Lebensleistung weit über ihre Lebenszeit hinaus und dauert unvermindert fort, solange Menschen Wissenschaft betreiben. Vor allem aber haben sie der bekannten Welt in ihrer Stellung im Universum und dem ganzen All eine von Grund auf veränderte Perspektive gegeben, nämlich nicht wie vor ihnen auf den Menschen, den Erdbewohner *zu*, sondern gerade im Gegenteil zentrifugal *weg* von ihm über alle Schranken, alle erdenklichen Grenzen hinaus in die Unendlichkeit.

Zuerst, so weit das Auge reicht, dann mit dem – so lautet der 'terminus technicus' – „bewaffneten" Auge, das heißt mit Hilfe angewandter Optik von Linsen, von Spiegeln, immer weiter ausgreifenden Instrumenten bis hin zu den Radioteleskopen des 20. Jahrhunderts und zu Techniken, die „am Himmel" alles Mögliche suchen, nur keinen Halt mehr und keinen Halt mehr finden. Vor einer solchen Fluchtbewegung des Geistes hatte Pascal eine metaphysische Angst befallen. Er griff zu seinem „Mémorial" und suchte Halt am Protokoll seiner Mitternacht.

> „Dieu d'Abraham, Dieu d'Isaac, Dieu de Jacob', non de philosophes et des savants."

Die Umkehr des ursprünglichen, anthropozentrischen Weltbildes im 17. Jahrhundert scheint theoretisch leicht zu vollziehen, ist aber in der Praxis der Erfahrung überaus schwer gefallen und fällt den Menschen auch heute noch fast unannehmbar schwer, selbst gegen die Beweiskraft der Resultate, weil die den Sinnen der Wahrnehmung, der natürlichen, angeborenen Ausstattung des Menschen ganz und gar zuwiderläuft. Auch die Sprache hat der Umkehr im Alltag nicht folgen können. Noch immer heißt es im Wetterbericht: „Sonnenuntergang für Baden-Baden" statt „Baden-Baden-Untergang für die Sonne". Eine derart heliozentrische Formulierung würde die meisten Bürger nach fast vierhundert Jahren seit der Galileischen Wende noch immer zum Lachen bringen. Darunter wären auch diejenigen, die sehr wohl an andere von Lebewesen bewohnte Himmelskörper glauben, und die Fahrt dorthin mit Raumschiffen oder von dort aus zur Erde zurück für möglich, kalkulierbar, ja, wünschenswert halten, koste es, was es wolle. Dies sind Vorstellungen, die zum Weltbild Giordano Brunos passen, der freilich dafür, wohl mehr aber noch für seine halsstarrig vorgetragenen glaubensfeindlichen Schmähreden, am 17. Februar 1600 in Rom auf dem 'Campo dei fiori' verbrannt wurde, ein Schicksal, das vielen härter erscheint als der Feuertod der amerikanischen Astronauten in der Kapsel der ersten Apollo-Mission zum Mond.

In der Tat hatte Giordano Bruno hinsichtlich seiner Aussagen über die Unendlichkeit und die Vielzahl möglicher „Erden" einen berühmten Vorgänger: den Kardinal Nikolaus von Kues, der dieserhalb unangefochten und hochberühmt 1464 starb. Es kommt danach bei der Wahrheit wie bei der Meinung weniger darauf an, was man da sagt, als wie, wo und zu wem man es sagt und in welcher Absicht.

Das gilt auch für einen weiteren Neuerer wissenschaftlichen Denkens in der ersten Hälfte des 17. Jahrhunderts, den großen Galileo Galilei, den Einen der beiden Universalumkehrer, den Erstanwender eines Fernrohrs zur Erkundung der selbstleuchtenden oder als Reflektoren sichtbaren Himmelskörper mit der Folge der Beseitigung des Irrglaubens von festgefügten Schalen um eine Erde im Zentrum herum und dem bis dahin schlecht und recht dahinlebenden, unkundigen Menschen darauf, der, wenn man es wissenschaftlich nimmt, *zu Unrecht* eine bessere Meinung von sich gehabt hatte. Die Beseitigung dieses Irrglaubens mit all ihren Folgen wird als *Galileische Wende* bezeichnet.

Galileis genialer Geist, seine Sprachkraft, seine profunde Kenntnis der Alten, namentlich des platonischen Kanons („das Schöne ist der Glanz des Wahren"), das allein hätte ihn nicht in einen aussichtslosen Widerstreit mit der römischen Kirche verwickelt: Sie kam ihm bei hoher Sachkenntnis des Papstes, Urban VIII., der noch dazu mit ihm befreundet war, so weit es irgend ging, entgegen. Aber da waren Galileis Charakterzüge einer provozierend-besserwisserischen Gelehrteneitelkeit und seiner Streitlust, die ihn – bei weitem nicht so weit wie Giordano Bruno – aber immerhin doch in Gefahr, in Drangsal und Demütigungen brachten. Galileis offenes Bekenntnis zu seiner Sache, taktisch widerrufen oder nicht, hat ihm – anders als dem vorsichtigen Domherrn Kopernikus – den Ruf und Ruhm eines heldenmütigen Verfechters seiner Überzeugung eingetragen, eines Idols nach wie vor ahnungsloser Massen.

Wäre er nicht der ostinate Widerspruchsgeist gewesen, der er war, hätte sich vielleicht eine Erkenntnis dieser Größenordnung seitens der römischen Kurie unter Verschluss halten lassen, wenigstens eine Weile, bis zu ihrer Abschwächung durch weitschweifige Umschreibungen, Paraphrasen, Angebote, die kein Kritiker hätte ausschlagen können. Der Verfasser der „Docta ignorantia", Cusanus, war ja zweihundert Jahre zuvor, sogar bis zum Kardinal aufgestiegen. Wie viele große Werke werden überhaupt gelesen und gründlich studiert? Und wenn schon! Allenfalls von einem „kleinen Kreis" am wenigsten von Kollegen. Wohlmeinung ist selten, Freundschaft so gut wie ausgeschlossen. Jeder nimmt sich nur das zu Herzen, was ihm passt. Der Transport des entdeckten Geheimnisses geschieht auf eine ganz andere Weise als durch seine Publizität. Auch seine Geltung erreicht es durch Projekte der Macht, und das ist nicht die Macht des Geistes. Es ist die Verwendbarkeit für eine absolut unwissenschaftliche und unmusische Größe: das Geld. Chargaff nennt es „Pneuma des Teufels".

Die Kirche hätte also nach 1633 und dem anfänglichen, unnötig Aufsehen erregenden Wirbel um Galilei ruhig schlafen und es dabei bewenden lassen können. Tatsächlich scheint ja das zentrifugale Menschenbild theologisch spurlos in das Christentum eingewachsen zu sein, selbst in seiner von Rom behüteten Form, deren Wandel – ein Wandel der Sprache und ihrer Bedeutungen – sichtlich mehr bewirkt hat als Galilei. Übrigens starb er in seinem Landhaus bei Florenz mit den Tröstungen der Kirche. Er hätte es niemals nötig gehabt zu übertreiben.

Das war 1642. Der nicht einmal zwanzigjährige Pascal entwickelte um diese Zeit seine Rechenmaschine. Was disponierte ihn für seine Mitternachts-Gewissheit zwölf Jahre später? „Ein Brandscheit zu sein, das aus dem Feuer gerettet wurde"? Was Pascal tat, um die Wahrheit für sich zu behalten, sie sich unter dem Rock zu Herzen zu nehmen, das hatte Galilei nicht vermocht. Er ging mit ihr an die Öffentlichkeit und wollte zugleich Platoniker bleiben. Damit war sie erledigt, soweit sie ihn betraf; und nur darauf hätte es ihm ankommen sollen.

Dem Aufbruch Einhalt zu gebieten, dem Aufbruch aus einem geschlossenen System mit definiertem Anfang und Ende („Ich bin das A und das O"), diesem Aufbruch von einem geregelt überschaubaren Kosmos zu einem Marsch in die finstere Unendlichkeit, einer ewigen Fortsetzung all dessen, das zuvor nicht zur Fortdauer bestimmt war, sondern zur *Vollendung* – diesem Aufbrechen eines Kreises in Richtung der Tangente, die sich uneinholbar verliert, Einhalt zu gebieten, das war, wenn auch zu spät Anfang des 17. Jahrhunderts von der Kirche in Rom gesehen und dennoch mit untauglichen Mittel versucht worden. Es blieb bei dem Beschönigen, dem Vorschubleisten der Katastrophe.

Der Einzelne wendet sich seinem Inneren zu. „Insister davantage est évidemment téméraire" und „Abraham espère encore": Léon Bloys Zuspruch in „Le Salut par les Juifs", „Das Heil durch die Juden", im Nachhall des 17. Jahrhunderts als ein 'arcanum' und 'remedium' aufgenommen im späten 19. und noch im 20. Jahrhundert, diesem Zeitalter der wissenschaftlich begründeten Ausbeutung des Menschen durch Wesen in Menschengestalt bis auf die Knochen, ja, bis auf die Asche und das Tilgen jeder Erinnerung an ihre Seelen.

Galileis nobles, noch an Plato geschultes Werk gewinnt seine eigentliche Würde und Wirkung erst nach seinem Tod durch das Hauptwerk eines dem seinen ebenbürtigen Geistes, durch Isaac Newton, der – 1643 geboren – so wie Galilei zuvor aus dem 16. Jahrhundert ins Siebzehnte hinein – selber in das Achtzehnte hinüberragt. Newtons Hauptwerk, die „Philosophiae naturalis principia mathematica", sinngemäß: „Die Mathematik als Grundlage der Naturwissenschaft", erscheint nach langem Zögern des In-sich-Gekehrten und nach intensiven Vorarbeiten 1687 in London. Den ersten, initialen Einfall von einer Universalkraft des Universums hatte Newton, mit zweiundzwanzig Jahren, schon 1665. Er ließ sich aber Zeit mit der Beweisführung, und so dauerte es noch einmal zwanzig Jahre bis zur Veröffentlichung. „Den hellsten Gestirnen geht eine lange Dämmerung voraus."

In der erklärten Abkehr Newtons – insofern auch er ein fundamentaler Neuerer wissenschaftlicher Denkweise und Methodik – in der erklärten Abkehr von jeder Art spekulativer, weiter gefasst: von jeder Art idealistischer Philosophie mit ihren Endlosmöglichkeiten subjektiver Standpunkte, ihren Behauptungen, Widerlegungen und ihren tief sich einnistenden Zweifeln – in dieser Abkehr beschränkt er sich auf alles *das*, aber eben *nur das*, was sich mit den Mitteln mathematischer Verfahren aussagen läßt, und zwar so, dass es durch den Beweis seiner Richtigkeit jederzeit wiederholbar und, was mehr ist, und für den angelsächsischen Geist ausschließlich zählt, anwendbar wird, und damit – wie die ganze Royal Society zu London – sich früher oder später auszahlt.

Mit der konsequenten Befolgung seiner eigenen Grundsätze begründet Isaac Newton die Himmelsmechanik, die klassische Mechanik überhaupt, die moderne Physik bis zu Einstein und zur Quantentheorie und alle der Physik im Grade ihrer Mathematisierbarkeit nachgeordneten Wissenschaften, das heißt Zweigen der *Natur*wissenschaft. Übergeordnet herrscht allein die Mathematik. Alles andere mag wohl vorhanden sein, aber es bleibt – für Newton selbst nicht, jedoch für die Newtonianer außer Betracht.

Diese als Bescheidenheit verkleidete Rigorosität feiert später ihre Triumphe im Utilitarismus, im Positivismus und Neopositivismus, in den sie begleitenden National-, und dann Globalökonomien.

„Menschwerdung Christi"? Wenn sie dazu dient über den Zugriff der Steuerbehörde das elende Pack „mündiger Bürger" kirre zu kriegen, bevor es sich bei Eintritt seiner Unproduktivität durch Abgang mit Tod leidlich amortisiert – mag angehen. – „Seid fruchtbar" – es müssen auch weiterhin Kinder her. Mit dem Überschuss werden die Naturgesetze schon fertig. Das

„ungeborene Leben" – wie ein rohes Ei; das „geborene"? – ab, als Soldaten an die Front.

Voltaire, 1694 in Paris geboren, bewunderte zunächst verdientermaßen das überragende Ingenium Newtons um jener blitzartigen Erkenntnis willen einer alles-haltenden, alles-beherrschenden Kraft, die gerade wegen ihrer Selbstverständlichkeit so schwer ausgemacht werden kann: jener *unsichtbaren Gravitation* und den *sicht- und messbaren*, aus ihr abzuleitenden, gesetzmäßigen *Wirkungen* der Mechanik.

Das Universum als eine Maschinerie der Maschinerien, den eben noch spukhaften, rätselhaften Menschen mit seinen Armen und Beinen eingeschlossen. Der Begriff „Maschine" entstammt der Welt der Opernbühne, was weiter. Lauter Hebel, lauter Mühlen, lauter Triebwerke – Voltaire sieht sie zugleich als Uhren. Sie imponierten ihm. Er las, wie seine Zeitgenossen spotteten, den Newton *quer* und veränderte dessen *Mechanik* in maßloser Überschreitung der selbstgewählten Grundsätze des Physikers zur *Mechanistik* der nun aufkommenden Weltsicht. So verhalf er dem zurückhaltenden Newton zu einer aus schwachen Echos erwachsenden Resonanz und Hand in Hand damit zu der platten Verallgemeinerung und Nachäffung von jedermann, der a und b schreiben und bis drei zählen kann. Auch hier – ungerügt! viel „nachahmendes Handeln".

Einen ursprünglich tätigen, Konstrukteur, einen Welt-Uhrmachermeister hält Voltaire für unerlässlich. Ihren Atheismus verweist er den betreffenden Enzyklopädisten. Aber was konnte sein Einspruch ausrichten? Bis zum Abwurf der Atombombe jedenfalls nichts.

Stärker als auf Galileo Galilei hat Newton sich auf das Werk und Erbe von Johannes Kepler gestützt, eines Ende 1571 geborenen, schwäbischen Gelehrten aus Weil der Stadt. Sein Vater, obwohl Protestant, ein ehemaliger Kriegsknecht im spanischen Heer der Niederlande, danach Schankwirt. Der junge Johannes Kepler erkrankt an den grassierenden Blattern und behält davon, das wird wenig gewürdigt, eine Schwachsichtigkeit zurück. Jedoch seiner Wissbegier entspricht sein Eifer: Er lernt hervorragend Latein und Griechisch auf der protestantischen Klosterschule zu Maulbronn. Als angehender Theologe kommt er auf die Universität Tübingen. Wegen mangelnder Dogmentreue misstrauisch beäugt, entwickelt er sich, von seinem Lehrer Mästlin angeleitet, zu einem Mathematiker überhaupt und erst nach und nach zu einem der größten Mathematiker der Welt. „Den hellsten Gestirnen geht eine lange Dämmerung voraus."

Obwohl Erfinder des nach ihm benannten Fernrohrs – Kepler ist kein Nachbauer wie sein itailienischer Zeitgenosse Galilei – , geht sein fundamentaler Beitrag zur „Neuen Astronomie" im wesentlichen nicht aus Himmelsbeobachtungen, sondern aus seiner Rechenarbeit hervor, die nach Umfang, Tiefe und Genauigkeit nirgendwo ihresgleichen hat. Diese Rechenarbeit fußt auf einem lebenslang angehäuften Beobachtungsmaterial Tycho Brahes, auf dessen Wunsch Kepler zur Mitarbeit von Kaiser Rudolph II. in die Residenzstadt Prag berufen wird. Das war im Oktober 1600. Tycho Brahe hängt noch dem kompliziert gewordenen geozentrischen Weltbild des Ptolemäus an und erbittet 1601 auf seinem Sterbebett von Johannes Kepler eine postume Bestätigung dieser Ansicht. Ein Wunsch, den ihm sein Nachfolger als Mathematiker und Hofastronom des Kaisers nicht erfüllen konnte: Seine Rechenarbeit ergab ganz andere Resultate. 1609 legte Kepler das erste und das zweite der beiden Gesetze vor, die seinen Namen erhielten und bewahren. Das erste beschreibt die Planetenbahnen nicht etwa wie nach Galilei als Kreise, sondern als Ellipsen, in deren einem Brennpunkt die Sonne steht. Das zweite Keplersche Gesetz besagt, dass der Fahrstrahl, der 'radius vector', eines Planeten in gleichen Zeiten gleich große Flächen bestreicht.

Trotz aller gelehrten Korrespondenzen, auch von Kepler mit Galilei, trotz aller Buchmessen: die vornehme Welt nimmt von der „Neuen Astronomie" noch lange ins 17. Jahrhundert hinein keine Kenntnis. Erst Newton räumt mit der Himmelsmechanik auf. Auch dem Fortgang der Wissenschaft wohnt Trägheit des Geistes inne.

Zu den vielfältigen Widrigkeiten und Bedrängnissen, denen Kepler in Prag ausgesetzt ist, gehören die permanenten Rückstände nur schleppend und umständlich bewerkstelligter Auszahlungen seines Gehalts. Kaiser Rudolph II. – sein Wahlspruch lautet: „Der Stern des Kaisers strahlt" – dieser etwas unheimlich-wunderbare Herrscher war ganz dem Schönen und den Seltenheiten aller Künste in feinster Manier ergeben. Ein Regent, der Politik abhold und tief in Schwermut versunken. Dennoch stellte er zu seiner Zeit auch eine Art Zentralsonne dar, eine verdüsterte, magische, die gleichwohl hohe Anziehungskraft auf Geister ersten Ranges ausgeübt hat, rare Erscheinungen wie Kepler, der Prag erst nach des Kaisers Tod 1612 verließ.

Im Einklang mit seiner Überzeugung vom Universum als einem Harmoniegebäude aus Musik und Mathematik neigte Johannes Kepler nicht dazu, sich zu verfeinden, war also ganz und gar nicht geartet wie Galilei oder vor ihm der viel wissende, aber unkluge Giordano Bruno. Kepler war zu seinen Lebzeiten selbst eine von den sachkundigen Jesuiten geschätzte Fachkapazität der Astronomie. Immer um den Ausgleich der Konfessionen bemüht, verwendete er sich auch für die Einführung des nach Papst Gregor XIII. benannten „Gregorianischen Kalenders", unseres heutigen, dem die romfeindlichen Länder der Protestanten und Orthodoxen sich unterschiedlich lange verweigerten. Sie hielten am julianischen Kalender Cäsars fest und gerieten so mit ihren Datierungen mehr und mehr „hinter den Mond".

1613 veröffentlicht Kepler in Straßburg eine chronologische Schrift, die er dem Nachfolger Rudolphs II., dem herben Kaiser Matthias I. widmet, wohl in taktvoller Erinnerung an noch ausstehende Zahlungen. In dieser Schrift weist Kepler „auß richtiger *Harmonia*" – „auch beygefügten anzügen auß des Himmelslauff" nach, dass Christi Geburt ganze fünf Jahre früher angesetzt werden muss, als es zufolge der ja erst rückwirkend im Jahre 525 im Blick auf eine Regelung des Osterfestes getroffenen Einrichtung des römischen Abtes Dionysius Exiguus tatsächlich geschehen ist und mit einer Anteilnahme und einem Enthusiasmus bis hin zu Jahrtausendfeiern allerorten immer noch geschieht, die einen verblüffen.

Um Ausgleich bemüht, zeigt sich Kepler auch darin, dass er sein fünfbändiges Lebenswerk „Harmonice mundi" von 1619 König Jakob I. von Großbritannien widmet, in der kindlichen Annahme eines Gutherzigen, jener könne wie in der unter ihm zustande gebrachten Union aus England, Schottland und Wales ebenso auch eine große europäische Union der noch voll in der Frontenbildung befindlichen konfessionellen Parteien der Gegenreformation herbeiführen. Es sollte schrecklich anders kommen.

Zehn Jahre nach seinen beiden ersten grundlegenden Gesetzen der Planetenbewegung erscheint im 5. Buch der „Harmonice mundi" Keplers drittes Gesetz, das ihm das größte, bis zur Entmutigung gehende Kopfzerbrechen bereitet hatte; denn es beinhaltet schon in der sprachlichen Wiedergabe eine erhebliche Schwierigkeit, nämlich dass die Quadrate der Umlaufzeiten der Planeten sich zueinander verhalten wie die Kuben ihrer mittleren Abstände von der Sonne.

Erst dieses Gesetz leitet Newton gegen Ende des 17. Jahrhunderts auf sein Gravitationsgesetz, in dem die gesamte Himmelsmechanik ihren vorderhand allgemeinsten Ausdruck findet. Damit wird aus der Galileischen Wende endgültig das Zeitalter der modernen Naturwissenschaft – ein 'saeculum', das um ein Vielfaches größer und weitreichender werden sollte als das „Grand Siècle".

Über die Auffindung seines später so genannten dritten Gesetzes berichtet Kepler im 5. Buch der „Harmonice mundi":

„Hier muss nun wiederum eine Frage aus meinem Mysterium Cosmographicum erledigt und eingeschaltet werden, die ich vor zweiundzwanzig Jahren offen ließ, weil die Sache noch nicht klar war. Nachdem ich in unablässiger Arbeit einer sehr langen Zeit die wahren Intervalle der Bahnen mit Hilfe der Beobachtungen Brahes ermittelt hatte, zeigte sich mir endlich, endlich die wahre Proportion der Umlaufzeiten in ihrer Beziehung zu der Proportion der Bahnen" ...: „Am 8. März dieses Jahres 1618" ... „ist sie in meinem Kopf aufgetaucht. Ich hatte' aber keine glückliche Hand, als ich sie der Rechnung unterzog, und verwarf sie als falsch. Schließlich kam sie am 15. Mai wieder und besiegte in einem neuen Anlauf die Finsternis meines Geistes, wobei sich zwischen meiner siebzehnjährigen Arbeit an den Tychonischen Beobachtungen und meiner gegenwärtigen Überlegung eine so treffliche Übereinstimmung ergab, dass ich zuerst glaubte, ich hätte geträumt und das Gesuchte in den Beweisunterlagen vorausgesetzt. Allein es ist ganz sicher und stimmt vollkommen, dass die Proportion, die zwischen den Umlaufzeiten irgend zweier Planeten besteht, genau das Anderthalbe der Proportion der mittleren Abstände, d.h. der Bahnen selber, ist."

VI Kriegerischer Atavismus und geistiger Aufbruch

Das erlebte der fromme Kepler also im Innersten ergriffen am 15. Mai 1618. Am 23. Mai 1618 werden die verhassten kaiserlichen Statthalter Martinitz und Slawata von den böhmischen Ständen auf der Prager Burg aus dem Fenster in den Graben gestürzt. Der Dreißigjährige Krieg hat begonnen.

Dieser Krieg ist sicherlich ein Großereignis der Gegenreformation mit dem visionären Ziel, die Einheit von Kaisermacht und Reich und die Einheit von Reichsmacht und Glaubensmacht mit den zwei Zentren Rom und Wien wiederherzustellen, bzw. überhaupt erst einmal zu verwirklichen. Neben diesen beiden Zentren erster Ordnung bestehen weitere Zentren von Mitspielern oder großen Gegenspielern wie das Paris Richelieus. Sie bestehen in wechselnden Verbindungen mit der Folge von Teilallianzen und Teilkriegen, aus denen die Glaubens-, Macht- und Kriegsgeschichte dieser verheerenden Manifestation der Gewalt sich zusammensetzt und in der Mitte Europas im 17. Jahrhundert drei Jahrzehnte lang austobt.

Darüber haben sich mit all den Parteinahmen und Meinungen und auch aus dem Willen, unparteiisch zu sein, enorme Dokumentenbestände gebildet. Sie alle spiegeln widersprüchliche Aspekte des Geschehens. Man erreichte die angestrebte Einheit in der Sache nicht, ja, nicht einmal eine Einheitlichkeit der Berichterstattung und Deutung. Am interessantesten – wie könnte es anders sein – ist und bleibt die Finanzgeschichte des Dreißigjährigen Krieges, das „Pneuma des Teufels".

Unvorstellbar wie wohl immer in solchen Zeiten sind die Kontraste innerhalb der erreichten Zivilisation mit Rückfällen in atavistische Greueltaten und dem Grauen von Hunger, Plagen, Not, Pest und anderen Seuchen in oft wiederholten Folgen der rein kriegerischen Aktion. In den biblischen Klageliedern Jeremiä ist ein absoluter Tiefstand festgehalten: „Es haben die barmherzigsten Weiber ihre Kinder selbst müssen kochen, dass sie zu essen hätten in dem Jammer." Dieser Jammer wird in der Pfalz erreicht. Die Parteien überbieten einander an höllischen Exzessen.

Es gibt mehr als zu denken, dass die großen Kulturen, sei es mit, sei es ohne Erfahrung beim Schildern der Vielfalt von Höllenqualen so peinlich genau übereinstimmen. Jaques Callot hat in Radierungen die Einzelheiten der Qualen in aller Gemeinheit, überscharf und winzig, wie durch ein umgekehrtes Fernrohr, in Guckkastenmanier festgehalten, nur allzu bekannte Bilder – heute immer wieder aufgefrischt im abendlichen Guckkasten. Die ausgleichende Gerechtigkeit? An weit ausladenden Ästen eines überdimensionierten Baumes hängen reihenweise wie Stockfische Missetäter oder wahrscheinlicher Gerechte und Ungerechte bunt gemischt nebeneinander. Der Kapuziner hält noch auf den Sprossen der Leiter dem Delinquenten ein Kruzifix vor. Der hat schon keinen Blick mehr dafür. Der Henker drängt zur Eile. Es kommen noch so viele dran. Arme Sünder.

Ein alter Krieger hat den Weltroman dieses Krieges geschrieben: Grimmelshausen seinen „Simplicius Simplicissimus". Nicht umsonst hat Grimmelshausen seinem Helden den Namen eines höchst einfältigen Dummerjans gegeben. Als Konsequenz seiner Kriegserfahrungen kehrt der Autor dem wirren Weltgeschehen den Rücken und wird zum Einsiedel, sogar zur sagenhaften Gestalt des mittelalterlichen Wildemanns, Waldmenschen oder Sylviden, der sein Dasein vor und außerhalb seiner Zeit führt, dem 'Orcus' verwandt. Ihm kommt die Treue in Blau gehalten auf moosgrünen, blumengeschmückten Tapisserien zu. Eine verschwundene Treue, weil der Jäger sie aus seinem Horn in alle Winde blies. Die ränkereichen Spiele von Gesellschaftsmenschen, politischen Menschen, gelehrten Menschen, von den „orphelins de Léviathan" spielt der Waldgänger nicht mit. Ein „Aussteiger" würde man heute sagen. Dafür hatte ein einstiger Herr der Welt, Kaiser Karl V., in dessen Reich „die Sonne nie unterging", ein historisches Beispiel gegeben: „Hispanische Mönche, schließt mir auf das Tor." Pascals „Werdet dumm" war nicht aus der Luft gegriffen.

Es war ebenso wenig aus der Luft gegriffen wie „Der Menschenfeind" Molières oder wie Voltaires „Candide". Wenn schon nicht geradewegs dumm, dann wenigstens abgesondert, wenigstens einsam.

Das hat in schöner Strenge gegen sich selbst René Descartes in seinem Denkerleben zu seiner Herzenssache gemacht. Auch er ein Kriegsmann. Zuerst für Moritz von Oranien, dann 1619 bis 1621 für den Kurfürsten von Bayern. Im Winterquartier zu Neuburg an der Donau, in der Abgeschiedenheit eines Soldaten, der Zeit hat, geht er methodisch seinen Gedanken nach. Sein Leben, ablesbar in seinen Briefen, preist das Alleinsein inmitten der Geschäftigkeit einer fremden Umgebung, deren Sprache man nicht versteht. Descartes rechnet mit nur vier Lesern seines „Diskurses" in ganz Frankreich, von denen zwei seiner Meinung nach ihn gewiss nicht verstünden. Ihn sehr gut zu verstehen, waren jedoch zwei gelehrte Frauen aufrichtig bemüht: Elisabeth von der Pfalz, die Tochter des geächteten „Winterkönigs" und Königin Christina von Schweden, die den in seiner zweiten Heimat Holland als Non-Konformisten nicht eben wohlgelittenen Descartes bei sich aufnimmt. Die Königin steht früh auf. Die Lehrgespräche finden im Morgengrauen statt.

Der Philosoph und Mathematiker Descartes, sein Porträt von Frans Hals zeigt es ja: kühn, aber schmächtig, erkältet sich im nordischen Winter und stirbt 1650 weitab von den Franzosen, die ihn als einen systematischen Denker noch immer höher stellen als Pascal. Der wiederum hielt die cartesianische Lehre für entbehrlich. Ihm, dem fast dreißig Jahre Jüngeren hatte sie nichts zu sagen, gehörte einer anderen Ordnung an. Pascal hegte keine Zweifel an der Tatsache seines Seins. Er hatte Zweifel an dessen Bestimmung.

Diese Zweifel an der Bestimmung des eigenen Seins sind durch Nachdenken nicht zu beseitigen. Das wird an Pascals Mitternachts-Protokoll deutlich. Die Glaubensfrage ist gestellt, aber glauben woran? Pascal hat dazu die Verheißung gewählt, die sich durch die Bibel zieht. Es bleibt offen, inwieweit das Wort, der Wohllaut der Sprache geeignet sei, den Zweifel zu beruhigen.

Wenn es so wäre, dass durch die Sprache, durch das Wort ein Zugang sich öffnete, der dem Sein des Einzelnen zu einer Erkenntnis seiner Bestimmung verhelfen könnte, und dass diese Erkenntnis wiederum ihm jene Ruhe verschaffen würde, die ihm durch die Verheißung der Schrift auf ganz anderem Wege zuteil werden soll, dann ließe sich auch wohl eine Rechtfertigung finden für die Geheimwissenschaften, die im 17. Jahrhundert aufblühen, all die „Auroren".

Nicht gleichzusetzen mit diesen und ihrem Hang zur Aufspaltung ist die Mystik, die ihrem Wesen nach eine Sache des Einzelnen bleibt. Ihr hat in ihrer inspirierten Verschmelzung mit der Naturphilosophie der Görlitzer

Jakob Böhme, ein Autodidakt, der 'philosophus teutonicus', durch die Bildkraft, Sprachkraft und Tiefe seiner aus verzückter Naturbetrachtung gewonnenen Einsichten zu einem Ansehen verholfen, das Hegel bewogen hat, von Böhmes Werk an die „Neuere Philosophie" zu datieren. Er stimmt mit Böhme darin überein, dass Positiv und Negativ einander wechselseitig zur Voraussetzung haben, um als solche zu sein.

Jakob Böhme, der 1624 starb, steht dafür, dass sich trotz des Dreißig-jährigen Krieges in Deutschland nicht nur Leben schlechthin erhalten, son-dern geistiges Leben entfalten und entwickeln konnte.

Auf nahezu allen Gebieten traten große Geister mit außerordentlicher Produktivität in Erscheinung. Das größte Ergebnis der Geistesmacht im verwüsteten Deutschland ist jedoch die Bildung einer einheitlichen hoch-deutschen Schriftsprache. An ihrer Ausformung und Ausbreitung hatten ku-rioserweise zahlreiche Dichterbünde mit heute exotisch anmutenden, baro-cken Namen wie „Pregnitz-Blumenorden" oder „Elbschwanorden" einen inzwischen fast vergessenen, hohen Anteil. Zu einer Entsprechung der „A-cadémie française" von 1635 kam es in Deutschland jedoch nicht.

Es mutet phantastisch an, dass 1624, im Wüten des Dreißigjährigen Krieges ein Buch erscheinen konnte – im schlesischen Brieg gedruckt und in Breslau verlegt –, das den Titel trägt „Buch von der Deutschen Poete-rey". Der Verfasser, der Dichter Martin Opitz, stellt gleich zu Beginn des II. Kapitels sein Thema wie folgt vor:

> „Die Poeterey ist anfanges nichts anders gewesen als eine verborgene Theologie/vnd vnterricht von Göttlichen sachen."

Neben dem Einbecker Grammatiker Justus Georg Schottel gebührt dem Dichter Martin Opitz der Ruhm, Mitschöpfer der deutschen Sprache zu sein, um so mehr als die Sprache sich als der letzte Zufluchtsort in schwe-ren Leiden erwiesen hat. Dafür legen die Texte der vielen Kirchenlieder Zeugnis ab, deren Dichter durch die Überwindung ihrer eigenen Lebensnot und der Not ihnen anvertrauter Schutzbefohlener die Wahrheit ihres Glau-bens besiegelt haben. Das steht freilich auf einem anderen Blatt.

Das Beispiel Jakob Böhmes lehrt, dass derjenige sich fundamental irrt, der an einer vermeintlichen Unvereinbarkeit von Naturwissen und Mystik Anstoss nimmt. Im Gegenteil, gerade auf diese Paarbindung und ihre Kul-tur kommt alles an, und es ist die Sprache, die sie wie eh und je vermittelt.

„Was Du das Sein nennst", schreibt Hamann an Jacobi, „das nenne ich das Wort." In dem Wort wiederum ruht ein Klang, ein Wohllaut, den der aufhorchend Hinhorchende erwecken und vernehmen kann. Es gilt ja, die

„Verheißung, einzugehen zu seiner Ruhe", das ist zur Schabbat-Ruhe des Schöpfers, „nicht zu versäumen", mit der Mahnung, „dass unser keiner dahinten bleibe". Vielleicht nicht einmal nur einzugehen in sie, vielmehr sogar aufzugehen in ihr als einer *Ruhe der Vollendung* des Einzelnen im Einklang mit dem ihm ursprünglich zugedachten Wort, einem Wort, das schon so lange auf ihn wartet.

„Le désastre de Lisbonne"
oder die Frage: Ist alles gut?
– Das 18. Jahrhundert –

ULRICH KRONAUER

Es war am Allerheiligentag des Jahres 1755, dem 1. November, in Lissabon, als durch ein gewaltiges Erdbeben mehr als dreißigtausend Menschen getötet wurden. Große Teile der königlichen Residenzstadt fielen in Schutt und Asche. Aber nicht nur das: Der Glaube vieler Menschen an einen „väterlichen Gott", wie es Johann Wolfgang von Goethe formulierte, der Glaube an einen gütigen und gerechten Gott wurde zutiefst erschüttert.

Und auch der philosophische Optimismus eines Bayle, Pope, Leibniz und Shaftesbury erhielt in den Diskursen von Kant, Voltaire und Rousseau erhebliche Risse. Der Widerspruch zwischen der angenommenen Güte Gottes und der tatsächlichen Existenz des Bösen ließ sich angesichts des „désastre de Lisbonne" rational nicht länger vertreten. Das alte Axiom „alles ist gut" hatte mit dem 1. November seine Gültigkeit verloren: Aufklärung war nicht mehr mit Fortschrittsdenken und Zukunftsgläubigkeit gleichzusetzen. Der 1. November 1755, ein einziger Tag im zweiten Jahrtausend christlicher Zeitrechnung, wurde zur Bruchstelle bisheriger Entwicklungen und zukünftiger Ereignisse. (St)

Es ist der 1. November 1755, der Allerheiligentag, als Lissabon, die Residenz des Königs von Portugal, von einem gewaltigen Beben der Erde erschüttert wird. Zwei Drittel der Stadt fallen in Schutt und Asche; Zehntausende der Einwohner kommen ums Leben. In „Dichtung und Wahrheit" berichtet Johann Wolfgang von Goethe im Rückblick über das „außerordentliche Weltereignis", das ihn damals, am 1. November 1755, als Sechsjährigen ungeheuer beeindruckt.

> „Am ersten November 1755 ereignete sich das Erdbeben von Lissabon und verbreitete über die in Frieden und Ruhe schon eingewohnte Welt einen ungeheuren Schrecken. Eine große prächtige Residenz, zugleich Handels- und Hafenstadt, wird ungewarnt von dem furchtbarsten Unglück betroffen. Die Erde bebt und schwankt, das Meer braust auf, die Schiffe schlagen zusammen, die Häuser stürzen ein, Kirchen und Türme darüber her, der königliche Palast zum Teil wird vom Meere verschlungen, die geborstene Erde scheint Flammen zu speien; denn überall meldet sich Rauch und Brand in den Ruinen. Sechzigtausend Menschen, einen Augenblick zuvor noch ruhig und behaglich, gehen miteinander zugrunde, und der Glücklichste darunter ist der zu nennen, dem keine Empfindung, keine Besinnung über das Unglück mehr gestattet ist. Die Flammen wüten fort, und mit ihnen wütet eine Schar sonst verborgener oder durch dieses Ereignis in Freiheit gesetzter Verbrecher. Die unglücklichen Übriggebliebenen sind dem Raube, dem Morde, allen Misshandlungen bloßgestellt; und so behauptet von allen Seiten die Natur ihre schrankenlose Willkür."

I Theozentrische Interpretation der Naturkatastrophe

Das große Erdbeben vom 1. November 1755, so schreibt Goethe, hat „die Gemütsruhe des [damals sechsjährigen] Knaben zum erstenmal im Tiefsten erschüttert". Goethes Darstellung des Geschehens wäre, nach heutigem Kenntnisstand, zwar im einen oder anderen Detail zu korrigieren. So geht man inzwischen davon aus, dass eher dreißig- als sechzigtausend Menschen umgekommen sind. Und die Bemerkung, die Welt sei in „Ruhe und Frieden" schon eingewohnt gewesen, erstaunt angesichts der Weltlage in der Mitte des 18. Jahrhunderts einigermaßen. Aber Goethe ist Schriftsteller, und ihm geht es um den Effekt des plötzlich hereinbrechenden Schrekkens. Warum dieses Erdbeben von Lissabon so beunruhigend ist, deutet der letzte Satz des zitierten Abschnittes an: Zwar sind die beschriebenen Ereignisse selbst schon entsetzlich genug; bestürzend ist aber nicht zuletzt der entstandene Eindruck, die Natur behaupte von allen Seiten „ihre schrankenlose Willkür": Die Menschen fühlen sich einer unberechenbaren, feindseligen

Macht ausgesetzt. Die Natur zeigt sich plötzlich von einer Seite, die man bisher nicht gekannt hat, und selbst die menschliche Natur kehrt, in Gestalt freigesetzter Verbrecher, ihre abschreckendste Seite hervor. Und damit erscheint der Schöpfer und Lenker dieser Natur in einem neuen und unerwarteten Licht.

> „Schneller als die Nachrichten hatten schon Andeutungen von diesem Vorfall sich durch große Landstrecken verbreitet; an vielen Orten waren schwächere Erschütterungen zu verspüren; an manchen Quellen, besonders den heilsamen, ein ungewöhnliches Innehalten zu bemerken gewesen; um desto größer war die Wirkung der Nachrichten selbst, welche erst im allgemeinen, dann aber mit schrecklichen Einzelheiten sich rasch verbreiteten. Hierauf ließen es die Gottesfürchtigen nicht an Betrachtungen, die Philosophen nicht an Trostgründen, an Strafpredigten die Geistlichkeit nicht fehlen. So vieles zusammen richtete die Aufmerksamkeit der Welt eine Zeit lang auf diesen Punkt, und die durch fremdes Unglück aufgeregten Gemüter wurden durch Sorgen für sich selbst und die Ihrigen um so mehr geängstigt, als über die weitverbreitete Wirkung dieser Explosion von allen Orten und Enden immer mehrere und umständlichere Nachrichten einliefen. Ja, vielleicht hat der Dämon des Schreckens zu keiner Zeit so schnell und so mächtig seine Schauer über die Erde verbreitet.“

Menschen am Ende des zwanzigsten Jahrhunderts wurde ein vergleichbarer Dämon des Schreckens, freigesetzt durch eine Katastrophe größten Ausmaßes, ebenso vertraut, weniger durch ein Naturereignis, als durch eine von Menschen hervorgerufene Katastrophe: der Supergau von Tschernobyl 1986, dessen Nachwirkungen bis auf den heutigen Tag spürbar sind. Aber Tschernobyl war eine vom Menschen selbst verursachte Katastrophe: Insofern läßt sich nur die Beunruhigung, die sich auch bis zur Panik steigerte, mit dem Erdbeben von Lissabon vergleichen, und auch die Angst, selbst von dem Unglück betroffen zu sein, auch wenn es sich mehrere tausend Kilometer entfernt ereignet hat. Die Betrachtungen, Strafpredigten und Trostgründe hatten 1986 in der Regel einen anderen Inhalt als damals, 1755 anlässlich des Erdbebens von Lissabon, und sie wurden von Personen vorgetragen, die entweder zum Lager der Befürworter, oder der Gegner der Atomenergie gehörten. Dass als Vertreter dieser Lager auch Philosophen und Geistliche auftraten, spielt eine eher untergeordnete Rolle. An die Stelle der Frage nach dem Sinn des Ereignisses trat rasch die Frage nach der Verantwortbarkeit einer bestimmten Technik der Energiegewinnung. Bei denjenigen allerdings, die den Supergau von Tschernobyl als Vorzeichen einer bevorstehenden Apokalypse verstanden, kam etwas von der Lebensangst zum

Ausdruck, die viele Bürger des achtzehnten Jahrhunderts angesichts des Erdbebens von Lissabon befiel.

Dem jungen Goethe teilte sich die fundamentale Verunsicherung in der Weise mit, in der sie damals primär ihren Ausdruck fand: als Frage nach dem gütigen Gott, der ein solches Unglück zuließ.

> „Der Knabe, der alles dieses wiederholt vernehmen musste, war nicht wenig betroffen. Gott, der Schöpfer und Erhalter Himmels und der Erden, den ihm die Erklärung des ersten Glaubens-Artikels so weise und gnädig vorstellte, hatte sich, indem er die Gerechten mit den Ungerechten gleichem Verderben preisgab, keineswegs väterlich bewiesen. Vergebens suchte das junge Gemüt sich gegen diese Eindrücke herzustellen, welches überhaupt um so weniger möglich war, als die Weisen und Schriftgelehrten selbst sich über die Art, wie man ein solches Phänomen anzusehen habe, nicht vereinigen konnten."

Die im ersten Glaubensartikel ausgesprochene Schöpferallmacht Gottes, die Goethe durch das Erdbeben von Lissabon in Frage gestellt sah, hatte Luther so erklärt: Gott erschaffe und erhalte „aus lauter väterlicher, göttlicher Güte und Barmherzigkeit". Aber nicht nur die Güte Gottes stand in Frage, sondern ebenso seine Gerechtigkeit, da er ja nicht nur Ungerechte, sondern ebenso Gerechte ins Verderben gestürzt hatte. Andererseits: macht es überhaupt noch einen Sinn, nach den Gerechten und den Ungerechten, den Schuldigen und den Unschuldigen, den Guten und den Bösen zu fragen angesichts des „unbeschreiblichen Schreckens"? Ein Augenzeuge des Bebens schreibt:

> „Ich brachte sechs ganze Stunden zu, bis ich das Haus eines meinigen Freundes erreichte, (das) so eine Meile von Lissabon entlegen ist, denn ich war gezwungen wohl hundertmal zu rasten, indem ich über lauter eingestürzte Mauern, und tote Leichname, auch zum Teil sterbende Leute zu steigen und durch viele Straßen zu wandern hatte, in welchen die Häuser beiderseits den Einfall droheten, wodurch ich wohl zu tausend malen mein Leben zu verlieren in Gefahr geriete. Ich hatte auf allen Wegen greuliche Anblicke, Männer, Weiber und Kinder, teils sterbend, teils an ihren Gliedern gestümmelt, mit Blut und Staub bedecket, erfülleten die Luft mit entsetzlichem Geschrei und vermehrten also den unbeschreiblichen Schrecken."

Besonders angesichts verstümmelter und sterbender Kinder scheint sich die Frage nach Schuld oder Unschuld völlig zu erübrigen; die Katastrophe ist zu gewaltig, als dass das frühere Verhalten der Menschen, die hier offensichtlich nur beliebige Objekte der Zerstörung sind, in die Waagschale geworfen und aufgerechnet werden könnte. Dennoch wird von Dichtern und

Philosophen, zumal aus der sicheren örtlichen Distanz, die Vorstellung vom Straf- und Zorngericht Gottes ins Spiel gebracht; Johann Christoph Gottsched, der ‚Literaturpabst seiner Zeit', dichtet am 6. Dezember 1755:

> „O Herr! vor dessen Wink auch Fels und Berge beben,
> Von dessen Odem sich auch Flut und Wellen heben,
> Wie schrecklich ist dein Zorngericht!
> Es kostet dich dein viertelstündig Wetter,
> So sinkt die Welt! und wo ist dann ein Retter?
> Und du, o Mensch, erzitterst nicht!
> Ihr Spötter schweigt! Lasst ab von eurem Hohne
> Gott schlägt das Haupt, und ganz Europa bebt!
> Ihr stolzen Städte zagt! und merkt's an eurer Krone;
> Wer weiß, wann euch sein Zorn in Schutt und Graus begräbt?
> Nicht Lissabon allein hegt Sünder:
> Wen dieser Fall nicht lehrt, dem droht sein Grimm nicht minder."

Nun könnte man die Lehre, die Gottsched nahelegt, beschränken auf die Metropolen, in denen der weltliche Handelsgeist die Gottesfurcht zum Verstummen gebracht hat, in denen die Menschen also den Mammon anbeten und Gott vergessen. Ein Jahresrückblick in den „Frankfurter Gelehrten Anzeigen" will Ende 1755 jedoch das Erdbeben von Lissabon schon wenige Wochen nach dem Geschehen als Warnung an die ganze Menschheit, oder zumindest an Europa verstanden wissen:

> „Dem Blitze gleich, der einen Augenblick
> Die Luft durchstreift, ein sichres Haus entzündet,
> Das Land verheert, die Völker schreckt, und schwindet;
> So fliehst du Jahr, zur Ewigkeit zurück.
> Europa blickt, mit zagendem Entsetzen,
> Hin zum Olymp, und seufzt dir weinend nach
> Und kniet vor Gott, der ihm dies Urteil sprach,
> Es einst durch dich in Todesfurcht zu setzen.
> Es fühlt noch itzt des Rächers schweren Schlag;
> Es tönt noch itzt von jammervollen Klagen;
> Es wird ein Jahr dem anderen sagen:
> Der Zorn des HERRN entbrannt' auf diesen Tag!
> So lang die Welt und die Geschichte dauern,
> So lang ein Christ, ein wahrer Mensch noch lebt,
> Wird man das Jahr, da Portugal erbebt,
> Den Schlag, der ganz Europa traf, bedauern."

II Kants Mahnung zur Nüchternheit

War das Erdbeben von Lissabon also ein Jahrhundertereignis, das den Menschen ein für allemal das Bild eines zürnenden und rächenden Gottes vor Augen gestellt hat, ein Ereignis, das die Menschen, bedrückt und zerknirscht, sie dazu bringt, ihr sündhaftes Leben zu bedenken und zu ändern? Gegen diese Sicht der Dinge, in der bei aller Zerknirschung ein gerüttelt Maß menschlicher Selbstüberschätzung mitschwingt, wendet sich Immanuel Kant Anfang März 1756 mit scharfen Worten. In seiner „Geschichte und Naturbeschreibung der merkwürdigen Vorfälle des Erdbebens, welches an dem Ende des 1755sten Jahres einen großen Teil der Erde erschüttert hat", schreibt Kant:

> „Der Anblick so vieler Elenden, als die letztere Katastrophe unter unsern Mitbürgern gemacht hat, soll die Menschenliebe rege machen und uns einen Teil des Unglücks empfinden lassen, welches sie mit solcher Härte betroffen hat. Man verstößt aber gar sehr dawider, wenn man dergleichen Schicksale jederzeit als verhängte Strafgerichte ansieht, die die verheerten Städte um ihrer Übeltaten willen betreffen, und wenn wir diese Unglückseligen als das Ziel der Rache Gottes betrachten, über die seine Gerechtigkeit alle ihre Zornschalen ausgießt. Diese Art des Urteils ist ein sträflicher Vorwitz, der sich anmaßt, die Absichten der göttlichen Ratschlüsse einzusehen und nach seinen Einsichten auszulegen.
> Der Mensch ist von sich selbst so eingenommen, dass er sich lediglich als das einzige Ziel der Anstalten Gottes ansieht, gleich als wenn diese kein ander Augenmerk hätten als ihn allein, um die Maßregeln in der Regierung der Welt darnach einzurichten. Wir wissen, dass der ganze Inbegriff der Natur ein würdiger Gegenstand der göttlichen Weisheit und seiner Anstalten sei. Wir sind ein Teil derselben und wollen das Ganze sein. Die Regeln der Vollkommenheit der Natur im Großen sollen in keine Betrachtung kommen, und es soll sich alles bloß in richtiger Beziehung auf uns anschicken. Was in der Welt zur Bequemlichkeit und dem Vergnügen gereicht, das, stellt man sich vor, sei bloß um unsertwillen da, und die Natur beginne keine Veränderungen, die irgendeine Ursache der Ungemächlichkeit für den Menschen werden, als um sie zu züchtigen, zu drohen oder Rache an ihnen auszuüben."

Kant, der von der „Vollkommenheit der Natur im Großen" ausgeht, fordert angesichts der Katastrophe von Lissabon seine Zeitgenossen auf, die Opfer um ihrer selbst willen zu bedauern und nicht zu versuchen, selbstgerecht das Leid anderer von einem angemaßten höheren Standpunkt aus zu bewerten, einem Standpunkt, der nur Gott zukomme. Die Behauptung, derjenige, dem ein solches Unglück widerfährt, müsse notwendig große Schuld auf sich geladen haben, führt Kant mit mehreren Hinweisen ad absurdum: dass „unendlich viel Bösewichter" in Ruhe gestorben sind, dass bestimmte Länder von jeher von Erdbeben erschüttert wurden und andere, deren Bewohner keineswegs ein untadeliges Leben geführt haben, verschont blieben. Die Menschen tappen im Dunkeln, wenn sie Gottes Absichten erraten wollen. Allerdings gibt es durchaus Lehren, die sich aus dem 1. November 1755 mit Sinn ziehen lassen: die beispielsweise, dass der Mensch, wie Kant sagt, nicht geboren ist, „um auf dieser Schaubühne der Eitelkeit ewige Hütten zu bauen". Nicht im Streben nach irdischen Gütern drückt sich der Sinn der menschlichen Existenz aus, wohl aber im Streben nach der Veredelung der menschlichen Beziehungen. Der Fürst, den die Einsicht in die ständige Bedrohung durch Naturkatastrophen dazu bringt, den Menschen die zusätzliche Geißel des Krieges zu ersparen, ist die ideale Verkörperung solchen Strebens.

Kant, der in seiner Schrift zuvor den Versuch gemacht hat, das Erdbeben naturwissenschaftlich zu erklären, es damit gewissermaßen auch zu entmystifizieren, stellt das Ereignis nun in einen größeren Zusammenhang. Dabei soll das individuelle Leid nicht verschwinden; aber in dem größeren Zusammenhang eröffnet sich ein Spielraum, der es dem Menschen ermöglicht, in der Erweiterung und Vertiefung der Menschlichkeit eine Antwort auf dieses Leid zu finden. Kants behutsamer Deutungsversuch einer Naturkatastrophe hebt sich wohltuend von solchen Interpretationen ab, die das Unglück, das die Menschen in Lissabon mit der Katastrophe getroffen hat, derart relativieren, dass es schließlich überhaupt nicht mehr als ein solches zu erkennen ist.

III Philosophische Deutungen der Naturkatastrophe

Gegen Interpretationen, in denen das individuelle Leid in einem umfassenden Guten ‚aufgehoben' wird, wendet sich bald auch Voltaire, der wohl prominenteste Kommentator des Erdbebens von Lissabon. Schon im Titel seines berühmten Gedichtes kommt die Richtung zum Ausdruck, in die seine Argumentation zielt:

> „Poème sur le désastre de Lisbonne, ou Examen de cet axiome 'Tout est bien'." / „Gedicht über die Katastrophe von Lissabon oder Prüfung jenes Grundsatzes ‚Alles ist gut'".

Gegner Voltaires sind nicht in erster Linie die Theologen, die das Strafgericht Gottes predigen, sondern jene zeitgenössischen Autoren, die eine optimistische Weltsicht vertreten, wie sie in den drei Worten „Tout est bien / Alles ist gut" auf die kürzeste Formel gebracht ist. Voltaire erfährt von dem Erdbeben in Lissabon auf seinem Landsitz ‚Les Délices' bei Genf; dorthin hat er sich zurückgezogen, um den Gefahren und Fallstricken des höfischen Lebens zu entgehen und vor Verfolgungen sicher zu sein, die dem immer wieder unbequemen Schriftsteller drohen. Durch die Reaktion des Einundsechzigjährigen, den man als Denker und Schriftsteller eine 'europäische Großmacht' nennt, wird das 'Désastre de Lisbonne' erst eigentlich zu einem Jahrhundertereignis. Wie Voltaire wenig später das Erdbeben interpretieren wird, kündigt sich bereits in einem Brief vom 24. November 1755 an, den er an seinen Bankier Tronchin in Lyon schreibt:

> „Da sehen Sie, mein Herr, wie grausam die Natur ist. Man wird Mühe haben, zu erraten, wie die Gesetze der Bewegung so entsetzliche Verwüstungen in der besten aller möglichen Welten anrichten. Tausend Ameisen auf einen Schlag in unserem Ameisenhaufen zerquetscht, und die Hälfte gehen gewiss in unsäglicher Angst inmitten dieser Trümmer unter, aus denen sie keiner retten kann: ruinierte Familien am Rande Europas, und das Vermögen von hundert Kaufherren Ihres Landes in den Ruinen von Lissabon versunken. Welch trauriges Spiel des Zufalls ist doch das Spiel des menschlichen Lebens! was werden die Prediger sagen, vor allem falls der Palast der Inquisition noch steht? Ich schmeichle mir in der Hoffnung, dass zumindest die ehrwürdigen Patres der Inquisition ebenso wie alle anderen zerquetscht worden sind. Das sollte die Menschen lehren, die Menschen nicht zu verfolgen, denn während einige verdammte Schufte ein paar Narren verbrennen, verschlingt die Erde die einen wie die anderen.“

Bei allem Sarkasmus ist Voltaire, der erbitterte Feind der katholischen Kirche, hier der Auffassung Immanuel Kants nahe: Aus den Leiden der Menschen, die jeden treffen können, den vermeintlichen Ketzer wie den Inquisitor, solle wenigstens die Lehre gezogen werden, menschlich miteinander umzugehen. Die Illusion, sie lebten in der besten aller möglichen Welten, hindert die Menschen nur daran, diese Konsequenz zu ziehen. Im Vorwort zu seinem Gedicht nennt Voltaire die beiden Autoren, mit denen sich die optimistischen Thesen, alles sei gut und die Menschen lebten in der besten aller möglichen Welten, verbinden: In dem berühmten Lehrgedicht „Essay on Man“ von Alexander Pope findet sich mehrfach und an zentraler Stelle die Aussage „Whatever is, is right / Was immer ist, ist recht“. Und in der „Theodizee“ von Gottfried Wilhelm Leibniz steht der Satz:

> „Gäbe es nicht die beste aller möglichen Welten, dann hätte Gott überhaupt keine erschaffen.“

Beide Denker, Pope und Leibniz, fühlten sich zu ihren Thesen herausgefordert durch die beunruhigende Frage, wie das Böse in die Welt gekommen sei und wie sich das Übel, das sich allenthalben bemerkbar macht, mit der Vorstellung von einem gütigen Gott vereinbaren lasse. Vor allem durch das Werk des Pierre Bayle war diese Aporie an der Wende vom siebzehnten zum achtzehnten Jahrhundert mit besonderer Schärfe hervorgetreten. Bayle betonte die Nichtzuständigkeit der Vernunft in Glaubensfragen und bot seinen ganzen Scharfsinn auf, um zu zeigen, dass sich der Widerspruch zwischen der Güte Gottes und der Existenz des Bösen nicht wegrationalisieren lasse. Selbst die Möglichkeit, dass zwei Prinzipien unvermittelt nebeneinander bestehen könnten – entsprechend dem Dualismus von Lichtgott und Finsterniswelt im antiken Manichäismus – schloss Bayle nicht aus. Gegen Bayle richtet sich Leibnizens ‚Rechtfertigung Gottes', die „Theodizee". Und auch das Lehrgedicht „Essay on Man" von Alexander Pope ist als Versuch zu verstehen, die Existenz des Schlechten und des menschlichen Leidens im Blick auf ein untrennbar verbundenes, herrliches Ganzes zu relativieren. Von diesem Ganzen aus gesehen wird alles Übel, werden Unglück und Leid klein und unerheblich; oder die Übel erweisen sich sogar als notwendig, um die Harmonie des Ganzen zu gewährleisten. In den kunstvollen Versen Popes ist etwas von dieser Weltharmonie eingefangen:

> Lass ab! Nicht Ordnung „unvollkommen" schmäh',
> denn am Gescholtenen hängt Wohl und Weh'.
> Kenn Deinen Platz, vom Himmel Dir beschert,
> den Grad an Schwäche, Blindheit, Deiner wert.
> In dies Dich füg' in jeder Lage leicht,
> gewiss, dass es zum Segen Dir gereicht
> im Schutz der einzigen Entscheidungsmacht,
> ob bei Geburt, ob in der Sterbensnacht.
> Natur ist nichts als Kunst, die man nicht kennt;
> man unsichtbare Fügung „Zufall" nennt.
> In Dissonanz zugleich der Wohlklang ruht.
> Privates Übel: allgemeines Gut.
> Ist auch Vernunft des stolzen Irrtums Knecht,
> die Wahrheit bleibt: Was immer ist, ist recht.

> All Nature is but Art, unknown to thee;
> All Chance, Direction, which thou canst not see;
> All Discord, Harmony, not understood;
> All partial Evil, universal Good:
> And, spite of pride, in erring Reason's spite,
> One truth is clear, „Whatever is, is right."

Der Einzelne ist nicht in der Lage, von seiner eingeschränkten Perspektive aus das Ganze zu überblicken: Er wird zum Frevler, wenn er sich an die Stelle Gottes setzt und glaubt, über die Angemessenheit der göttlichen Fügung urteilen zu dürfen.

   Den Gedanken, dass aus privaten Übeln allgemeines Gut entspringen könne, hatte übrigens auch Bernard de Mandeville in seiner berühmtberüchtigten „Bienenfabel" vertreten: Bei seiner Argumentation, die Laster der Menschen würden das Wohlergehen der Allgemeinheit befördern, war aber ein ironischer Unterton mitgeschwungen. Bei Alexander Pope, der einen verkrüppelten Körper hatte und schon deshalb wußte, was menschliche Unzulänglichkeit und menschliches Leid bedeuten, bei Pope war das Vertrauen in die Güte Gottes und den wohlgeordneten, harmonischen Kosmos echt und wirkte auf die Zeitgenossen überzeugend. Allerdings konnte und wollte Pope keineswegs Originalität bei der Formulierung seiner optimistischen Gedanken beanspruchen, die damals auch andere einflussreiche Denker der Epoche vertraten. Voltaire, der Kenner des englischen Geisteslebens, verweist auf Anthony Earl of Shaftesbury, der Pope in vielem vorausgegangen war: Er hatte beispielsweise auch schon Katastrophen wie „Erdbeben, Stürme, pestilenzialische Seuchen, Wasserfluten, irdisches oder himmlisches Feuer" in einen Weltzusammenhang eingeordnet, „wo alle die mannigfaltigen Dissonanzen sich in allgemeine Harmonie auflösen". Es wäre vermessen, wenn die Menschen, die mit ihrem Werden und Vergehen am Naturkreislauf teilhaben, ihre individuellen Ansprüche auf Glück und dauerndes Wohlbefinden gegen das allgemeine Ganze behaupten wollten. In der Schrift „Die Moralisten. Eine philosophische Rhapsodie oder Unterredungen über Gegenstände der Natur und Moral" läßt Shaftesbury seinen Protagonisten Philokles sagen:

> „Jene Zentralkräfte, wodurch das unvergängliche Weltgebäude in seinem Gleichgewicht und seiner Bewegung erhalten wird, dürfen nicht aufgehoben werden, um einen vergänglichen Leib zu retten, ein armseliges Geschöpf, welches am Abgrunde schwindelt, zu halten, dessen gebrechlicher Bau, würd er auch noch so sehr geschützt, doch von selbst so bald verwesen muss. Die Luft, die uns umgibt, die Dünste, die aus der Erde aufsteigen, die Meteore, die über unsern Häuptern schweben, oder was sonst zu Nährung und Erhaltung dieser Erde dient, alles das wirkt seiner Natur gemäß; und andre Einrichtungen müssen sich dem Wohlstande und der Einrichtung des allerhaltenden Erdkörpers unterwerfen."

Auch Shaftesbury weist den Menschen in seine Schranken und betont, dass es einem vergänglichen Wesen nicht zusteht, sein Einzelschicksal zum Zentrum des allgemeinen Geschehens machen zu wollen und sich nicht dem allgemeinen Weltenplan unterzuordnen. Noch ein weiteres Beispiel kann zeigen, von welcher Hierarchie aus die optimistischen Denker argumentieren, deren Optimismus immer aufs Ganze und nie auf den einzelnen zielt. In seiner Auseinandersetzung mit Pierre Bayle widerlegt Gottfried Wilhelm Leibniz ein Argument des skeptischen französischen Denkers:

[Bayle] „fingiert einen Fürsten, der eine Stadt erbauen lässt und sie in seiner Geschmacksverirrung lieber glänzend, mit kühner und eigenartiger Architektonik sehen will, anstatt den Einwohnern jedwede Bequemlichkeit zu bieten. Besäße dieser Fürst jedoch wahre Seelengröße, so würde er einen bequemen Bau einem großartigen vorziehen. Dies ist die Ansicht Herrn Bayles. Ich glaube indessen, dass es wohl Fälle gibt, in denen man mit Recht einen schöngebauten Palast der Bequemlichkeit einiger Dienstboten vorziehen wird. Aber ich gebe zu, dass die Bauart schlecht wäre, so schön sie auch aussieht, wenn sie Veranlassung zu Krankheiten der Bewohner gibt, vorausgesetzt, dass es überhaupt möglich ist, eine bessere zu ersinnen, die Schönheit, Bequemlichkeit und Gesundheit in sich vereinigt. Denn man kann vielleicht nicht alle Vorteile auf einmal haben, und das Schloss würde möglicherweise eine unerträgliche Gestalt erhalten, wenn man es auf der nördlichen Seite des Gebirges, der gesünderen, erbauen wollte, und deshalb lässt man es lieber auf der Südseite errichten."

Ganz offensichtlich argumentiert Leibniz hier von der Position des Schöpfergottes aus, dem es auf die Schönheit des Weltgebäudes ankommt und nicht auf das Wohlergehen „einiger Dienstboten". Diese Qualifikation der Menschen als Dienstboten mag Voltaire, der sich immer für die ungerecht Behandelten engagiert hat, als besonders provokant empfunden haben. Für diejenigen, die bei der Argumentation der optimistischen Denker und vor allem ihrer Nachbeter dem schönen und vollkommenen System geopfert werden, ergreift Voltaire Partei, und er tut dies aus Anlass des Erdbebens von Lissabon vor gut vier Monaten in Versen, in einem Poème, dessen Wohlklang zu dem Thema des menschlichen Leidens in eigenartigem Kontrast steht. Im März 1756 erscheint das Gedicht, mit einem Vorwort in Prosa und zahlreichen Fußnoten, zusammen mit einem weiteren, „Loi Naturelle" überschriebenen Gedicht. Im Vorwort verteidigt Voltaire zunächst Pope gegen seine Kritiker, die nach Voltaires Auffassung übertriebene oder überspitzte Folgerungen aus dem „Essay on Man" ziehen und betont den positiven Aspekt dieser Schrift:

„Es war nötig, die Ehrfurcht vor der Gottheit zu beachten, die Ergebung, die man ihren höchsten Ordnungen schuldet, die gesunde Moral und die Toleranz, die den Kern dieser vorzüglichen Schrift bilden."

Insofern ist es nicht in erster Linie der berühmte Kollege Alexander Pope, gegen den Voltaire in seinem Gedicht argumentieren will. Ob bei dieser Versicherung Voltaires taktische Gründe eine Rolle spielen, ob er beispielsweise den Leser davon abbringen will, in seinem 'Poème sur le désastre de Lisbonne' vor allem eine Polemik gegen Pope, oder auch gegen

Leibniz zu sehen, weil dies bedeutende Verteidiger der optimistischen Philosophie auf den Plan rufen könnte, das lässt sich endgültig nicht abklären. Auf jeden Fall wendet sich Voltaire gegen diejenigen, die die Gedanken von Pope und Leibniz verflachen und mit dem Argument Missbrauch treiben, „Alles ist gut".

> „Pope hat gesagt: 'Alles ist gut', und zwar mit einer Bedeutung, die sehr akzeptabel ist, und heute sagt man es in einer Bedeutung, die man bestreiten kann.
>
> Der Autor des Gedichts über die Katastrophe von Lissabon streitet nicht gegen den berühmten Pope, den er immer bewundert und geliebt hat. Er denkt über fast jeden Punkt wie er. Doch ergriffen vom Unglück der Menschen empört er sich gegen den Missbrauch, den man mit diesem alten Axiom ‚Alles ist gut' treiben kann. Er akzeptiert jene traurige, ältere Wahrheit, die allen Menschen bekannt ist, *dass es Übel auf der Welt gibt.* Er gibt zu, dass das Wort ‚Alles ist gut', in einem absoluten Sinne und ohne die Hoffnung auf eine Zukunft genommen, nur eine Beleidigung für die Schmerzen unseres Lebens ist."

Damit ist der entscheidende Gedanke des Erdbebengedichts angesprochen: Voltaire geht es um die Respektierung menschlichen Unglücks, menschlichen Leids. Er empfindet es als grausam, wenn das Leid der Erdbebenopfer, mit welchen Begründungen auch immer, weggeschoben oder „wegvernünftelt" wird. Einige solcher Begründungen führt Voltaire an; sie wirken heute fast grotesk, wurden damals aber offensichtlich vorgebracht und wirkten plausibel.

> „Alles ist gut. Die Erben der Toten werden ihr Vermögen vermehren. Die Maurer werden beim Wiederaufbau der Häuser Geld verdienen. Die Tiere werden in den unter den Trümmern begrabenen Leichen Nahrung finden. Es ist die notwendige Wirkung notwendiger Ursachen. Euer einzelnes Übel bedeutet nichts, denn ihr tragt zum allgemeinen Wohl bei."

Würde heute jemand anläßlich einer Naturkatastrophe solche ‚Trostgründe' vorbringen, man würde ihn der Rücksichtslosigkeit gegenüber den Hinterbliebenen beschuldigen, ihn der Takt- und Geschmacklosigkeit zeihen, ihn als Zyniker apostrophieren; ja man würde an seinem Verstand zweifeln, vielleicht sogar im Namen der Opfer gegen ihn vorgehen wollen. Dieses Gedankenexperiment macht deutlich, wie fern manche Vorstellungen und Verhaltensweisen aus der Mitte des achtzehnten Jahrhunderts inzwischen sind, wie sehr sich die soziale Sensibilität gewandelt hat. Voltaires Engagement für die Leidenden, deren Schmerz er anerkennt und teilt, ist demgegenüber heute unmittelbar nachvollziehbar; mit den Auswirkungen des

Erdbebens von Lissabon konfrontiert, würden jetzt viele ähnlich reagieren wie der französische Dichter und Philosoph.

Allerdings vertritt Voltaire seinen Standpunkt in einem heute nicht mehr vertrauten Genre: Die Gestalt des Lehrgedichts gibt seinen Argumenten etwas Feierliches, Pathetisches. Die Gewichtigkeit des Themas wird damit unterstrichen. Welche Lehre allerdings letztlich zu ziehen ist, lässt sich so eindeutig nicht sagen. Hier trägt die poetische Form dazu bei, dass manches in der Schwebe bleibt. Bereits im Vorwort des Gedichts lässt Voltaire erkennen, dass er nicht die Frage nach dem Ursprung des Bösen und des menschlichen Leidens beantworten will oder kann. Ganz im Gegenteil richtet er sich ja gerade gegen die Unbescheidenheit und den Hochmut, mit dem manche glauben, diese Frage angehen zu können. Zugleich kommt in dem Vorwort eine Gläubigkeit zum Ausdruck, die man bei dem großen Feind der katholischen Kirche so nicht erwartet hätte; Voltaire schreibt:

> [Der Autor des Gedichtes] „gibt also mit der ganzen Welt zu, dass es auf der Erde Übles wie auch Gutes gibt. Er gibt zu, dass kein Philosoph jemals den Ursprung des moralischen und des physischen Übels erklären konnte. Er gibt zu, dass Bayle, der größte Dialektiker, der je geschrieben hat, nur zu zweifeln gelehrt hat und sich selbst unschlüssig ist. Er gibt zu, dass es ebenso Schwächen in den Einsichten des Menschen gibt wie Leiden in seinem Leben. Er stellt alle Systeme mit wenigen Worten dar. Er behauptet, dass allein die Offenbarung jenen großen Knoten auflösen kann, den alle Philosophen durcheinandergebracht haben. Er behauptet, dass nur die Hoffnung auf eine Entwicklung unseres Seins in einer neuen Ordnung der Dinge über das gegenwärtige Unglück hinwegtrösten kann, und dass die Güte der Vorsehung die einzige Zuflucht ist, wohin sich der Mensch in der Dunkelheit seiner Vernunft und in den Nöten seiner schwachen, sterblichen Natur wenden kann."

Voltaires Hoffnung auf eine Entwicklung des menschlichen Seins und Wesens in einer neuen Ordnung der Dinge – l'espérance d'un développement de notre être dans un nouvel ordre de choses – , kann sich nur, so muss man vermuten, im Jenseits erfüllen. Der große Aufklärer Voltaire zieht sich angesichts der Ohnmacht der menschlichen Vernunft und der Überwältigung durch menschliches Leid auf eine Position der Demut gegenüber der Vorsehung zurück, auf eine fast kindliche Hoffnung eines Lebens nach dem Tod. Ein solches glücklicheres Leben im Jenseits wird die Menschen, sofern es einen gütigen Gott gibt, für das Leiden im Diesseits entschädigen.

In seinem Gedicht greift Voltaire dann nochmals die Argumente der sogenannten Optimisten auf, um sie zu widerlegen. Er tut dies zum einen argumentativ, indem er beispielsweise gegen die Behauptung, Lissabon sei

wegen der Sünden seiner Bewohner zerstört worden, einwendet, andere
Städte wie Paris oder London seien verschont geblieben, obwohl sie nicht
weniger lasterhaft seien: Eindrücklicher aber als die rationale Argumentation, die einer Behauptung eine Gegenbehauptung entgegensetzt, ist die sug-
gestive dichterische Präsentation seiner Gedanken. Voltaire wirkt unmittelbar auf seinen Hörer oder Leser ein, er lässt ihn an seinem Entsetzen teilnehmen und zieht ihn so auf seine Seite. Die Dunkelheit und Schwäche der
menschlichen Vernunft angesichts des unermesslichen Leids hatte Voltaire
in seinem Vorwort betont; in seinem Gedicht nun setzt er nicht zuletzt auf
die Emotionen. Mit seinen drastischen Schilderungen der Katastrophe von
Lissabon erregt der Aufklärer - wie in der Tragödie - Furcht, Schrecken
und Mitgefühl seiner Hörer, die er dann, überaus wirkungsvoll, mit einer
kalten, gefühllosen optimistischen These konfrontiert. Schon in den ersten
Versen seines Gedichts wird diese Methode deutlich:

> O malheureux mortels! ô terre déplorable!
> O de tous les fléaux assemblage effroyable!
> D'inutiles douleurs éternel entretien!
> Philosophes trompés, qui criez: „Tout est bien";

> Ihr Unglücklichen seid, Land, du bist zu beklagen!
> Du entsetzliche Ansammlung, ach, aller Plagen!
> Schmerz, der sinnlos doch ist, aber ewig nicht ruht!
> Philosophen, getäuscht, sagen: „Alles ist gut."
> Kommt, das Unglück bedenkt! Aschenhaufen und Scherben,
> Trümmer, Bruchstücke, Not, grauenvolles Verderben!
> Frauen, Kinder gehäuft, eins auf's andre fiel nieder.
> Marmor brach. Unter ihm liegen nun ihre Glieder.
> Unglück, Tausende sind's, die die Erde verschluckt,
> deren blutiger Leib, schon zerissen, noch zuckt,
> die begraben vom Haus - Beistand kann keiner spenden -
> jammervoll ihrer Qual Schreckenszeiten beenden.
> Beim ersterbenden Schrei, wenn die Stimme erstickt,
> wenn man furchtsam auf Rauch oder Aschenspiel blickt,
> sagt ihr, Gott sei zwar frei und gut, doch er verletze,
> weil sie zwingen auch ihn, nie die ew'gen Gesetze.
> Sagt ihr auch beim Anblick der geopferten Massen,
> ihr Tod sei als der Preis des Rächers aufzufassen?
> Welcher Tat, welcher Schuld sind sich Kinder bewusst,
> die verblutend zerquetscht sind an der Mutterbrust?
> Lissabon,hattest du denn an Lastern so viel?
> Schwimmen London, Paris nicht in Genüssen und Spiel?
> Als Lissabon versank, tanzt' Paris noch dazu.
> Geister, die Ihr nicht wankt, Ihr Betrachter voll Ruh',
> die Ihr Schiffbrüche sterbender Brüder bedenkt,
> auf der Unwetter Grund friedlich Forschungen lenkt,
> fühlt den feindlichen Schlag solchen Schicksals einst Ihr,

werdet Ihr, menschlich, doch auch so weinen wie wir.

Drastisch schildert Voltaire wenige Monate nach dem Erdbeben vom 1. November 1755 die Qualen, die Menschen erleiden können, setzt dabei auf das Mitgefühl seiner Leser und hofft, auch die Herzen derer zu erschüttern, die das Faktum menschlichen Leids herunterspielen, die versuchen, selbst das schlimmste Unglück in ein positives Licht zu rücken. Mit fast biblischem Gestus konfrontiert er die Selbstgerechtigkeit und Ignoranz derer, die glauben, „Alles sei gut", mit der leidenden, ohnmächtigen, ratlosen, vor einem unbegreiflichen Gott zitternden Kreatur. Dabei findet er Formulierungen, die, trotz der im Vorwort und dann noch einmal am Schluss des Gedichts betonten Hoffnung auf ein Jenseits, ein überaus pessimistisches Lebensgefühl zum Ausdruck bringen. Die Menschen sind, so Voltaire, wie alle empfindenden Lebewesen, zum Leben verdammt und leben im Leid. Sie sind nur Spielbälle des Schicksals, „gequälte Atome auf einem Haufen Schutt, die der Tod verschlingt". Der Mensch ist sich selbst fremd, er weiß nicht, was er ist, wo er ist, wohin er geht und woher er stammt.

Angesichts der Bitterkeit und Verzweiflung, die hier zum Ausdruck kommen, wirkt der um einen versöhnlichen Ton bemühte Schluss des 'Poème sur le désastre de Lisbonne' etwas aufgesetzt. Voltaire, vom Alter geläutert, will nicht, wie Hiob, mit Gott hadern. Er leidet, ohne zu murren und - damit lässt er sein Gedicht ausklingen - er verweist noch einmal auf die Hoffnung. In einer Anmerkung seines Handexemplars des Gedichts hat Voltaire später dann diese Hoffnung auf ein Jenseits selbst wieder in Frage gestellt.

Die sehr persönliche Reaktion des berühmten französischen Aufklärers auf das Erdbeben von Lissabon musste Aufsehen erregen und Stellungnahmen provozieren. Anstößig war vor allem die Betonung menschlichen Unglücks und menschlichen Leides sowie Voltaires Weigerung, dieses Leid dem großen Weltzusammenhang unterzuordnen.

IV Materialistische Deutung der Naturkatastrophe

Eine nicht philosophisch-theologische, sondern eher abgeklärt materialistische Stellungnahme zu dem Erdbebengedicht findet sich in Melchior Grimms „Correspondence littéraire, philosophique et critique". Bei dieser Korrespondenz handelt es sich um handschriftlich vervielfältigte Kulturberichte, die vierzehntägig von der Metropole Paris aus an viele Fürstenhäuser Europas versandt wurden. Die Berichte des Deutschen Melchior Grimm, der mit den einflußreichsten französischen Denkern der damaligen

Zeit verkehrte, unter anderen mit Denis Diderot und Jean-Jacques Rousseau, enthalten zwar dessen eigenständiges Urteil, sind zugleich aber auch von den Diskussionen der geistigen Avantgarde des 18. Jahrhunderts inspiriert. Und diese Avantgarde, mit Ausnahme von Rousseau, neigt zum Materialismus oder vertritt ihn sogar offensiv: So der Baron d'Holbach, Helvétius, Diderot, La Mettrie. Vor dem Hintergrund einer Natur, die unbeirrt ihren ewigen Gesetzen folgt, Gesetzen, die die Menschen noch lange nicht alle erkannt haben, nimmt sich die Jeremiade des Altmeisters Voltaire fast etwas lächerlich aus, meint Melchior Grimm:

> „Wenn Leibniz und Lord Shaftesbury sowie ihr Mittler beim Publikum, der berühmte Pope, zu mir sagen: 'Alles ist gut', so frage ich sie: 'Was wißt ihr davon?' Es hat nicht den Anschein, dass sie mir diese kleine Frage je beantworten. Wenn aber Herr von Voltaire jenen Satz bestreitet, weil Lissabon durch ein Erdbeben zerstört worden ist, so ist er viel weniger Philosoph als sie, insofern er das Unglück und den Untergang einer bestimmten Zahl von Menschen als ein Übel im Weltall betrachtet. 'Was wissen Sie denn, ob es eins ist?' möchte ich ihm entgegnen. 'Wie groß ist Ihr Dünkel, dass Sie sich in der unendlichen Welt für etwas halten, das zählt, und sich gegen das Gesetz auflehnen, das die Vernichtung von ein paar Lebewesen vorsieht, an denen Ihnen nur aus unwillkürlicher Besinnung auf sich und Ihre Schwäche gelegen ist, weil Sie zu ihrer Art gehören, ein Leben wie sie und das gleiche Lebensgefühl besitzen und sich daher den gleichen Gefahren ausgesetzt fühlen?' - 'Ich bin keineswegs dünkelhaft', werden Sie sagen, 'ich fühle nur mit.' Gut. Sie dürfen also sagen, in dieser Welt gäbe es, vom Einzelwesen her gesehen, Glück und Unglück. Aber sagen Sie nicht, dieses Glück oder Unglück sei etwas Gutes oder Schlechtes im Weltall; denn darüber wissen Sie nichts, und für jede Art Lebewesen scheint es sogar völlig belanglos zu sein. Denkt man einmal darüber nach, so wird man hier die Quelle aller Trugschlüsse in der berühmten Frage nach dem Ursprung des Übels finden. Sie bemerken, Bayle habe sich nach einer ausführlichen Darstellung der Meinungen, die die einzelnen Schulen voneinander trennen, in diesem Streit nicht entschieden. Bayle war eben ein Philosoph. In der Welt gibt es Glück und Unglück, das kann niemand bezweifeln. Das Gute und das Schlechte sind für den wahren Philosophen zwei Wörter ohne Sinn. Man hat all diese Gedanken durcheinandergebracht, miteinander gestritten und sich nicht mehr verstanden."

Melchior Grimm unterscheidet zwischen einer zulässigen Reaktion auf das Erdbeben von Lissabon und einer unzulässigen: Wenn man sich auf den Standpunkt des Einzelwesens stellt, das empfindungsfähig ist und das seinesgleichen leiden sieht, ist es zulässig, von Unglück zu sprechen und die Betroffenen zu bedauern. Nicht zulässig aber ist es, den kleinen, beschränkten Standpunkt verlassen zu wollen und das Geschehen im großen Zusammenhang gewissermaßen moralisch zu bewerten. Es ergibt für den Verfasser der Correspondence littéraire schlechterdings keinen Sinn, wenn man an eine Naturkatastrophe mit ihren Folgen den Maßstab ,gut oder schlecht' anlegt und das individuelle Unglück in ein allgemeines Übel umdeutet.

„Das Glück ist in der Weltordnung nicht etwas Gutes, das Unglück nicht etwas Schlechtes, wenigstens wissen wir nichts darüber; nur in Beziehung auf die besondere Lage dieses oder jenes Einzelwesens ist es das. Nun ist diese besondere Lage zwar notwendig, für die Weltordnung aber ist sie belanglos. Glück und Unglück rühren von der Verkettung der Naturereignisse und der geistigen Umstände her, von ihrer schicksalhaften Bestimmung, ihrem unvermeidlichen Zusammentreffen. Das Gute und das Schlechte hingegen hängen von den allgemeinen Gesetzen ab, die das Weltall bestimmen und lenken und seinen Fortbestand in der Erhaltung der gegebenen Ordnung und Harmonie sichern. Müsste man, ehe man entscheidet, ob es ein moralisch Gutes und ein moralisch Schlechtes gibt, nicht erst einmal wissen, welches diese allgemeinen Gesetze sind und welches die Macht ist, die sie gegeben hat, lenkt und leitet? Und, offen gesagt, glauben Sie, dass wir jemals etwas über all das wissen werden? Was uns in diesem Punkt in Irrtum verstrickt hat, ist jener unbegreifliche Wunsch in uns, glücklich zu sein. Da uns nichts von unserem Glück abbringen kann, glauben wir, das ganze Weltall müsse dabei mithelfen, und sobald sich die Umstände unserem persönlichen Wohlbefinden entgegenstellen oder die Ereignisse ihm zuwiderlaufen, klagen wir über physisches und geistiges Übel. Wenn wir die Dinge jedoch so sehen wollen, wie sie sind, werden wir feststellen, dass die Natur alles für sich, aber nichts für uns tut. Sie denkt nur an das Wohlbefinden und die Erhaltung der Arten und vernachlässigt völlig die Erhaltung der einzelnen."

Der Ton, mit dem Melchior Grimm Voltaires Reaktion auf das Erdbeben von Lissabon beurteilt, ist kühl und nachgerade herablassend. Voltaire nimmt sich einfach zu wichtig, auch wenn ihm Grimm zugesteht, dass er demonstrativ als mitfühlendes Wesen reagiert hat. Mit dem Anspruch, aus individuellem Unglück ein übergreifendes Schlechtes ableiten zu dürfen, hat sich der Dichter übernommen. Er hat sich ein Urteil über Dinge angemaßt, von denen Menschen nichts wissen können. Allerdings klingt Grimms eigene These, die Natur denke nur an die Erhaltung der Arten und nicht an die der Einzelnen, in diesem Kontext dann doch etwas allzu selbstgewiss.

Dass Grimm der Reaktion Voltaires nicht völlig verständnislos gegenübersteht, zeigt seine Bemerkung, Menschen hätten den unbegreiflichen Wunsch in sich, glücklich zu sein. Dieser Wunsch ist unbegreiflich oder sogar paradox, weil der Mensch von Kindesbeinen an die Erfahrung von Schmerz, Leid und Unglück macht. Das schwache, sterbliche Wesen Mensch kann, wenn überhaupt, nur mit Glücksmomenten rechnen, nie aber mit einem Dauerzustand des Glücks. Es mag vielleicht überraschen, dass diese Auffassung ein Vertreter der Aufklärung äußert, wird doch dieser Bewegung gemeinhin Fortschrittsdenken und Zukunftsgläubigkeit nachgesagt. Die Hoffnung auf eine bessere Zukunft der Menschheit geht aber auch bei den Aufklärern oft ineins mit einer sehr nüchternen Einschätzung der ‚condition humaine', der Grundbedingungen menschlichen Lebens. In der von Jean Lerond d'Alembert verfassten Programmschrift der französischen Aufklärung, dem ‚Discours préliminaire de l'Encyclopédie', der Einleitung also zur berühmten Enzyklopädie, etwa heißt es:

„Umsonst behaupten einige Philosophen, der Schmerz sei keineswegs ein Übel, und unterdrücken in ihrem eigenen Leiden jede Klage; umsonst verlegten einige andere das höchste Glück in die Lust, der sie sich doch aus Furcht vor den Folgen stets versagten. Sie alle würden unsere Natur besser erfasst haben, wenn sie sich damit begnügt hätten, das höchste Glück des irdischen Daseins in der Befreiung vom Schmerz zu sehen und zuzugeben, dass dieses höchste Gut unerreichbar ist; dass uns nur die Möglichkeit bleibt, ihm nach dem jeweiligen Maß unserer Wachsamkeit und Sorgfalt mehr oder weniger nahezukommen."

Der Mensch ist ein in vielfacher Weise Schmerzen unterworfenes Wesen; er leidet und, wie dies Voltaire in spektakulärer und exemplarischer Weise demonstriert, er leidet mit anderen mit. Zugleich aber ist das ganze Sinnen und Trachten des Menschen nicht nur auf die Absenz von Schmerz gerichtet, sondern in einer umfassenden Weise auf Glück. Wie Melchior Grimm andeutet, ist es dieser unreflektierte Impuls, der Voltaires leidenschaftliche Klage über das Elend der Menschheit begründet.

V Existentiale Deutung der Naturkatastrophe

Es gehört zu den Besonderheiten der Debatte des 18. Jahrhunderts über das Erdbeben von Lissabon, dass ausgerechnet der Mann zum schärfsten Kritiker Voltaires wird, der im Jahr 1755 der gelehrten Welt mit dem „Diskurs über den Ursprung und die Grundlagen der Ungleichheit unter den Menschen" eine überaus pessimistische Geschichtsphilosophie vorgelegt hat, Jean Jacques Rousseau. Entsprechend fielen im Sommer des Erdbebenjahres die Reaktionen der Zeitgenossen aus. Am 30. August 1755 schrieb François-Marie Arouet de Voltaire aus Délices an Rousseau:

„Ich habe, Monsieur, Ihr neues Buch gegen das Menschengeschlecht erhalten und danke Ihnen dafür."

Die Ironie war unüberhörbar und musste den empfindlichen Rousseau provozieren. Voltaire lässt nun im Frühjahr 1756 drei ausgewählten Denkern, Diderot, d'Alembert und Rousseau, sein Erdbebengedicht zukommen, und Rousseau nutzt die Gelegenheit zur Replik: Am 18. August 1756, also fast ein Jahr nach Voltaires Brief zum Diskurs über die Ungleichheit unter den Menschen, schreibt Rousseau Voltaire einen Brief, der später als „Lettre sur la providence", als „Brief über die Vorsehung" berühmt wird. Auf unterschiedlichen Argumentationsebenen greift Rousseau den Voltairschen Pessimismus an, er unterbreitet subtile naturphilosophische Überlegungen, scheut aber auch nicht davor zurück, seine eigene Person massiv ins Spiel zu bringen. Voltaire, den er bewundert und wie einen Bruder liebt, macht ihn traurig und stürzt ihn in Verzweiflung. Voltaire wirft Pope und Leibniz vor, durch die Behauptung, alles sei gut, die Leiden der Menschen zu verhöhnen und übertreibt dabei das Gemälde der menschlichen Leiden dermaßen, dass die Leidensempfindung noch verschlimmert wird. Der Optimismus, den Voltaire grausam findet, so argumentiert Rousseau, lindert den Schmerz; Voltaires Gedicht beraubt die Menschen der Hoffnung. Rousseau nimmt Voltaire die Schlusspointe des Gedichts, den Verweis auf die Hoffnung auf ein Jenseits, offensichtlich nicht ab. Am Ende seines Briefes führt Rousseau dann noch einmal die Hoffnung gegen Voltaire ins Feld und zwar mit einem Sarkasmus, der dem Voltairschen Spott nicht nachsteht.

„Ich kann nicht umhin, mein Herr, [...] einen recht erstaunlichen Gegensatz zwischen Ihnen und mir bei dem Thema dieses Briefes zu bemerken. Übersättigt vom Ruhm und enttäuscht von eitlen Würden leben Sie frei mitten im Überfluss. Ihrer Unsterblichkeit ziemlich sicher, philosophieren Sie lustig über die Natur der Seele, und wenn der Körper oder das Herz leidet, haben Sie Tronchin als Arzt und Freund. Sie finden trotzdem nur Übel auf der Erde. Und ich unbekannter, armer, von einem unheilbaren Übel geplagter Mensch denke in meiner Zurückgezogenheit mit Freude nach und finde, dass alles gut ist. Woher kommen diese offenbaren Widersprüche? Sie haben es sich selbst erklärt: Sie genießen, aber ich hoffe, und die Hoffnung verschönert alles."

Der an einem Blasenleiden erkrankte Rousseau präsentiert sich, wie so oft, in der Rolle des armen Jean-Jacques, der, um des Kontrastes willen, nicht nur krank, sondern auch noch unbekannt sein soll. Erstaunlich ist, gerade angesichts der Schriften, die den vorgeblich unbekannten Mann inzwischen zu einem vielbeachteten Schriftsteller gemacht haben, die Behauptung, er finde, dass alles gut sei. Denn im preisgekrönten „Diskurs über die Wissenschaften und Künste" von 1750 hatte er den depravierten, eitlen, schwächlichen Zeitgenossen den Spiegel vorgehalten, und im „Diskurs über die Ungleichheit" wird von Rousseau die Entwicklung vom solitären, robusten, unabhängigen Naturmenschen zum vergesellschafteten, abhängigen, zu einer Existenz des falschen Scheins verurteilten Kulturmenschen nachgezeichnet. Für die Zeitgenossen war Rousseau weit eher ein pessimistischer Kultur- und Zivilisationskritiker als ein optimistischer, lebensbejahender Schriftsteller. In seiner Kritik an Voltaire versucht er nun, den positiven Aspekt seiner Kulturkritik hervorzuheben. Die Möglichkeit zu einer Verbesserung der menschlichen Verhältnisse ist gegeben, weil das Leiden nicht von Gott über die Welt verhängt wurde, sondern größtenteils von den Menschen selbst zu verantworten ist, hätte doch auch das Erdbeben von Lissabon am 1. November des Vorjahres einen weitaus geringeren Schaden angerichtet, wenn die Menschen anders gebaut und, sobald das Beben spürbar geworden war, nicht versucht hätten, ihre Habseligkeiten zu retten. Selbst der Tod wird erst zum Schreckgespenst, wenn er in dauernden Ängsten erwartet wird.

Wenn Rousseau in seiner Replik an Voltaire vom August 1756 der Hoffnung Ausdruck verleiht, die Menschen könnten ihr Leben zum Guten verändern, weil Gott die Welt gut geschaffen hat und die Menschen aus ihren Fehlern lernen können, dann gibt er mit seinem 'Lettre sur la providence' seiner Kulturkritik eine Wendung, die seiner kritischen Hauptschrift, dem „Diskurs über die Ungleichheit", so nicht abzulesen war. Dort arbeitete er beispielsweise heraus, dass die Angst vor dem Tod zur Bewusstwerdung des Menschen gehört und den Menschen als Gesellschafts- und Kulturwesen unausweichlich begleiten wird. In einem Punkt aber, der für den gegen Voltaire behaupteten Optimismus wesentlich ist, kann Rousseau auch heute noch überzeugen. Er verweist auf die für die meisten Menschen maßgebliche Empfindung, dass es „für uns besser ist zu sein, als nicht zu sein" und spricht von dem „angenehmen, von jeder anderen Empfindung unabhängige(n) Gefühl der Existenz". Um dieses Zentrum eines elementaren Existenzgefühls, einer durch die Güte der göttlichen Schöpfung vorgegebenen Möglichkeit eines Bei-sich-Seins und eines daraus resultierenden Wohlbefindens kreist nicht zuletzt die Philosophie Rousseaus.

Zeitgenossen des beginnenden dritten Jahrtausends werden eine Diskussion wie die des 18. Jahrhunderts über die Frage, ob alles gut sei oder ob die Menschen in der besten aller möglichen Welten leben, wohl kaum noch als aktuell empfinden. Die täglich gemeldeten Katastrophen, die ständige

Konfrontierung mit großem Leid, in der Nähe wie in der Ferne, prägen das Lebensgefühl des modernen Menschen: Er kennt vielleicht Ungeheuerlicheres als das ‚désastre de Lisbonne'. Aber im Leben eines jeden Menschen finden sich auch noch heute nicht nur Phasen abgrundtiefer Verzweiflung, sondern auch solche intensiver Lebensbejahung sowie der unbegreifliche Wunsch, glücklich zu sein.

Deutsche Umwege in die Demokratie
– Das 19. Jahrhundert –

MICHAEL WINTER

Der 18. September 1848 – ein Tag im zweiten Jahrtausend christlicher Zeitrechnung, der Tag, an dem sich paradigmatisch alle Krisen von Parlamentarismus und Demokratie in Deutschland abzeichnen, die deutsche Nation als eine verspätete Nation evident wird.

Noch im Frühsommer hatte es den Anschein gehabt, dass Deutschland nach langdauernden und verschlungenen Umwegen endlich „in der westlichen Zivilisation angekommen" sei: Das Frankfurter Paulskirchen-Parlament war nach dem modernsten Wahlgesetz jener Jahre gewählt worden und trat am 18. Mai erstmals zusammen. Doch bald schon wurde die Schleswig-Holstein-Frage zum Keil zwischen den Fraktionen ja, mit der „Septemberkrise", zum Spaltpilz des deutschen Liberalismus: „Der deutsche Parlamentarismus", so Michael Winter in seinem folgenden Essay über das 19. Jahrhundert, „erlebte seine Epiphanie und seinen Untergang an einem einzigen Tag, dem 18. September 1948".

Demokratie und Parlamentarismus müssen im Bewusstsein und im Verhalten der Deutschen seitdem nach Verständnis und Akzeptanz suchen: Realpolitik und Utopie wurden zu „Totschlagargumenten" im politischen Alltag, die Angst vor Freiheit und Selbstverantwortung ist seitdem stärker als die „Angst vor einem allmächtigen Staat".

„Deutsche Umwege in die Demokratie" kulminieren wie in einem Brennglas an einem Tag des neunten Jahrhunderts im zweiten Jahrtausend christlicher Zeitrechnung, dem 18. September 1848. (St)

„Ich glaube an ein immerwährendes Fortschreiten der Menschheit zum Ideale der Kultur und Humanität. Wenn der Übergang aus dem Stande der Barbarei in den der Gesellschaft der erste Schritt zu dieser Kultur ist: so ist der Übergang aus der despotischen Regierungsform in die repräsentative der zweite; der Übergang von dieser in die rein demokratische der dritte."

Wenn man so wie der junge Johann Joseph Görres 1798 davon ausgeht, dass die Demokratie ein erwünschtes Ziel der Zivilisationsgeschichte ist, dann gibt es rückblickend Nationen oder Gesellschaften, die dieses Ziel schneller erreicht haben als andere. Eines der Hauptmerkmale der europäischen Geschichte und vielleicht auch ihre Tragik besteht in der Ungleichzeitigkeit des Durchbruchs liberaler Normen in den einzelnen Gesellschaften. Tragisch hat sich diese Ungleichzeitigkeit ausgewirkt vor allem zwischen Frankreich und England einerseits und Mitteleuropa bestehend aus Deutschland, Österreich und Italien andererseits. Der Grund für die Ungleichzeitigkeit ist weniger im Verschulden einzelner Personen zu suchen, als in der unterschiedlichen Geschichte der beiden Kontinentalteile, die bis in die Antike zurückgeht.

Das größte Rätsel hat den Historikern dabei die deutsche Geschichte aufgegeben. Eigentlich besteht die deutsche Geschichtsschreibung der Neuzeit vor allem darin, Erklärungen dafür zu suchen, warum die deutsche Nation eine verspätete Nation ist. Der Liberalismus war in Deutschland genauso stark wie in England oder Frankreich, so stark sogar, dass er mehrmals im 19. Jahrhundert – etwa nach 1806, im Jahr 1848 und nach 1860 – die Möglichkeit gehabt hätte, den Ereignissen einen anderen Verlauf zu geben. Ganz gleich, aus welchem Blickwinkel man die deutsche Geschichte des 19. Jahrhunderts betrachtet: Sie wird geprägt von den halben Erfolgen und halben Niederlagen des Liberalismus, von seinen Schwächen, seinen Kompromissen, ja von den Irrtümern, den Krisen und auch von der Unverwüstlichkeit des Liberalismus.

I Die Septemberkrise

Im Frühsommer 1848 schien es für einen Moment so, als sei Deutschland nach dem Dreißigjährigen Krieg, noch den napoleonischen Kriegen, nach dem Untergang des Römischen Reiches Deutscher Nation und noch einer dreißigjährigen Restaurationsepoche endlich in der westlichen Zivilisation angekommen. Ein vereintes Deutschland als moderner Industriestaat mit einem parlamentarischen politischen System schien nach den kurzen Wochen der Revolution und der Wahl zu einem verfassungsgebenden gesamtdeutschen Parlament mit Sitz in Frankfurt am Main in greifbare Nahe gerückt. Die Träume der Liberalen waren wider Erwarten in Erfüllung gegangen – und das nach einer Generation der Unterdrückung und Verfolgung durch die metternichsche Repressionsbürokratie und der ihr folgenden polizeistaatlichen Maßnahmen in den deutschen Einzelstaaten. Am 18. Mai 1848 zogen vom Kaisersaal des Römers 330 der insgesamt 864 nach dem damals modernsten Wahlgesetz der Welt gewählten Abgeordnete in feierlicher Prozession entblößten Hauptes durch das Nordtor in die zum Plenarsaal umgebaute Frankfurter Paulskirche ein. Fast auf den Tag genau ein Jahr später haben die meisten Abgeordneten, vor allem die aus Österreich und Preußen, ihre Mandate niedergelegt. Ein Rumpfparlament, bestehend aus den süddeutschen Abgeordneten der Linken, tagte noch kurze Zeit danach in Stuttgart. Es wird im Juni 1849 von württembergischen Truppen auseinandergesprengt. Die Soldaten hatten den Befehl, die gesamte Einrichtung zu zerstören: Büros, Tribüne, Sitze und Bänke. Der Historiker Veit Valentin, der die Geschichte der Revolution von 1848 in allen Details nacherzählt hat, berichtet über den 18. Juni:

> *„Die Soldaten arbeiten mit der Zimmeraxt; bald ist alles nur ein wüster Haufen von Brettern und Balken. Fahnen, Draperien, Inschriften, Widmungen patriotischer Frauen werden zerrissen und zerfetzt. Ein Generalstabsoffizier leitet diesen Vandalismus, ein Zivilkommissar drückt seine Zufriedenheit aus. In der württembergischen Kammer ... spricht der Abgeordnete Schoder die Abschiedsworte für die deutsche Nationalversammlung.*

> ,Die Nationalversammlung wird heute untergehen; die deutsche Sache wird für kurze Zeit vielleicht in den Staub getreten werden; aber den Geist, meine Herren Minister, werden Sie nicht in den Staub treten, und dieser Geist wird sich trotz aller Bajonette bald wieder Bahn brechen.'"

Der Paulskirchenstaat war jedoch nicht erst an den Bajonetten der Soldaten im Sommer 1849 gescheitert, sondern er scheiterte bereits auf den Tag genau fünf Monate nach dem Einzug der Abgeordneten ins Frankfurter Parlament am 18. September 1848. Dieser 18. September ist in die Geschichte der Revolution als der Tag des Frankfurter Aufstands eingegangen, als Höhepunkt der „ Septemberkrise". Aber dieser 18. September ist mehr als nur ein Datum innerhalb der Revolutionsgeschichte. Die „Septemberkrise" war vor allem die erste Krise des deutschen Parlamentarismus; und als solche ist sie paradigmatisch für alle weiteren Krisen von Parlamentarismus und

Liberalismus in Deutschland bis zum Untergang des Bismarckreiches im ersten Weltkrieg.

Was aber macht den 18. September 1848 zu einem der bedeutsamsten Tage des 19. Jahrhunderts? Ein Flugblatt der „Vereinigten Linken in der Frankfurter Nationalversammlung" vom 22. September 1848 gibt erste Anhaltspunkte:

> „Deutsches Volk! ... Blutige Szenen haben sich unter unseren Augen entwickelt, die wir ebenso tief bedauern, als wir fest überzeugt sind, dass sie hätten vermieden werden können, wenn man zur rechten Zeit die geeigneten Maßregeln ergriffen hätte, welche wir nach Kräften anrieten. Niemand kann und wird diesen Aufstand ... rechtfertigen wollen, er war ziellos, aus dem Drange des Augenblicks hervorgegangen und von der Verzweiflung durchgeführt. Aber niemand darf ... verkennen, dass das Gefühl für Deutschlands gefährdete Ehre, Freiheit und Einheit den Aufstand hervorgerufen hat. ... Frankfurt steht jetzt unter der ehernen Zuchtrute des Belagerungszustandes und Kriegsgesetzes, d.h. der Rechtlosigkeit. Die Reaktion erhebt mächtig und übermütig ihr Haupt. ...An Dich aber, deutsches Volk! ergeht der Aufruf, Dich offen über die Wirksamkeit deiner Vertreter auszusprechen."

II Hintergrund der Krise: die Schleswig-Holstein-Frage

Der Frankfurter Aufstand war Folge der Auseinandersetzung zwischen Parlament, außerparlamentarischer Linken und Preußen, die sich an der Schleswig-Holstein-Frage entzündet hatte. Der Streit um die Herzogtümer Schleswig und Holstein reichte in die vierziger Jahre zurück. Nach der Pariser Februarrevolution kam in Kopenhagen die national-liberale Partei der Eiderdänen an die Regierung, die sofort die Eingliederung Nordschleswigs mit seinem hohen Anteil an dänischer Bevölkerung in den dänischen Gesamtstaat forderten. Der dänische König Friedrich VII., mit dem die beiden Elbherzogtümer in Personalunion verbunden waren, gab dem Verlangen seiner Regierung nach. Holstein, das mit Schleswig seit Jahrhunderten vereint war, war seit 1815 Mitgliedstaat des Deutschen Bundes. Als am 21. März 1848 die dänische Krone die Einverleibung Schleswigs ins dänische Königreich proklamierte, protestierten die Deutschen gegen die Annexion und bildeten eine provisorische Landesregierung für beide Herzogtümer in Kiel; die legte kurze Zeit später eine der demokratischsten Verfassungen der Revolutionszeit vor. Der dänische König wurde damit seiner Funktionen enthoben. Im April 1848 wurde Schleswig in den Deutschen Bund aufgenommen und nahm an den Wahlen zur Nationalversammlung teil. Für die Frankfurter Parlamentarier war klar, dass ganz Schleswig-Holstein zur deutschen Nation gehöre. Der Schlachtruf „Auf ewig ungeteilt" erscholl von der Ostsee bis zum Oberrhein. Die vom gesamtdeutschen Parlament ins Leben gerufene provisorische Reichsregierung gab Preußen das Mandat zum Militärschlag gegen Dänemark. In einer Nacht- und Nebelaktion besetzten preußische Bundestruppen unter General von Wrangel Schleswig und Jütland. Das war kein Kabinettskrieg mehr. Hier ging es um den Streit zwischen zwei Nationen. Zum ersten Mal schlug deutscher Nationalismus quer durch alle Parteien hohe Wellen. Am 8. Juni legte der Ausschuss für völkerrechtliche und internationale Verhältnisse dem Parlament eine Empfehlung zur Schleswig-Holstein-Frage vor.

> „Die deutsche Nationalversammlung erklärt, dass die schleswigsche Sache als eine Angelegenheit der deutschen Nation zu dem Bereich ihrer Wirksamkeit gehört und verlangt, dass bei dem Abschluss des Friedens mit der Krone Dänemark das Recht der Herzogtümer Schleswig und Holstein und die Ehre Deutschlands gewahrt werde."

Die Bedenken vor allem der konservativen Abgeordneten, der Krieg gegen Dänemark könne die europäischen Großmächte wegen des Machtgleichgewichts in Europa zum Einschreiten bewegen, wischte der Abgeordnete Friedrich Christoph Dahlmann mit dem Satz weg:

> *„Allerdings* wird das bisherige Gleichgewicht von Europa verrückt, wenn unser Deutschland aus einem schwachen, versunkenen Gemeinwesen, aus einer im Ausland gering geschätzten Genossenschaft zur Würde, Ehre und Größe hinaufsteigt ... auf dieser Verrückung des Gleichgewichts von Europa wollen wir bestehen, bis der letzte Tropfen Blut uns entströmt ist."

Ende Mai 1848 hatten sich die preußischen Truppen nach diplomatischen Interventionen der Engländer bis nach Südschleswig zurückgezogen. Die Frankfurter Parlamentarier erklären daraufhin in einem wütenden Protest Schleswig-Holstein zur „Sache der Nation". Russland stellt sich auf die Seite Dänemarks. England macht den Vorschlag, Schleswig zu teilen. Das Parlament in Frankfurt bestreitet den dänischen Nordschleswigern das Recht auf nationale Selbstbestimmung. Die dänische Krone verweigert im Gegenzug den deutschen Schleswigern das Selbstbestimmungsrecht. Unter dem Druck Englands und Russlands stimmt Preußen am 26. August in Malmö einem Waffenstillstand zu, dem Rückzug der Bundestruppen aus den Elbherzogtümern und der Absetzung der revolutionären Kieler Regierung. Durch die Reihen der Abgeordneten der liberalen Mitte und der Linken in der Nationalversammlung geht ein Aufschrei der Empörung. Man bezichtigt Preußen, die Ehre der Nation verletzt zu haben. In der von den

Liberalen beherrschten öffentlichen Meinung wird Preußen als Verräter der deutschen Sache angeprangert. Es geht dabei nicht mehr ausschließlich um die Frage einer nebulösen nationalen Ehre, sondern um die konkrete Machtfrage zwischen der Nationalversammlung und den deutschen Einzelstaaten. Ist Preußen und sein Militär ein Vollzugsorgan des Parlaments? Ist die Souveränität der Könige der nationalen Volksvertretung untergeordnet, oder ist das Frankfurter Parlament ein machtloser Club von politischen Debattierern, ohne jede Möglichkeit, ihre Beschlüsse gegen die deutschen Großmächte in die Realität umzusetzen?

Am 5. September wird in der Paulskirche über den Waffenstillstand debattiert. Es geht um die Glaubwürdigkeit des ersten deutschen Parlaments und um Erfolg oder Misserfolg der Revolution. Es geht um das Funktionieren parlamentarischer Politik überhaupt. Die konservative Rechte, die die uneingeschränkte Souveränität der Nationalversammlung gegenüber den Einzelstaaten ablehnt, ist zu Kompromissen bereit. Einer ihrer Abgeordneten, Joseph von Radowitz, prophezeit einen europäischen Krieg. Und Fürst Lichnowsky warnt die Versammlung davor, einem irrationalen Omnipotenzwahn zu erliegen. Die Liberalen sind geteilter Meinung. Die Realisten geben zu bedenken, dass es vollkommen sinnlos sei, den Waffenstillstand zu verwerfen. Preußen werde sich einen Teufel darum scheren und das Parlament sei, wenn es sich auf eine solche aussichtslose Machtprobe einlasse, in der deutschen Öffentlichkeit blamiert. Robert Blum, einer der Führer der Linken erklärt er wolle lieber untergehen, als dank schmachvoller Nachgiebigkeit weiter zu leben. Schließlich erhebt sich Dahlmann und ruft vom Rednerpult in den Saal:

> „Dürfen wir unsere Landsleute, unser eigenes Fleisch und Blut dem sicheren Verderben überliefern, der Rachlust ihrer hasserfüllten dänischen Feinde? ... Unterwerfen wir uns bei der ersten Prüfung, welche uns naht, den Mächtigen des Auslands gegenüber ... dann, meine Herren, werden Sie Ihr ehemals stolzes Haupt nie wieder erheben. Denken Sie an diese meine Worte. Nie!"

Abends um sechs Uhr kommt es zur Abstimmung. Mit einer Mehrheit von 17 Stimmen lehnt das Parlament den Waffenstillstand von Malmö ab. Die Linke hat sich durchgesetzt. In der Stadt Frankfurt bricht Jubel aus. Noch am selben Abend reicht das Reichskabinett seinen Rücktritt ein, und Friedrich Dahlmann wird mit der Bildung einer neuen Regierung beauftragt, einer Regierung, die das Vertrauen der linken Mehrheit haben soll. Die Regierungsbildung jedoch scheitert am Streit der Parteien, wer denn nun den Parlamentsbeschluss exekutieren soll und wie er durchzusetzen sei. Am 9.

September gibt Dahlmann den Auftrag zur Regierungsbildung zurück: zwischen dem linken und dem rechten Flügel der Liberalen ist keine Einigung zu erzielen. Die deutsche Nation ist, ehe sie sich tatsächlich konstituiert hat, bereits ohne Regierung. Mit der 77. Sitzung der Nationalversammlung beginnt am Donnerstag, dem 14. September, eine dreitägige Redeschlacht um den Waffenstillstandsvertrag von Malmö. Von der Rechten wird Kriegsangst geschürt. Die Redner der Linken geben sich betont nationalistisch und kriegslüstern und beschwören ständig die „deutsche Ehre". Der Kölner Jakob Venedey lässt sich zu der Äußerung hinreißen: „... dass wir ein neues Reich schaffen müssen, dass wir es auf die Gefahr schaffen müssen, mit der ganzen Welt in Krieg zu kommen, um ein einiges Deutschland zu werden". Das Sitzungsprotokoll vermerkt daraufhin vielstimmiges Bravo vom Zentrum und von der Linken. Als erster aus der liberalen Fraktion meldet der fast achtzigjährige einstige Vorkämpfer des nationalen Deutschland Ernst Moritz Arndt dagegen Bedenken an: er erinnert daran, dass die Dänen ein „Brudervolk" seien und dass man in einem Friedensvertrag sicher zu einem Kompromiss kommen werde. Selbst der in der Frage der Herrschaft Preußens über Teile Polens unerbittlich auf völkisch nationale Interessen pochende linksliberale Staatsrechtler Sylvester Jordan rät plötzlich zu Besonnenheit und gibt zu Bedenken, dass Preußen den Krieg allein und aus eigenen Mitteln geführt habe und dass die Nationalversammlung ohne die Macht Preußens verloren sei. Es gehe darum, sich mit Preußen zu einigen oder unterzugehen. Das Parlament dürfe sich nicht von einer aufgebrachten öffentlichen Meinung beeinflussen lassen.

> „Will sich hier die Versammlung leiten lassen von Außen, will sie überall anfragen, was sie hier beschließen soll? Haben Sie nicht selbst Einsicht, zu handeln, dann hätten Sie gar nicht zusammentreten sollen. Hier muss die Intelligenz walten, nicht die Leidenschaft, nicht von Außen darf man bestimmt werden, denn man weiß recht wohl, dass die Massen, die magnetisiert werden durch gewisse Stichworte, die sie wie Blitzesfunken in Ekstase bringen, dass die Massen leicht zu Diesem oder Jenem gebracht werden können, aber in der Staatskunst muss Klugheit, Weisheit, Ruhe, Umsicht, Besonnenheit und Kälte walten."

Gegen Jordan argumentiert der linke Abgeordnete und Gießener Zoologe August Vogt. Gegen die Macht des preußischen Militärs setzt er die Macht der Volkskraft und beruft sich auf das revolutionäre Frankreich des Jahres 1792 als großes Vorbild für die deutsche Revolution.

> „Sie vergessen das Beispiel ... von Frankreich. Frankreich war damals von Innen und Außen bedrängt, es war zerspalten von Parteien, es hatte

eine Vendée, einen legitimistischen Süden und einen abfallenden Norden; die feindlichen Armeen griffen alle Grenzen zugleich an. Meine Herren, damals berief man sich auf die, Volkskraft ... man schuf Armeen und Schiffe, man schlug die Feinde; aber meine Herren, das war auch der Konvent, der so Großes konnte, und nur ein Konvent kann es!"

III   Parlamentarismus in Bedrängnis

In der Reaktion auf Vogts Rede – Beifall von der Linken und dem Linken Zentrum, Empörung bei der Mitte und der Rechten – wurde der Riss, der durch das Frankfurter Parlament und durch die Fraktion der Liberalen ging, so deutlich wie bei kaum einer anderen Gelegenheit. Hier wurde die Kernfrage über die Existenzgrundlage der Nationalversammlung gestellt, und es gab zwei Antworten, eine realistische und eine idealistische. Hier trafen zwei Politikkonzeptionen aufeinander, die nicht nur die deutsche, sondern auch die europäische Einigungspolitik bis heute beherrschen und zwar in den unterschiedlichen Antworten auf die Grundfrage aller Politik: Welche Kraft ist in der Geschichte letzten Endes die stärkere, das Wollen oder das Sein, und wonach soll sich Politik richten? Noch ihren Visionen oder nach dem, was machbar ist? Es geht um Realpolitik versus Utopie. Die Interpreten der deutschen Geschichte haben den Liberalen je nach Standpunkt vorgeworfen, ihre Utopien um der Realpolitik willen an den jeweils herrschenden Machtstaat verraten zu haben, und dann ihrerseits von ihm verraten worden zu sein. Andere haben den Liberalen vorgeworfen, sich in ihrer Realpolitik zu sehr von utopischen Visionen leiten zu lassen. Die Utopie vom demokratischen Gemeinwesen ist für ganz Deutschland erst nach 1989 eine reale Alternative zum Machtstaat geworden. Bleibt die Frage, ob die Zugeständnisse der Liberalen an die jeweilige Machtrealität der Grund dafür war, dass dieses Ziel erst nach hundertundfünfzig Jahren und über furchtbarste Katastrophen erreichbar wurde oder ob ohne eine solche Politik der Kompromisse die deutsche Geschichte noch katastrophischer verlaufen wäre.

Für die Parlamentarier der Paulskirche ging es in der Malmö-Debatte um eine Schicksalsfrage. Worauf sollte die Legitimität der gesamtdeutschen Volksvertretung beruhen, auf einer utopischen Idee oder auf der realen Macht der Fürstenstaaten? Von heute aus gesehen hatte das erste deutsche Parlament – ob es nun so oder so entschied – keine Überlebenschance. Die preußische Militärmonarchie hat sich nie in ihrer Geschichte – daran änderte auch die Kompromisspolitik Bismarcks nichts – auf eine Teilung der Macht mit einem gewählten Parlament eingelassen; und ein demokratisches Deutschland an Preußen vorbei wäre nie möglich gewesen. Für die Frankfurter Volksvertreter waren jedoch im Sommer 1848 beide Möglichkeiten denkbar. Am 5. September setzten sie mehrheitlich auf die Macht der Utopie. Am 16. September jedoch, am Ende der Malmödebatte, siegten mit ebenso knapper Mehrheit die Befürworter der Realpolitik. Der junge rechtsliberale Journalist und Großgrundbesitzer Fürst Lichnowsky mahnte, wenn es nicht vor der Abstimmung zur Versöhnung zwischen den Parteien komme, werde es zum Bruch und zum Verlust der Glaubwürdigkeit des Parlaments kommen; seine Warnung wurde in den Wind geschlagen, und Lichnowsky sollte drei Tage später ein Opfer dieses Bruches werden.

Es ist bereits der Abend des 16. September – ein Samstag – als das Präsidium die Abgeordneten zur namentlichen Abstimmung über den Waffenstillstand aufruft. Der Antrag vom 5. September, den Waffenstillstand nicht zu genehmigen, wird verworfen. Die Nationalversammlung ratifiziert mit einer Stimmenmehrheit von 21 Abgeordneten jetzt den dänisch-preußischen Waffenstillstand von Malmö. Jakob Grimm schreibt über den Tag an seinen Bruder Wilhelm:

> „Dieser Beschluss wird dem Ansehen der Nationalversammlung Abbruch tun, also auch der deutschen Sache schaden und in Süddeutschland Missstimmung hervorrufen. Aber freilich war mit Preußen, das sich einer undeutschen Haltung schuldig gemacht hat, nicht anders abzukommen."

Die politische Linke berichtet in ihren Zeitungen über die Debatten in der Nationalversammlung einseitig und parteiisch. Die Folge in der Öffentlichkeit ist, dass die Befürworter des Waffenstillstands, also etwa die Hälfte der Volksvertreter, als Verräter bezeichnet und der Korruption bezichtigt werden. Besonders verbittert ist man darüber, dass auch die vier schleswig-holsteinischen Abgeordneten – unter ihnen Dahlmann – für den Waffenstillstand stimmten. Die Linken prangern das parlamentarische System insgesamt als untauglich für die Durchsetzung politischer Ziele an. Der Glaube an das Parlament und seine Leistungsfähigkeit ist in der deutschen Bevölkerung schwer erschüttert. Aber die Frankfurter Bürger waren schon vor der Abstimmung mobilisiert. Als die Parlamentarier am 16. September den Plenarsaal verlassen, werden sie von aufgebrachten Demonstranten angepöbelt. Der alte Turnvater Jahn, der den Waffenstillstand befürwortet hat, kann sich nur mit einem Sprung in einen Hauseingang vor den Fäusten zweier Männer retten. Wütende Horden verwüsten die Versammlungslokale der gemäßigten Linken. Fensterscheiben werden eingeworfen. Frankfurt ist in Aufruhr. Am Sonntag versammeln sich nach einem Aufruf des Frankfurter Arbeitervereins etwa fünfzehntausend Menschen auf der Pfingstweide im Nordosten der Stadt. Der Journalist und Abgeordnete der Linken Ludwig Simon mahnt auf einem Tisch stehend zur Besonnenheit.

„Die Früchte der deutschen Revolution fallen nacheinander verwelkt vom Baume der Geschichte ab ... Wer kann gegenwärtig die Lieder: ‚Was ist des Deutschen Vaterland?' Und ‚Schleswig-Holstein meerumschlungen', welche man so oft hinter Schüssel und Flasche gesungen, noch anhören, ohne dass ihm die Scham hochrot in die Wangen steigt? ... Was aber hat das Volk zu tun? Es hat ... sich vor Unordnungen ... zu hüten ... Ich warne vor Unüberlegtheit, vor Unvorsichtigkeit und Voreiligkeit."

IV Parlament contra Militär – Parlamentarismus contra Machtstaat

Andere Redner proklamieren die Republik und rufen zur Auflösung der Nationalversammlung auf. Eine Abordnung fordert die parlamentarische Linke in ihren Versammlungslokalen zum Austritt aus dem Parlament auf. Todeslisten mit Namen von Abgeordneten gehen heimlich von Hand zu Hand. Hier und da wehen rote Fahnen neben der umflorten deutschen Fahne über der Menge. Man fordert die Konstituierung einer revolutionären Regierung. Ein Demonstrationszug formiert sich zum Marsch in die Innenstadt. In der Nacht zum Montag fällt der Frankfurter Stadtsenat eine folgenschwere Entscheidung: Er fordert in Abstimmung mit den geschäftsführenden Ministern und dem Reichsverweser Erzherzog Johann aus der Mainzer Bundesfestung preußisches und österreichisches Militär zum Schutz der Paulskirche und des Bundespalais an. Als sich am Montagmorgen, dem 18. September, die Abgeordneten zur Beratung im Plenarsaal einfinden, funkeln Bajonette um die Paulskirche. Der städtische Kommandeur, Oberst Hoffmann, hat die Soldaten mit der Front zur Kirche aufgestellt. Der Platz ist nicht abgesperrt. Von hinten drängen Demonstranten und Neugierige nach. Die Fenster der Häuser sind dicht mit Zuschauern besetzt. Einige Abgeordnete werden vom Militär am Betreten des Parlaments gehindert. Der Präsident, Heinrich von Gagern, eröffnet die Sitzung der Nationalversammlung. Der Wiener Schriftsteller und linke Abgeordnete Johann Nepomuk Berger fragt, warum Militär die Freiheit der Beratung behindere. Der geschäftsführende Kabinettschef Anton Ritter von Schmerling, der auch die Funktion des Reichsinnenministers inne hat, spricht von der heiligen Pflicht, die hohe Versammlung vor dem Ansturm des Volkes zu schützen. Er endet mit dem Satz:

„Das Ministerium hat alle Anstalten für die Aufrechterhaltung des öffentlichen Friedens getroffen. Jeder Angriff gegen die deutsche Nationalversammlung ist Hochverrat."

Bravo von der Rechten. Empörung bei der Linken. Der Hanauer Oberbürgermeister August Rühl stellt einen Antrag auf Neuwahlen mit der Begründung, das Parlament besitze nicht mehr das Vertrauen der Mehrheit des deutschen Volkes. Die Dringlichkeit des Antrags wird verneint. Ein weiterer Antrag fordert den Abzug der Truppen, da sie die Freiheit der Beratungen beeinträchtigen. Auch dieser Antrag wird von der Mehrheit abgeschmettert. Die Linke kommt auch mit anderen Anträgen zur aktuellen Lage nicht durch. Gagern geht zur Tagesordnung über und ruft die Beratung des Grundrechtartikels über die Freiheit von Lehre und Forschung auf. Die Debatte bleibt lustlos. Niemand konzentriert sich auf den Gegenstand. Plötzlich sind Schläge von außen gegen das nördliche Portal zu hören. Mehrere Abgeordnete springen auf und versammeln sich vor der Tür. Gagern fordert sie auf, die Plätze wieder einzunehmen. Draußen wächst der Tumult. Die Zuhörer auf der Tribüne und etliche Abgeordnete eilen zu den Fenstern, Robert Blum ruft von seinem Platz: „Keine Komödie hier!" Von rechts wird erwidert: „Keine Komödie draußen!"

Gagern versucht zu beruhigen. Es gelingt einigen Demonstranten, mit einer Petition in die Paulskirche einzudringen. Die Parlamentsdiener versuchen, sie abzuwehren. Es entsteht ein Handgemenge. Die Eindringlinge sind unbewaffnet. Sie fordern, gehört zu werden. Mit seiner mächtigen Stimme gelingt es Heinrich von Gagern, die meisten Abgeordneten auf ihren Plätzen zu halten und eine Prügelei Mann gegen Mann zu verhindern. Plötzlich sind von draußen gellende Angstschreie zu hören. Die Soldaten greifen mit dem Bajonett an. Die Preußen räumen den Platz. Es gibt Verwundete. Einige Anführer der Demonstranten werden festgenommen. Das Parlament ist gesichert. Es steht nun unter dem Schutz des preußischen Militärs. In der Stadt verbreitet sich das Gerücht, die Soldaten hätten einige der Demonstrierenden ermordet. Die Erbitterung gegen die Preußen wächst: Waffenruhe mit den Dänen, aber auf die eigenen Landsleute wird geschossen – das ist die Argumentation, die zündet. Durch die Frankfurter Gassen ertönt der Ruf: Zu den Waffen! Barrikaden! Der Aufstand bricht los. Wohnungen und Geschäfte werden nach Waffen durchsucht und geplündert. Der Berliner Daniel Georg ruft in den Vororten zum Sturz des Parlaments auf und verkündet, im Kirchenwäldchen von Bockenheim hingen schon die Stricke bereit, um die Abgeordneten der Rechten dran aufzuknüpfen. Am frühen Nachmittag werden endlich jene Forderungen des Arbeitervereins in der Paulskirche verlesen, die der eigentliche Anlass der Demonstration vor und im Parlament am Vortag gewesen waren. Inzwischen aber geht es nicht mehr um Petitionen, sondern nur noch um den Bürgerkrieg gegen das Parlament und seine Schutzmacht – auch gegen jenen Teil der parlamentarischen Linken, der sich nicht auf die Seite des Volkes gestellt hat. Volksvertretung und Volk stehen sich jetzt mit Waffen gegenüber. Das Prestige des Parlamentes erleidet am 18. September einen in der deutschen Öffentlichkeit nie wieder gut zu machenden Schaden.

In der Frankfurter Altstadt rüstet man sich zum Straßenkampf: Mit der Stadtkarte in der Hand leiten die Frankfurter Esselen, Adler und der Sattlermeister Reutlinger den Barrikadenbau. Die Buden der Herbstmesse auf dem Römerplatz werden gestürmt, mit Äxten zerlegt und die Bretter und Wände zu den Barrikaden geschleppt. Am Nachmittag sind mehr als vierzig Straßensperren errichtet. Der Osten der Stadt mit der östlichen Altstadt ist gegen den Westen abgeriegelt. Turnerschaft und Arbeiterverein, die am besten bewaffnet sind, besetzen zusammen mit einigen Wildschützen die ersten Reihen. Insgesamt sind es nicht mehr als tausend Mann. Die Bevölkerung ist geteilt. Die kleinen Handwerker und Geschäftsleute stehen auf der Seite der Aufständischen. Die Honoratioren und die Bildungsschicht sind auf der Seite des Militärs. Auf deren Seite steht auch der überwiegende Teil jener Abgeordneten, die einen Tag später ihre volle Zustimmung für alle Maßnahmen zur Unterdrückung des Aufstands und zur Wiederherstellung der Ordnung geben.

Um drei Uhr, eine Stunde nach Ende der Parlamentssitzung gibt der österreichische Befehlshaber Graf Nobili den Befehl zum Angriff. Um fünf sind die drei Hauptbarrikaden noch nicht genommen. Der Straßenkampf ist mühselig und verlustreich. Insgesamt kommen an diesem 19. September etwa neunzig Menschen ums Leben. Siebzehn Abgeordnete der Linken verlangen von Kriegsminister Peuker den Rückzug der Truppen. Robert Blum, der zwei Monate später in Wien ein Opfer der Soldateska der Gegenrevolution wird, warnt Kabinettschef Schmerling davor, weiteres Bürgerblut zu vergießen. Schmerling antwortet:

„Ich will und werde es verantworten."

Graf Nobili läßt sich zu einer einstündigen Waffenruhe überreden. Fürst Lichnowsky, der als Brigadegeneral in der spanischen Armee gedient hat, ist einer der wenigen Abgeordneten, die militärische Erfahrung haben. Er weiß, dass sein Name auf den Todeslisten steht. Trotzdem bleibt er in der Stadt und erhält von Nobili die Erlaubnis, das Gelände für eine Umgehung der Barrikaden zu erkunden. Er überredet den Abgeordneten General von Auerswald zu einem Erkundungsritt nach Nordosten vor die Tore, wo sie auf die württembergische Artillerie warten wollen. Die beiden Reiter werden am Friedberger Tor von Aufständischen erkannt und beschimpft. Lichnowsky gerät in Panik und schießt in die Menge. Die beiden Parlamentarier fliehen und verirren sich in einem weitläufigen Gartenkomplex. Plötzlich stehen ihre Verfolger vor ihnen. Es stoßen Bockenheimer Turner dazu, mit Sensen bewaffnet. Eine gnadenlose Jagd auf Leben und Tod beginnt. Auerswald wird mit einem Sensenhieb niedergestreckt und ist sofort tot. Lichnowsky kann sich im Keller eines Gärtnerhauses verstecken. Doch er wird entdeckt und gefangengenommen. Der Anführer des Haufens, ein Mann in Schützenuniform, gibt den Befehl, ihm einen Pappdeckel auf den Rücken zu binden mit der Inschrift „vogelfrei". Dann zerschlagen sie ihm Arme und Beine und benutzen ihn als Zielscheibe. Der schwer Verwundete wird nach einer Weile von Anwohnern entdeckt, die ihn in die nahegelegene Villa des Freiherrn von Bethmann bringen. Dort im Gartensaal erliegt er am nächsten Morgen seinen Verletzungen.

Die Artillerie aus Darmstadt trifft mit schweren Geschützen ein: Nach acht Schüssen fällt die Barrikade an der Löwenapotheke. Am frühen Abend bricht der Widerstand der Aufständischen zusammen. Am andern Tag kapitulieren die Vorstädte. Erzherzog Johann verhängt über Frankfurt den Belagerungszustand. Das Kriegsrecht tritt in Kraft. Alle Vereine werden verboten, ebenso das Tragen von Waffen. Die Nachricht vom Mord an den beiden Abgeordneten Auerswald und Lichnowsky schlägt wie eine Bombe ein. Die Parlamentarier halten den Atem an. Zwischen Volk und Volksvertretung liegen inzwischen fast hundert Tote. Das ist der Bankrott des ersten frei gewählten deutschen Parlaments. Entsetzt ergreift Heinrich von Gagern am Dienstagmorgen das Wort:

> „Das Gefühl der Scham für die Schmach, die durch diese ruchlose Tat über die Nation kommt, will ich nicht unterdrücken."

Gagern bedauert auch die Toten unter den Aufständischen. Aber er fordert den Gehorsam der Nation gegenüber den Mehrheitsbeschlüssen des Parlaments. Wer dagegen mit Gewalt vorgehe, müsse mit der in diesem Fall legitimen Gegengewalt des Staates rechnen. Dieser Ansicht stimmen neben der politischen Rechten große Teile der liberalen Linken in der Nationalversammlung zu.

Der deutsche Parlamentarismus hat in dieser „Septemberkrise" des Jahres 1848 zwar einen ersten Sieg, aber zugleich eine für die Zukunft entscheidende Niederlage erlebt. Die Liberalen hätten am 19. September triumphieren können: Denn der Machtapparat des alten Fürstenregimes hatte einem parlamentarischen Mehrheitsbeschluss gegen gewaltsamen Widerstand von außen Geltung verschafft. Kein König von Gottes Gnaden, sondern die Parlamentsmehrheit schien plötzlich der Souverän politischen Handelns in Deutschland zu sein. Die fatale Folge davon war allerdings, dass fast hundert Menschen ihr Leben ließen.

Viele linke Kritiker haben die Sache jedoch anders gesehen: Die Militärmächte hätten wohl auch ohne Mandat der Paulskirche zugeschlagen. Was machte es da aus, dass die Abgeordneten das Vorgehen der Soldaten nachträglich billigten? Die Tatsache, dass die Macht des Parlaments, Mehrheitsbeschlüssen Durchsetzungskraft zu verleihen, allein auf der geliehenen Militärmacht der alten Regimes beruhte, war nicht wegzudiskutieren. Die Kritiker der Nationalversammlung sahen ganz klar voraus, dass sich beim ersten Interessenkonflikt zwischen Parlament und Machtstaat die Macht des Parlaments in Nichts auflösen würde. Genau das geschah unmittelbar nach der „Septemberkrise". Die Gegenrevolution holte in Berlin und Wien zum Schlag gegen die liberalen Existenzgrundlagen aus, gegen Volkssouveränität, Parlamentarismus und Verfassungsstaat. Es wurden in Staatsstreichen Verfassungen von Königs Gnaden oktroyiert. Das Paulskirchenparlament zerbrach. Zu keinem anderen Zeitpunkt in der deutschen Geschichte des 19. Jahrhunderts wurde das Dilemma des deutschen Parlamentarismus und der Liberalen zwischen Ohnmacht und Souveränität so deutlich wie in der „Frankfurter Septemberkrise". Das Gefühl, vor einem unlösbaren Dilemma zu stehen, hat den Riss, der seit dem 18. September 1848 durch die deutsche Parteienlandschaft geht, bis zur Unversöhnlichkeit vertieft. Der Aufruf des Reichsverwesers Erzherzog Johann vom 19. September spricht eine deutliche Sprache:

> „Deutsche! Die verbrecherischen Vorfälle in Frankfurt, der beabsichtigte Angriff auf die Nationalversammlung... empörender Meuchelmord ... sie haben die Pläne und Mittel einer Partei deutlich gezeigt, die unserem Vaterland die Schrecknisse der Anarchie und eines Bürgerkriegs bringen will!"

V Linke als „Volksfeinde"?

Seit der „Septemberkrise" 1848 steht in Deutschland der Volksfeind links. Von hier aus ziehen sich Sozialistenangst und Sozialistenhass durch die

Geschichte Preußens bis zu Bismarcks Sozialistenverfolgung. Darunter leidet nicht nur das Ansehen des Parlamentarismus insgesamt, sondern seine politische Linke gerät im Laufe der folgenden Jahrzehnte unter einen immer stärker werdenden Rechtfertigungsdruck, der die Sozialdemokratie bis zum Ersten Weltkrieg in eine merkwürdige"Reichsfrömmigkeit" treibt.

In einem Erlass der Zentralregierung vom 22. September 1848 werden Maßnahmen gegen die Linke angekündigt. Bezeichnenderweise wendet man sich damit direkt an die Regierungen der Einzelstaaten. Das Parlament wird als Ansprechpartner für ordnungspolitisches Handeln von der Zentralregierung schon nicht mehr in Betracht gezogen. In dem Erlass heißt es:

> „Eine Fortdauer dieses Zustandes kann nicht geduldet werden, denn es ist ein offenbarer Angriff auf die Wohlfahrt des deutschen Bundesstaates, die ... zu bewahren die provisorische Zentralgewalt berufen ist. Sie wird diese Maßregeln demnächst Hand in Hand mit den deutschen Regierungen ... treffen."

Der unversöhnliche Riss geht nicht nur durch die Parteienlandschaft und das Parlament, sondern er kommt auch immer schärfer zwischen Parlament und Reichsregierung zum Vorschein. Ministerium und Reichsspitze sind längst auf der Seite der Gegenrevolution. Das Parlament kann dem nur hilflos zusehen. Für die Liberalen geht es um die politische Existenz bei der Frage: Anschluss an die Linke, die sich zum Sozialismus hin radikalisiert, oder Anschluss an die Rechte, die sich der Gegenrevolution in die Arme wirft? Die Liberalen der Paulskirche sind nach den Septemberereignissen in der Lage eines Mannes, der zwischen der Wahl steht, erschossen zu werden oder vom Dach zu springen.

Im September 1848 geht ein deutlicher Rechtsruck durch die Reihen des Frankfurter Parlaments: Die Linke wird zum geistigen Urheber der Anarchie abgestempelt und gemieden. Die Liberalen spalten sich. Viele Freundschaften unter den Abgeordneten zerbrechen in diesen Tagen. Ein Antrag des rechtsliberalen Verlegers Friedrich Bassermann, Abgeordnete der Linken verhaften zu lassen, kommt nicht durch. Aber man diskutiert eifrig Verwaltungsmaßnahmen, zur Überwachung von Presse und Vereinen, wie sie den Deutschen aus der Metternichzeit bekannt sind. Eine Sicherheitspolizei wird von der Paulskirchen-Mehrheit abgelehnt. Aber die Reichsregierung fordert alle Regierungen per Erlass auf, die demokratischen Volksvereine zu überwachen, die Statuten aller politischen Vereine zu überprüfen und die linke Presse scharf im Auge zu behalten. Das Innenministerium gibt zusätzlich einen Erlass heraus, nach dem Äußerungen, die das Ansehen der Nationalversammlung herabwürdigen, strafrechtlich verfolgt werden sollen. Bereits am 19. September verabschiedet das Parlament auf Vorschlag der Reichsregierung ein Gesetz zum Schutz der Versammlung und ihrer Vollzugsbeamten. Ein Angriff auf die Paulskirche gilt von da an als Hochverrat und wird mit Zuchthaus bis zu zwanzig Jahren bestraft. Für einen kurzen Moment blitzt der deutsche Paulskirchenstaat als Polizeistaat auf: Hätten sich dem Parlamentarismus 1848 nicht die historischen Kräfte in Deutschland und Europa in den Weg gestellt, dann hätte er vielleicht kaum mit anderen ordnungspolitischen Mitteln regiert als die Mächte des Ancien régime.

VI Verletzlichkeit der Demokratie

Hinter den erregten Parlamentsdebatten über den „Frankfurter September" zwischen Rechten und Linken taucht die Frage nach den Grenzen der Demokratie überhaupt auf. Verliert ein demokratisches Parlament seine Legitimität, wenn es den Polizeistaat beschließt, wenn es Gesetze beschließt, die sich gegen die Grundrechte und gegen den Freiheitssinn derer richten, die es gewählt haben? Die Antwort des rechten Abgeordneten Georg von Vincke in den Debatten ist paradigmatisch für den puren Machtlegitimismus so mancher Parlamente der Zukunft.

> „Die Beschlüsse, die hier gefasst werden, werden gefasst von den Vertretern der deutschen Nation. Wer sie verletzt, der verletzt die Vertreter und durch sie das Volk, das sie hierher gesandt hat."

Die Demokratie in Deutschland ist in ihrem ersten Anlauf an der Unlösbarkeit der Aufgaben gescheitert, die sie zu bewältigen hatte. Sie ist nicht am Zwiespalt zwischen den Befürwortern des Kompromisses mit der Macht und den Befürwortern des Kompromisses mit der Revolution gescheitert; und es ist erst gar nicht soweit gekommen, dass sie an den Aporien ihres eigenen Denkens hätte scheitern können. Vielleicht ist weniger das Scheitern der Revolution die große Katastrophe der deutschen Geschichte des 19. Jahrhunderts, als vielmehr die Tatsache, dass Begriffe wie Demokratie und Parlamentarismus im allgemeinen Bewusstsein der Deutschen in den Septembertagen des Jahres 1848 ihren Glanz und ihre Glaubwürdigkeit verloren haben. Das Wort Demokrat wurde zum Schimpfwort. In Berlin erschien eine Broschüre, deren Motto bis zum Ersten Weltkrieg in Erinnerung blieb: „Gegen Demokraten helfen nur Soldaten." Nach der „Septemberkrise" wurde die Autorität des Paulskirchenparlaments in der Publizistik von rechts und von links systematisch desavouiert. Der dreiunddreißigjährige Otto von Bismarck schrieb in der stramm konservativen „Berliner Kreuzzeitung":

> „Fünf Monate hat die Frankfurter Nationalversammlung bisher zusammengesessen, geschwatzt und beraten und nichts weiter zutage gefördert als einen unermesslichen... Wortschwall. Dabei hätte es nur ein paar Bataillone preußischer und österreichischer Soldaten bedurft, um mit den Bajonetten das erste große Werk deutscher Einigkeit und Eintracht zustande zu bringen."

In diesen Sätzen steckt bereits das Programm für die Zukunft Deutschlands nach 1848, und die Liberalen haben dann einer solchen Programmatik nach zehn Jahren der Restauration, in der alle Hoffnung auf eine baldige Erneuerung der Freiheiten von 1848 zerstoben waren, schließlich zugestimmt. Sie haben ihre Forderung nach Freiheit hintangestellt und haben den Bismarckschen Weg zur Einheit mitgetragen. Bismarck hat der gescheiterten Revolution von unten 1871 die erfolgreiche Revolution von oben entgegengesetzt. Durch Bismarcks „Realpolitik" und ihre Erfolge ist im Bewusstsein der Deutschen der Glaube an die Möglichkeit nachhaltig erschüttert worden, dass eine Nation per Demokratie ihr Schicksal selbst in die Hand nehmen kann. Zu dieser demokratiewidrigen Erosion haben die Liberalen beigetragen.

Der Parlamentarismus ist aber auch von der deutschen Linken verworfen worden. Bismarck und Marx haben sich in der Kritik an der Paulskirche in nichts nachgestanden. Im März 1849 zieht Karl Marx in der „Neuen Rheinischen Zeitung" sein Fazit aus der Geschichte der Paulskirche:

> „Jetzt dürfte endlich der Frankfurter Froschteich innewerden, dass die Reihe bald an ihn kommt. Seine Sünden werden an ihm selber heimgesucht werden. Auf der am Orte seines heillosen Wirkens zu errichtenden Denktafel wird der Wanderer lesen: ‚Durch eigene Schuld, durch Feigheit, Professoren-Blödsinn und chronisch gewordene Erbärmlichkeit, teils unter rachekühlendem Hohnlachen, teils unter völliger Teilnahmslosigkeit des Volkes, zugrunde gegangen.' ... Mit ‚Grundrechten' schlugen sie sich wie die Scholastiker des Mittelalters waschweiberredselig herum, während die ‚Grundgewalt' der Heiligen Allianz und ihrer Spießgesellen sich immer enormer organisierte und immer lauter und lauter über das grundrechtliche Professoren- und Philistergeschwätz hohnlächelte. Jene befestigten ihre ‚Grundrechte' auf einem Wisch Papier; diese, die Herren der Konterrevolution, schrieben ihre ‚Grundgewalt' auf scharfgeschliffene Schwerter, Kanonen und slawische Rotmäntel."

Es gehört zur Tragik deutscher Geschichte, dass Revolution und Konterrevolution in ihren extremen Flügeln mit politischen Freiheitsrechten nichts im Sinn hatten und dass gerade diese Extreme unabhängig von ihrer realen Macht in den Köpfen der Deutschen – in ihren Angstphantasien und in ihrer Zukunftsskepsis – einen viel größeren Platz einnahmen als die liberale Mitte. Man kann es auch anders ausdrücken: Bei den Deutschen war offenbar die Angst vor den demokratishen Freiheiten und der Selbstverantwortung für das eigene Leben immer größer als die Angst vor einem allmächtigen Staat, der von oben die Lebensregeln vorgibt.

VII Liberale als „Versager"?

Linke Historiker und schließlich kein geringerer als der erste deutsche Bundespräsident, Theodor Heuss, haben den liberalen deutschen Politikern des 19. Jahrhunderts nicht nur Verrat an der Revolution vorgeworfen, sondern politische Resignation, haben ihnen vorgeworfen zum einen den Rückzug in ein biedermeierliches Privatleben oder die Konzentration auf die Wirtschaft, zum anderen ihre Kompromiss- und Verständigungspolitik mit der preußischen Militärmonarchie in der Zeit zwischen 1848 und der Reichsgründung. Diese Theorie hat beigetragen zur Legende von der Schuld der Liberalen am deutschen Sonderweg in Militarismus und Diktatur, eine Legende, die bis heute in der Geschichtsschreibung zum 19. Jahrhundert auftaucht. Nicht zuletzt hat diese Legende den politischen Liberalismus bis in unsere Gegenwart geschwächt. Und sie ist auch dafür verantwortlich, dass in der heutigen politischen Landschaft Liberalismus fast nur noch als Wirtschaftsliberalismus wahrgenommen wird. Eine solche Interpretation setzt jedoch die Annahme voraus, dass die Liberalen die entscheidende Kraft in der deutschen Geschichte des 19. Jahrhunderts waren, zumindest aber die Zungenschiene an den Weichen, die den Geschichtsverlauf in Richtung auf die Katastrophen des 20. Jahrhunderts gestellt haben. Tatsache aber ist, dass eine andere deutsche Geschichte erst nach dem Ende der preußischen Militärmonarchie 1919 überhaupt möglich werden konnte. Solange diese bestand, wäre keine politische Macht in Deutschland in der Lage gewesen, eine alternative freiheitliche deutsche Geschichte in Gang zu setzen, außer vielleicht Preußen selbst. Die Geschichtswissenschaft hat dem realen Geschichtsverlauf höchste Autorität verliehen, indem sie ihn als den einzig möglichen legitimiert hat, der von allen denkbaren Realität werden konnte. Dass der Geschichtsverlauf reiner Zufall sein kann, ist für viele Historiker ein unseriöser Gedanke. In diesem Rest von Glauben an eine Logik der Geschichte finden sich die letzten Rudimente der Geschichtsphilosophie des 19. Jahrhunderts. Nur die Spekulationen über andere realistische Alternativen zum tatsächlichen Geschichtsverlauf können zeigen, wie wenig oder wie sehr die eine oder andere politisch handelnde Partei an der Zukunft schuldig geworden ist. Für die Möglichkeit einer politischen Liberalisierung Deutschlands im 19. Jahrhundert können zwei spekulative Geschichtsvarianten von vornherein ausgeschlossen werden, weil sie vollkommen unrealistisch sind: Das ist zum einen die Liberalisierung Deutschlands durch Preußen, also von oben. Zum anderen ist es die Vereinigung der Linken mit den Liberalen zu einer Volksfront für die Demokratie, die in einem Bürgerkrieg gegen Preußen, Österreich und Russland den Sieg davon getragen hätte. Wenn beides ausgeschlossen wird, bleibt als realistische Alternative zur gewordenen Geschichte eine Politik der Liberalen, die an der Utopie von Freiheit und Demokratie unverbrüchlich festgehalten hätte in einer Art Fundamentalopposition. Die voraussehbare Folge davon wäre der vollkommene Untergang der Liberalen als politische Kraft gewesen. Das heißt also, eine solche Alternative hätte den Lauf der deutschen Geschichte kaum verändert.

Die Frage noch dem Erfolg der Liberalen ist vergleichbar mit der Frage, ob das Glas halb voll oder halb leer ist. Man kann durchaus von einer Teilliberalisierung der deutschen Politik im 19. Jahrhundert sprechen. Offenbar war das aber zu wenig. Die Kompromisse der Liberalen gegenüber der preußischen Militärmonarchie sind eine mögliche und wohl auch realistische Reaktion auf die Umstände. Eine Schuld kann man daraus unmittelbar nicht konstruieren. Schuld war der Zufall, dass nach zehn Jahren eines strammen Restaurationsregimes in Preußen 1858 mit Wilhelm I. und 1862 mit Bismarck ein sturer Kommiskopf an die Spitze des Staates und ein gerissener Taktiker an die Spitze der Regierung kamen. Beide – König wie Kanzler – sind während der Jahre 1862 bis 1866, die in der preußischen Geschichte die Zeit des „Verfassungskonflikts" genannt werden, den Forderungen der Liberalen nach Ausdehnung der Verfassung auf das Militär, wenigstens aber auf Mitbestimmung über Militärreformen und deren Budgetierung mit brutaler Hörte entgegengetreten. Das ging soweit, dass Bismarck, als Parlamentsauflösung und Neuwahlen die Mehrheitsverhältnisse zugunsten der Liberalen nicht ändern konnten, das Parlament einfach ignoriert hat. Hätte Bismarck in den drei Kriegen Preußens gegen Dänemark, Österreich und Frankreich, die schließlich zu einer gewaltsamen kleindeutschen Reichsgründung ohne Österreich geführt haben, das Kriegsglück nicht auf seiner Seite gehabt, wäre die deutsche Geschichte ebenfalls anders verlaufen. So aber blieb den Liberalen nach dem überwältigenden Popularitätsschub, den der preußische Militarismus durch jene Siege erfuhr, nichts anderes übrig, als die Hand zu ergreifen, die ihnen Bismarck zur

Versöhnung entgegenstreckte. Der hoffnungsvolle parlamentarische Neu-
aufstieg der Liberalen nach den Jahren der Restauration wurde von Bismarck gebremst. Das liberale Parlament war für Bismarck stets nichts weiter als eine politische Manövriermasse. Die Militärmonarchie mit ihrer Institution des ultrakonservativen „Preußischen Herrenhauses", das bis 1918
ein Vetorecht gegen alle Parlamentsbeschlüsse hatte, diese Militärmonarchie hat dem deutschen Parlamentarismus keine wirkliche Chance auf eine
politische Gestaltungsmacht gegeben. Der deutsche Parlamentarismus kam
gebrochen in der Revolution von 1848 zur Welt und wurde nie eine selbst-
ständige politische Kraft. Er erlebte seine Epiphanie und seinen Untergang
an einem einzigen Tag, am 18. September 1848.

Ludwig Bamberger, einer der führenden Nationalliberalen, hat am Ende des 19. Jahrhunderts in einer Rückschau gesagt, Bismarck habe sich nur
aus dem Grund über das Parlament hinwegsetzen können, weil der die „politische Unreife des deutschen Bürgerstandes" erkannt und ausgenutzt habe.
Dagegen hat Max Weber in seinem Rückblick auf die Erbschaft Bismarcks
argumentiert, die Liberalen seien keine Partei von Umfallern gewesen,
sondern sie hätten aus politischer Weitsicht bis zur Selbstverleugnung und
gegen die Stimmung ihrer Wähler den Bruch mit Bismarck vermieden. Der
Kanzler aber habe es fertiggebracht, die Liberalen sowohl beim Kaiser wie
bei den Wählern als Verräter zu denunzieren. Verantwortlich für die Tradition der Geringschätzung parlamentarischer oder demokratischer Institutionen und ihrer Stigmatisierung als „undeutsch" sind nicht die deutschen Parlamentarier, sondern ihre Gegner von links und rechts.

VIII Zur Bedeutung des Traumas von 1848 für die Bundesrepublik
Deutschland (nach 1945)

Der Philosoph Ernst Cassirer hat in einem Essay über den „Mythos des
Staates" die Angst vor der politischen Freiheit so beschrieben:

> *„Die Freiheit ist kein natürliches Erbe des Menschen. Um sie zu besit-*
> *zen, müssen wir sie schaffen. Wenn der Mensch bloß seinen natürlichen*
> *Instinkten folgen würde, würde er nicht für die Freiheit kämpfen; er wür-*
> *de eher die Abhängigkeit wählen. Offenkundig ist es viel bequemer, von*
> *anderen abzuhängen, als für sich selbst zu denken, zu urteilen und zu ent-*
> *scheiden. Dies erklärt, dass die Freiheit so oft sowohl im privaten als*
> *auch im politischen Leben mehr als Last denn als Vorrecht betrachtet*
> *wird. "*

Der Untertanengeist ist wohl für die Militär- und Staatsfrömmigkeit der Deutschen mit verantwortlich. Sicher aber ist auch, dass die Deutschen das ganze 19. Jahrhundert hindurch von der Angst vor dem Jakobinismus der französischen Revolution umgetrieben wurden. Robespierres „Grande Terreur" hatte bei den Deutschen einen über Generationen anhaltenden Schock hinterlassen, der merkwürdigerweise stärker war als die Angst vor einem Krieg. Dieser Schock war eine tiefe Verstörung der deutschen Seele. Ein Teil der antiparlamentarischen Stimmung in Deutschland mag dieser Seelenangst zuzuschreiben sein. Theodor Heuss veröffentlichte 1948 zur Hundertjahrfeier der deutschen Revolution von 1848 eine Geschichte des Aufbruchsversuchs der Deutschen in die Demokratie. Er gab seinem Buch den Titel „Die gescheiterte Revolution". Sein Fazit von hundert Jahren deutscher Geschichte klingt nicht sehr optimistisch:

> *„Als Bismarcks Reich in den Stürmen der militärischen Niederlagen unterging und die parlamentarische Demokratie die Liquidation einer unzulänglichen Politik übernehmen musste, trug sie schwer an dem Verhängnis dieser ... Entwicklung eines Halbjahrhunderts. Denn sie hatte nicht im siegenden Ringen um Macht und Verantwortung die Technik des Regierens ... erworben..., sondern sie war in Resignation ... ihrer Aufgabe ledig geworden."*

Zehn Jahre zuvor hatte der Jurist und Publizist Rudolf Olden in seinem in der englischen Emigration geschriebenen Buch" History of German Liberalism" den deutschen Weg mit einem einzigen Satz charakterisiert:

> *„Fragt man sich, warum die Deutschen ihre Freiheit nicht besser verteidigt haben, so ist die Antwort sehr einfach: weil sie ihre Freiheit niemals durch Kampf gewonnen haben."*

In demselben Text zur Geschichte des deutschen Liberalismus aus dem Jahr 1938 schreibt Rudolf Olden weiter:

> *„Wenn die Deutschen wieder zum Nachdenken kommen und sich daran erinnern, dass auch sie die Freiheit lieben, dann werden sie gut daran tun, selbst die letzte Spur dieser alten zählebigen Kraft des preußischen Absolutismus aus ihrem nationalen Leben zu verbannen ... Ein Land ist nur dann frei, wenn die gesamte Staatsgewalt, wenn jeder, der Waffen trägt, vollständig dem Willen des Volkes untersteht ... Die Kräfte, die Tyrannei erst möglich machen, müssen zersetzt und so vollständig zerstört werden, dass sie sich nie wieder zu einer Gesamtheit schließen können. Das wird der schwerste Kampf sein, zu dem das deutsche Volk jemals innerhalb seiner Grenzen aufgerufen worden ist."*

Ein solcher Kampf jedoch hat nie stattgefunden. Möglicherweise haben die Mitglieder des „Parlamentarischen Rates", der 1948/49 die Verfassung der Bundesrepublik auszuarbeiten hatte, bewusst oder unbewusst diese Tatsache berücksichtigt und im tiefen Misstrauen gegenüber dem Volk ein Plebiszit über das Grundgesetz ausgeschlossen. Theodor Heuss schreibt 1948 am Ende seines Buches:

> *„Der Parlamentarische Rat hat die plebiszitären Elemente, die Weimar so stark berücksichtigt hatte, weggelassen, Volksbegehr und Volksentscheid .. er wusste, wie die primitive Demagogie in einem ... verstörten Volke zur Staatsgefahr werden kann."*

Die Bundesrepublik Deutschland ist in der zweiten Hälfte des 20. Jahrhunderts fest in die politische Zivilisation des Westens integriert worden. Von einer politisch wirksamen antidemokratischen Mentalität kann hierzulande kaum mehr die Rede sein. Das gilt bereits auch für einen Teil der Bürger in den neuen Bundesländern. Was jedoch bleibt, ist das Rätsel des problemlosen Umschwungs der Deutschen zur liberalen Demokratie. War es der Schock des Untergangs? War es die Einsicht in die eigene Schuld? Waren es unterschwellig weiterwirkende demokratische Traditionen? Ein plötzlicher demokratischer Elan? Oder haben sich die Deutschen dem ihnen verordneten demokratischen System nur mit demselben Fatalismus gebeugt, wie vorher der Autorität des Machtstaates? Die deutsche Demokratie ist weiterhin nicht in jenem „schwersten Kampf" errungen, von dem Rudolf Olden 1938 sprach. Und es sieht so aus, dass den Deutschen im vereinten Europa diese Bewährungsprobe – vielleicht zum Glück aller – auch für die Zukunft erspart bleibt.

„Wenn jeder wartet, bis der andere anfängt ...“
Widerstehen im Jahrhundert der Diktaturen
– Das 20. Jahrhundert –

PETER STEINBACH

Der 18. Februar 1943 – ein Tag im zweiten Jahrtausend christlicher Zeitrechnung, jener Tag, an dessen Abend Joseph Goebbels im Berliner Sportpalast angesichts der Niederlage von Stalingrad den „Totalen Krieg“ als das „Gebot der Stunde“ proklamiert, der 18. Februar 1943 aber vor allem, an dessen Morgen ein Geschwisterpaar in der Münchner Universität festgenommen wird, als sie, Sophie und Hans Scholl, Flugblätter in den Lichthof hinunterwerfen: „Es gilt den Kampf eines jeden einzelnen von uns um unsere Zukunft, unsere Freiheit und Ehre in einem seiner sittlichen Verantwortung bewussten Staatswesen.“

Sophie und Hans Scholl, diese jungen Studenten hatten seit Jahren mit Gleichgesinnten diskutiert, wie sie den „gottlosen, schamlosen und gewissenlosen Ausbeutern und Mordbuben“ widerstehen, die „blinde, stupide Führergefolgschaft“ aufbrechen könnten. Seit dem Sommer 1942 verfassten sie Flugblätter, die von Freunden in Hamburg, Ulm, München und Stuttgart verbreitet wurden, und in dessen erstem es wie in einem warnenden Appell hieß: „Wenn jeder wartet, bis der andere anfängt...“.

Peter Steinbach, der Leiter der Gedenkstätte Deutscher Widerstand, stellt seinen Essay unter diesen Titel und das 20. Jahrhundert unter das Paradigma des Widerstehens, der „Selbstbehauptung des Menschen gegen die Zumutungen der Macht, um die Demonstration seiner Würde gerade in der Auflehnung“: Mehr als ein Legat für das 21. Jahrhundert! (St)

I Das politische Phänomen blinder Nachfolge

Läßt sich das 20. Jahrhunderts nicht als ein immer wieder unternommener Versuch deuten, mit diktatorischen Mitteln und inneren Feindschaftserklärungen neue Gesellschaften zu schaffen? Zeichnet sich das 20. Jahrhundert nicht durch den Willen Mächtiger aus, Traditionen zu zerstören, Wahrnehmungen zu verändern, Maßstäbe abzuschaffen, um im Zuge einer diktatorisch gelenkten sogenannten Revolution eine „neue Gesellschaft" zu errichten? Eine „neue Gesellschaft", deren Voraussetzung ein „neuer Mensch" ist, das Produkt manipulierender Erziehung gegen Tradition und Geschichte? Diente die Erziehung im 20. Jahrhundert nicht zunehmend dazu, Menschen abzurichten: für den Staat und dessen angebliche Zukunft, für den Markt, für die Herrschaftssicherung? Erziehung mit dem Ziel, propagierte Werte durchzusetzen, die rückblickend oft nur als eine „Maskerade des Bösen" demaskiert werden können?

Noch einmal gefragt: Ist das 20. Jahrhundert nicht ein immer wieder unternommener Versuch, mit diktatorischen Mitteln und inneren Feindschaftserklärungen neue Gesellschaften zu schaffen? Der „innere", auf innenpolitische Gegner gerichtete Kampfkurs steigert sich in Diktaturen zum Verfolgungsexzess, denn Diktatoren müssen die Massen ständig in Bewegung halten, die Menschen mobilisieren, indem sie ihre Wachsamkeit gegen Feinde fordern. Feinde sind mehr als Gegner: sie werden als existentielle Bedrohung, als herausfordernde Frage, als Frage in anderer Gestalt empfunden, wie Carl Schmitt in seiner totalitären Bestimmung des Politischen formuliert hat. Dieses Phänomen des „inneren Kampfkurses" −so virulent im 20. Jahrhundert − steht in enger Verbindung mit dem vorhergehenden Jahrhundert: Bismarck, ein Repräsentant des 19. Jahrhunderts, hatte die Technik des „inneren Kampfkurses" hoch entwickelt. Immer wieder benannte er neue Staats- und Reichsfeinde; er integrierte das Deutsche Reich, diesen ebenso verspäteten wie unvollendeten Nationalstaat, indem er politisch ganze Bevölkerungsgruppen ausgrenzte – gegen ultramontane Katholiken, gegen die Linksliberalen, die den britischen Parlamentarismus bewunderten und von Bismarck nur als „Vorfrucht" der Sozialdemokratie wahrgenommen wurden, gegen internationale Sozialdemokraten, die „Reichsfeinde" schlechthin, gegen Welfen, Dänen, Polen, französisch sprechende Elsässer und Lothringer, schließlich gegen die deutschen Juden.

Immer hat sich das politische Selbstverständnis der Deutschen gegen andere gerichtet, wieder und wieder wurde die deutsche Gesellschaft dadurch integriert, dass sie aufgefordert wurde, Stellung zu Parolen der Regierung zu beziehen; die politische Führung war in diesem Deutschland kein Instrument ziviler Gesellschaft zur Selbstregulierung.

Wird eine Gesellschaft immer wieder durch Regierungsparolen mobilisiert, liefert sie sich alsbald denjenigen aus, die sie regieren. Konflikte werden dann inszeniert, um die Massen zu bewegen und hinter die politische Führung zu scharen. Bald geht es nicht mehr um Führung, sondern um Verführung, denn die Mobilisierung und geistige Lähmung ist das wichtigste Ziel derjenigen, die ihre Macht nicht in Frage stellen lassen wollen.

Schlagwörter grenzen aus und verblenden. Sie verkleiden überkommene Maßstäbe, maskieren sie bis zur Unkenntlichkeit: Gelungene politische Maskeraden führen in den Massenwahn, in die Bereitschaft, dem zu folgen, der zur Verwirrung der Urteilsgründe und zur Zerstörung des Urteilsvermögens beigetragen hat. Solch blinde Nachfolgebereitschaft macht Zeitgenossen nicht selten wehrlos, widerstandslos, feige.

Nur im Märchen ist diese Verblendung harmlos, so harmlos wie in Andersens Erzählung von des Königs neuen Kleidern. In der Wirklichkeit dagegen geht es um Leben und Tod für den, der die Verblendung benennt. Im Märchen wird der König betrogen und zum Gespött seiner Untertanen. Das ist nicht furchterregend, nicht einmal moralisch empörend. Denn die Dummheit der Herrschaft soll bestraft werden, und sei es durch Lächerlichkeit. Wie die Geschichte letztlich ausgeht, lässt das Märchen offen, auch, wie der König auf seine Entlarvung reagiert. Was macht er mit seinen feigen und deshalb falschen Beratern, was mit den angeblichen Feinwebern und Schneidern, was mit den Menschen auf der Straße, vor denen er paradierte, was mit dem Kind, das die Nacktheit beim Namen nennt? Wäre der König der Märchenerzählung ein Diktator des 20. Jahrhunderts, fiele die Antwort nicht schwer – er hätte sich zentral getroffen gefühlt, hätte Rache geübt. Die Neigung zur Legalisierung der Rache hat der Publizist Theodor Lessing im Sommer 1932, jenem Umschlagspunkt von der demokratischen Republik in die totalitäre Diktatur, als Kennzeichen nationalsozialistischer Herrschaft benannt.

Die Erzählung von Andersen zeigt: Blindheit ist eine Folge von Eitelkeit und Dummheit. Der wirklichkeitsfremde Herrscher wirkt lächerlich; er amüsiert die Nachlebenden und verstärkt ein Gefühl ihrer Überlegenheit: Das 20. Jahrhundert jedoch zeigt: Nur im Märchen ist der Untertan kein Unterworfener. Ein aufmüpfiger Witz zur falschen Zeit, vor Denunzianten, eine aufrichtige Äußerung vor Ohren, denen man nicht vertrauen kann, war über lange Zeiträume des 20. Jahrhunderts lebensgefährlich und allzuoft tödlich.

Unterhaltsam ist ja schon das von Andersen erzählte Märchen nicht: Die Beklemmung des Lesers wächst mit der zunehmenden Verblendung der Untertanen. Diese übernehmen die Ansichten derer, die den König vorgeblich bekleiden; sie folgen den Scharlatanen, fragen nicht nach, orientieren sich an den Fehlurteilen ihrer Umgebung. Suggestiv bringen die Scharlatane selbst diejenigen auf ihre Seite, die es besser wissen müssen: Minister, Ratgeber, hohe Herren. Die aber bewegen sich im Dunstkreis des Herrschers, sie streben nach Vorteilen, vor allem, um Karriere zu machen und das Erreichte zu behaupten. Je höher die Position, desto stärker die Selbstlähmung durch Ausschaltung der Vernunft, durch Selbstblendung.

II Grammatik der Unterdrückung – Grammatik des Widerstands

Ein Kind ist es schließlich, das diesen allgemeinen Betrug beendet und den Blick für die Wirklichkeit freimacht. Das ist kein Zufall: Denn ein Kind steht nicht im Zentrum der Macht. Es denkt nicht an eine Karriere und ist deshalb unabhängig, frei, spontan, furchtlos. Nicht aus dem Zentrum der Macht kommt die Befreiung von verblendeten Herrschern, sondern die Befreiung beginnt dort, wo man sich den Zwängen und Versprechungen der Herrschenden zu entziehen weiß: Sie beginnt außerhalb des Sperrkreises, unten.

Das gilt gerade im 20. Jahrhundert, das wie kein anderes durch Diktaturen geprägt worden ist. Aber ebenso bestimmend waren im 20. Jahrhundert jene, die den Herrschern standhielten und sich nicht den Blick auf die Realität, auf das was ist, verstellen ließen. Diese Frauen und Männer hatten einen wachen Blick für das, was sich tatsächlich ereignet. Sie schauten nicht weg, sie schauten genau hin. Sie erhielten sich die Fähigkeit, sich zu empören. Sie redeten sich nichts ein, sie ließen sich nichts vormachen, beruhigten sich nicht: Kennzeichnend ist ihre Aufrichtigkeit, ihr Mut zum Widerspruch.

Diese Autonomie war und ist die Voraussetzung für weitere Fragen: Was soll sein? Was kann ich tun? Woran kann ich mich angesichts kollektiver Verblendung orientieren, wenn nicht an mir, an der Stimme in mir, an meinem Gewissen? Und dann die zentrale Frage: Trägt das denn wirklich, und trägt es mich, ganz allein, in der Einsamkeit, die nicht einmal die Deckung kennt? Eine Einsamkeit, die den Regimegegner zum selbständig Handelnden macht, der sich nur auf einen kleinen Kreis Vertrauter verlassen kann und will, und zuweilen nicht einmal das.

Die Ablehnung des verbrecherischen Systems verlangte und verlangt schließlich eine Unbedingtheit, die nur in großer innerer Sicherheit wachsen und sich festigen kann. Solche Menschen blicken den Trägern der Macht ins Auge, wie Carl von Ossietzky. Viele kennen das Bild: Vor Ossietzky ein KZ-Wachmann aufgebaut, den Arm in die Seite gestemmt, eine Verkörperung der Bedrohung, der Masse, der Gefühllosigkeit. Davor der Gefangene im gestreiften Stoff, ruhig, gefasst, mit einem Lächeln auf dem Gesicht, verhalten; deutlich spürbar ist Ossietzky auch in dieser Lage immer noch der Träger der Moral, der Sicherheit, der Zukunft. Oder jenes Bild von Dietrich Bonhoeffer in der Haftanstalt Tegel, neben sich zwei Häftlinge und einen Gefängniswärter. Der Mittelpunkt des Bildes ist Bonhoeffer; Haltung nimmt der Wärter an, und auf die beiden anderen Gefangenen strahlt Bonhoeffers Gleichmut: Seine Souveränität, seine Gewissheit, sein Zukunftsoptimismus überlassen dem Gegner gerade nicht die Zukunft. Bonhoeffer schickte in Kassibern Briefe und Gedichte aus der Haft an Freunde und Verwandte. In einem Text heißt es:

> „Wer bin ich? Sie sagen mir oft
> ich träte aus meiner Zelle
> gelassen und heiter und fest
> wie ein Gutsherr aus seinem Schloß.
> Wer bin ich? Sie sagen mir oft,
> ich spräche mit meinen Bewachern frei und freundlich und klar,
> als hätte ich zu gebieten.
> Wer bin ich? Sie sagen mir auch,
> ich trüge die Tage des Unglücks
> gleichmütig, lächelnd und stolz,
> wie einer der Siegen gewohnt ist."

Diese Zeilen könnten allerdings in einer Hinsicht täuschen: Die Widerständigen des 20. Jahrhunderts hatten es unendlich schwer, denn sie mussten die Maskerade des Bösen entlarven und die Passivität ihrer Zeitgenossen durchbrechen, eine Passivität, die unendlich viele Namen hat. Dabei knüpften sie an Traditionen und Werte an, die sie sich nicht selten mühsam gegen den weltanschaulichen Führungsanspruch der totalitären Herrscher bewahren mussten.

Die Gegenspieler dieser Eigen-Sinnigen, die Diktatoren, fürchteten und fürchten nichts so sehr wie diese eigenständige Urteilsbildung. Deshalb hämmerten sie ihren Zeitgenossen Parolen ein: „Du bist nichts, dein Volk ist alles" - „Der Jude ist unser Unglück" – „Die Partei hat immer Recht" - „Der Slawe, ein Untermensch". Totalitäre Herrscher beschwören populistisch die Homogenität, nicht die Pluralität: „Ein Volk, ein Reich, ein Führer". Propagandistisch bemühen sie die Geschichte, konstruieren ihren

Sinn, machen die Vergangenheit zur Ideologie, zum Politikum, setzen Politik an die Stelle des Ethos, des Glaubens, der Gewissensbindung. So verschieben sie die Maßstäbe, verbiegen die Koordinaten der politischen Moral – und die Neigung zum Selbstbetrug tut ihr übriges. Lebenslügen mutieren zu unauflöslichen Gespinsten, private Orte werden zum Ziel eines Rückzugs in Nischen, weniger zu Zufluchtsorten, werden zu Ausflüchten: So die betrügerische Formel von der „sauberen Wehrmacht" als einem Ort der „inneren Emigration"; so der angebliche „Befehlsnotstand", die vermeintlich allgegenwärtige Gestapo und ihr Terror; so die Verklärung persönlicher Gefühllosigkeit als Rücksicht auf die eigene Familie. In der Tat hatte Hannah Arendt recht, als sie in ihrer Analyse des totalitären Staates den Familienvater als den großen Abenteurer des 20. Jahrhunderts bezeichnete.

Angesichts der Neigung jener „moralisch Anspruchslosen", wie Theodor Heuss sie nannte, jener Genügsamen, die es immer gab und die in der Regel diktatorische Systeme überleben, angesichts eines solch grassierenden Opportunismus haben es die Widerständigen schwer. In der Regel scheitern sie: Sie können das Blatt nicht wenden. Kein Diktator des 20. Jahrhunderts wurde durch ein Attentat ausgeschaltet. Das maskierte Böse aber triumphierte - durch Gewalt. Der Sozialist Matteotti wurde in Mussolinis Italien 1924 ermordet aufgefunden; das verursacht eine politische Krise, aber keinen Umsturz. Diese Krise stärkte vielmehr den faschistischen Herrscher, der wusste: Es geht bei der Niederschlagung der Opposition, beim Ausschalten des Widerspruchs um alles, um meine Herrschaft, um meinen Kopf. Deshalb wurde und wird die Öffentlichkeit manipuliert, gleichgeschaltet. Denn dort bestimmen Deutungen, Sichtweisen, Meinungen den Blick auf die politischen Verhältnisse.

Auch die Militärs Stauffenberg und Tresckow, die sich zum Widerstand entschlossen, kamen im nationalsozialistischen Deutschland nicht an ihr Ziel. Aus dem Anschlag im Juli 1944 gingen Hitler und Himmler gestärkt hervor. Viele Deutsche sahen die Vorsehung am Werk, als Hitler unversehrt jenen Anschlag in der „Wolfsschanze" überlebte, der andere tötete, so wie auch fünf Jahre zuvor beim Anschlag von Johann Georg Elser, diesem mutigen Schreiner aus dem Württembergischen, der im Münchener Bürgerbräukeller, wo Hitler zu seinen alten Kämpfern sprach, den Diktator aus dem Weg räumen wollte. Der stärkste Mann ist ab dem 21. Juli 1944 Heinrich Himmler, denn er wird zum Befehlshaber des Ersatzheeres ernannt. Er führt den Hitlergruß in der Wehrmacht ein, als erste Reaktion mehr als ein Symbol. Die Unterwerfung des Militärs unter die Partei des Rassen- und

Weltanschauungskrieges wird endgültig vollzogen - nun stehen selbst die meisten derjenigen, die es besser wussten und weiterhin wissen, zur Fahne, die das Hakenkreuz trägt, und stehen nicht selten zu ihr bis weit über den 9. Mai 1945 hinaus.

Dies haben sich die Gegner des nationalsozialistischen Regimes nicht vorstellen können, so sehr ihnen bewusst war, was sie riskierten, so deutlich sie sahen, dass ein Scheitern möglich war. Sie wussten: Keine Uniform legitimierte sie zum Tyrannenmord, sondern ihr Gewissen – jene Instanz der letzten, der unbedingten Freiheit. So blieb nur das „Nessushemd", die Folge der Tat, die getan werden musste, koste es, was es wolle; es blieb die Gewissheit, das Richtige getan zu haben, weil es getan werden musste; und es blieb die Genugtuung, den Peinigern die Wahrheit ins Gesicht zu sagen, auch vor den Schranken des Gerichtes: „Wegen der vielen Morde..."

So stellen die, die widerstehen, auf ihre Weise Öffentlichkeit her, eine Öffentlichkeit, die die totalen Herrscher fürchten. Die Widerständigen vertrauen darauf, dass sich Menschen anders verhalten, wenn sie die Wahrheit kennen; sie diskutieren, überzeugen, schreiben Wandparolen, verbreiten handschriftlich vervielfältigte Karten oder verbreiten, wie die Mitglieder der „Weißen Rose", tausendfach Flugblätter. Diese Mutigen setzen auf Überzeugung, auf Vernunft, auf die Empörungsfähigkeit der Zeitgenossen – und bewahren sich so ein Grundvertrauen in den Anderen, dass ihrem Mißtrauen gegenüber den totalitär Herrschenden entspricht. Dass sie diese Grundüberzeugung täuscht, dass sie auch dann allein bleiben, wenn sie den anderen die Wahrheit sagen, das ist ihre eigentlich Tragödie.

Auslösendes Moment des Widerstandes war und ist meist der Widerspruch zum unbedingten weltanschaulichen Führungsanspruch des Diktators, der totalitären Partei: Deren Wille, in die Köpfe der Menschen zu greifen, Wahrnehmungen zu bestimmen, Emotionen zu wecken, aus Mitbürgern eine formbare Masse zu machen, die Weltanschauungen zu prägen. Diejenigen, die widerstehen, entwickeln Alternativen, nähren Zweifel, berufen sich auf die bessere Einsicht, beschwören menschliche Maßstäbe. Sie tun dies auch dann noch, wenn sie spüren, dass sie in eine Leere rufen, die kein Echo kennt. Verlässlichkeit finden sie bald nur noch in ihrem Kreis; sie schließen sich ab, geben aber dennoch, und dies ist der Unterschied zu ihren willfährigen Zeitgenossen, im Denken, im Wollen und auch in ihrer Hoffnung den Anspruch nicht auf, wenn nötig auch stellvertretend für Mitmenschen zu denken, zu sprechen, zu handeln. Mit ihrem Widerstand erklären sie sich zu Vertretern der Kräfte, die den totalitären Bewegungen etwas entgegensetzen und an das Danach denken. Diese Überzeugung hebt sie aus einer angepassten, amorphen Umwelt heraus, verschafft ihnen in einer totalitär angeglichenen und sich anpassenden Gesellschaft ein Gesicht.

III Die Nachwirkung „gescheiterten" Widerstands

Verachtet zum Zeitpunkt ihrer Verurteilung und Hinrichtung, ereignet sich erst nach dem Untergang des bekämpften diktatorischen Systems ein Wandel: Jetzt erinnern sich die Nachlebenden an jene Frauen und Männer des Widerstands, die unter entwürdigenden Bedingungen und in Lebensgefahr den Anspruch auf die Zukunft artikulierten, erinnern sich an jene, die über das Ende diktatorischer Regime hinaus denken wollten, noch angesichts des Galgens. „Freiheit" – das war das letzte Wort von Hans Scholl vor seiner Hinrichtung am 22. Februar 1943; und dieses Wort hatte offensichtlich eine derartige Sprengkraft, dass das Hinrichtungsprotokoll, das sich in den Archivbeständen der DDR befand, nicht publiziert werden konnte. Denn schon in den fünfziger Jahren hatten sich Oppositionsgruppen in Mitteldeutschland auf das Münchener Vorbild der „Weißen Rose" berufen.

Die Erinnerung an den Widerstand gegen Diktaturen braucht in postdiktatorischen Gesellschaften meist lange Zeit. Denn bestimmend bleiben auch nach dem Untergang eines totalitären Systems die Angepassten, tonangebend bleiben jene, die keinerlei Interesse haben, vor aller Welt einzugestehen, dass es zur Anpassung eine Alternative gab. Dass es Zeitgenossen gab, die sich der Realität weder anpassten noch ihr unterwarfen, sondern genau hinschauten und aus guten Gründen widerstanden.

Die historisch gescheiterten Regimegegner beeinflussen nachdiktatorische Verhältnisse erst postum, in der Erinnerung der Nachlebenden, vorrangig im Gedenken, im geistigen Nachvollzug ihres Widerstehens, schließlich auch durch Straßennamen, Denkmäler, Briefmarken, Gedenkstätten. Auch diese Entwicklung verläuft unter schwierigsten Bedingungen, denn die Mitläufer, die Angepassten erklären den Nachlebenden nur *ihre* Sicht der Diktatur, interpretieren die Geschichte in einer Weise, die ihr persönliches Fehlverhalten scheinbar erklärt und verschleiert.

Allein der Wechsel der Generationen schafft die Spielräume neuer Deutungen und Zugänge. In der Regel gewinnen die Gegner diktatorischer Systeme erst weit nach ihrem oft schmählichen Tod wieder jenen Rest der Eigenständigkeit des Menschen, der im 20. Jahrhundert wie niemals zuvor den Gefährdungen durch totalitäre Tendenzen ausgesetzt war.

Damit wird aber auch offensichtlich, dass das 20. Jahrhundert nicht nur durch zeitweise allmächtige Diktatoren geprägt worden ist. Die letzten Jahrzehnte des zweiten Jahrtausends christlicher Zeitrechnung prägten ebenso nachhaltig jene, die denen standhielten, die das Böse maskierten, wie Bonhoeffer sagte, ja mehr noch als standhielten: die das Böse demaskierten. Diese Minderheit mutiger Einzelner orientierte sich dabei an Traditionen und Werten, Handlungsmustern und Vorstellungen, denen ihre Gegenspieler den Kampf angesagt hatten, um eine neue Gesellschaft nach ihrem Bilde zu etablieren.

Angesichts der diktatorischen Systeme heute und angesichts der ungebrochenen Neigung der großen Mehrheit zur Anpassung, zum Wegschauen, zum Schweigen stellen sich Fragen: Wie erklärt sich die Empörungsfähigkeit des Widerständigen? Woher nimmt der Regimegegner die Kraft, seinen Weg zu gehen, sich nicht zu beklagen? Die Erklärung dürfte sein, dass dieser Mensch aus einer Bindung heraus lebt. Er verpflichtet sich auf Maßstäbe, auf Grundsätze der Wahrhaftigkeit, auf Eindeutigkeit als Voraussetzungen seines Mutes; aber solcher Mut führt in der Auseinandersetzung mit der Gegenwart in eine lastende Einsamkeit, die dennoch als der richtige, der angemessene, ja als der einzig mögliche Ort der Existenz angenommen wird.

In der Realität eines Zwangs- und Unterdrückungsstaates unterliegen diese Widerständigen ihren Gegnern zwar äußerlich. Innerlich bleiben sie jedoch ungebrochen, beugen sich so wenig wie sie sich beklagen, sondern richten alle Energien darauf, einen Weg bis an das Ende zu gehen, den sie sich in freier Entscheidung gewählt haben. Immer wieder finden sich in den Äußerungen dieser Frauen und Männer ähnliche Formulierungen der Erklärung und Rechtfertigung, der konsequenten Verweigerung bis zur letzten Stunde. Dies macht die Mächtigen machtlos; denn die Voraussetzung ihrer Herrschaft sind Furcht und Angst. Sie können sich nur behaupten, wenn sie ein von jeder Legalität befreites, ein entregeltes, sich keinem Gesetz und keinem Recht unterwerfendes System errichten.

Entregelung des Staates ist ein Kennzeichen der Diktaturen des 20. Jahrhunderts. Der totalitäre Staat reißt den Schutzzaun ein, den Gesetze im Rechtsstaat bieten und bricht der Willkür Bahn; die Mittel dazu sind eine ständige Politisierung des Alltags, sind Ausgrenzung, Diffamierung und Entehrung der Anständigen. Mit ihrem Widerspruch aber, der in der gewaltbestimmten Situation verhallt und erst nach der Befreiung vom totalitären System Widerhall findet, können diese todesmutigen Einzelnen nachdiktatorische Verhältnisse nicht selten beeinflussen. Sie retten damit einen Rest der Eigenständigkeit des Menschen angesichts jener totalitären Tendenzen, die alles, und keineswegs nur Staat und Gesellschaft, sondern auch die Weltsicht und die Weltanschauung, das Denken und Hoffen, beeinflussen, Tendenzen, die durch die willfährige Anpassung und Kooperation der Mehrheit bestimmend wurden.

IV   Die Brutalität von Totalitarismus und Krieg

Ein einziger Tag im 20. Jahrhundert, der 18. Februar 1943, macht die beschriebenen Beziehungen von Unterdrückung und Widerstand brennpunktartig deutlich. Ein Blick in die Zeitungen der zweiten Februarhälfte 1943 verweist nur auf eines von zwei Ereignissen an diesem 18. Februar, die je auf ihre Weise nachwirken und das 20. Jahrhundert als Ganzes charakterisieren. In der Presse jener Tage ist ausführlich eine Rede beschrieben, die Joseph Goebbels, der deutsche Reichspropagandaminister, am Abend des 18. Februar im Berliner Sportpalast gehalten hat: Noch immer stehen die Deutschen unter dem Eindruck der Niederlage ihrer 6. Armee bei Stalingrad. Mit großen Versprechungen hatte die NS-Führung die eingekesselten Soldaten aufgefordert, nicht zu weichen, keinen Fußbreit kampflos den anstürmenden Verbänden der roten Armee – die deutsche Propaganda sprach von „Horden" – zu überlassen, Haus um Haus zu kämpfen. Versprechungen – verbreitet im Reichsrundfunk – klangen im Ohr, auch Beschwörungen: Der Vorstoß einer Panzerarmee werde den Kessel öffnen, die Luftwaffe werde die Versorgung sicherstellen, die Verletzten in Sicherheit bringen. Göring hatte die Soldaten der 6. Armee noch am 10. Jahrestag der nationalsozialistischen Machtergreifung – am 30. Januar 1943 – mit jenen Griechen der Antike verglichen, die unter Leonidas die Thermopylen verteidigt hatten. Und Adolf Hitler proklamierte:

> *„Der Heldenkampf unserer Soldaten an der Wolga soll für jeden eine Mahnung sein, das Äußerste zu tun für den Kampf um Deutschlands Freiheit und unseres Volkes Zukunft und damit im weiteren Sinn für die Erhaltung unseres ganzen Kontinents."*

Einen Tag später, am 31. Januar 1943, kapitulierten die deutschen Truppen im Südkessel bei Stalingrad. Regimegegner sahen darin das Menetekel, das Warnzeichen an der Wand. Generalfeldmarschall Paulus hatte nicht, wie Hitler von ihm erwartete, den „Heldentod" gesucht, sondern Paulus ging mit seinen völlig entkräfteten Soldaten in die Gefangenschaft und unterstützte später Versuche, aus der Gefangenschaft heraus zum Sturz des NS-Staates aufzurufen. Anfang Februar 1943 kapitulierten die deutschen Truppen auch im Nordkessel von Stalingrad. Mehr als 100.000 Soldaten waren im Kampf um Stalingrad in den Tod getrieben worden. Cirka 30.000 wurden als Verwundete ausgeflogen. Etwa 90.000 deutsche Soldaten gerieten in sowjetische Kriegsgefangenschaft, auf die sie in keiner Weise vorbereitet waren. Für sie war nur vorgesehen, Hitlers Befehl zu genügen und zu siegen, nicht zu unterliegen. Von diesen Gefangenen erlebten nur etwa 5000 das Kriegsende Anfang Mai 1945.

Nicht für alle Deutschen war diese Niederlage von Stalingrad ein Schock. Manche wussten seit langem, dass dieser Krieg nicht zu gewinnen war, und sie sahen in der Niederlage der 6. Armee den ersten Akt des Untergangs, der gleichbedeutend war mit der Befreiung vom Nationalsozialismus. Dem eigenen Staat die Niederlage zu wünschen, weil man das eigene Volk und die Freiheit liebt, dies wurde zur Grunderfahrung der Regimegegner; denn „das Beste der Stadt" war schon lange nicht mehr identisch mit dem Willen einer wahnwitzigen Führung, die in der Versklavung der osteuropäischen Völker, im Völkermord an den Juden, an Sinti und Roma, sowie all ihrer politischen Gegner zunehmend ihr Hauptkriegsziel erblickte.

In deutschen Straßen tauchten Protestparolen auf, und manch einer fand in seinem Briefkasten Postkarten und hektographierte Flugblätter mit regimekritischem Inhalt. Für die Reichs- und Parteiführung war Schadensbegrenzung angesagt, denn die Stimmung unter den Deutschen verriet einen Umschwung; plötzlich wurde deutlich, wie brüchig die Legitimationsgrundlage der NS-Diktatur inzwischen geworden war. Es ist schwer nachzuempfinden, was in jenen Tagen bei vielen Deutschen vorging. Denn all die Übergriffe und Verbrechen, die die NS-Führung über die Jahre den Deutschen zugemutet hatte, waren mehrheitlich begeistert begrüßt, allenfalls apathisch hingenommen worden: die Verfolgung Andersdenkender, die Vertreibung von Oppositionellen, 1935 die völlige Entrechtung der deutschen Juden, 1938 das Novemberpogrom, die Ausrottung der polnischen Elite 1939 / 40, Einsatzgruppenmorde, die Deportationen, die Ghettoisierungen, die „Fabrikaktionen" und „Arisierungen".

Vielzuviele hatten sich mit der Parole betäubt, dass eben Späne fielen, wo gehobelt wird. Sie hatten sich angepasst, in den Bann begeben, den Hitler und seine „Bewegung" verbreitete, hatten sich seelenruhig in Wohnungen und Berufspositionen einweisen lassen, deren Inhaber vertrieben, verhaftet, verschleppt oder getötet worden waren. „Futterkrippensozialismus" – das war der Nationalsozialismus nach einem Wort von Ernst Niekisch, und diese Eigenschaft war die Grundlage für diese Herrschaft „niederer Dämonen". Die derart Begünstigten hatten sich angesichts dieser Übergriffe nichts gedacht, hatten sich eingeredet, nichts gesehen, schon gar nichts gewusst zu haben. Diese selbstverschuldete Blindheit machte sie beim Überfall auf Polen, und selbstredend bei der Unterwerfung des Balkan, dem Wüten in Serbien, schließlich im Baltikum, in Weißrußland und in der Ukraine zu willfährigen Vollstreckern.

Der 18. Februar 1943 ist paradigmatisch der Tag einer freiwilligen Unterwerfung unter den totalen Staat und seinen totalen Krieg, der nun „radikaler" als bisher geführt werden sollte. Noch radikaler? Im Osten waren Hunderttausende ermordet, in den Ghettos des Generalgouvernements starben bereits Abertausende, und die Vernichtungslager im Osten – die schönfärberisch „Konzentrationslager" genannt wurden – hatten sich zu Tötungsfabriken unvorstellbaren Ausmaßes entwickelt, in denen täglich tausendfach Menschen ermordet und deren Leichname vernichtet wurden.

Goebbels beschwor am Abend des 18. Februar 1943 im Berliner Sportpalast Stalingrad als den „Alarmruf des Schicksals an die deutsche Nation". Jahre zurück lagen die triumphal gefeierten Siege der sogenannten „Blitzkriege" gegen Polen, die Niederlande, Frankreich, Norwegen und auf dem Balkan. Im Winter 1941 war der Angriff der deutschen Wehrmacht vor Moskau erstmals zum Stillstand gekommen:. Die Front musste zurückgenommen werden. Die Schlacht im Atlantik richtete sich zur gleichen Zeit nicht nur gegen Großbritannien, sondern auch gegen die Vereinigten Staaten, die eine unvorstellbare Rüstungsmaschine in Gang gebracht hatten und vorrangig Kriegsmaterial einsetzten, um ihre eigenen Soldaten zu schonen. Das Jahr 1942 hatte nur in der Ukraine und in Nordafrika große Geländegewinne gebracht. Am Abend des 18. Februar 1943 verbrämte Goebbels die so eindeutige militärische Niederlage und peitschte die Stimmung seiner Zuhörer an:

> *„Ein Volk, das die Stärke besitzt, ein solches Unrecht zu ertragen und auch zu überwinden, ja daraus noch zusätzliche Kraft zu schöpfen, ist unbesiegbar. ... Wir müssen uns (also) zu dem Entschluss durchringen, nun ganze Sache zu machen, das heißt den Krieg um das Leben unseres Volkes auch mit dem Leben des ganzen Volkes zu bestreiten. Der totale Krieg ist also das Gebot der Stunde. Die Nation ist zu allem bereit. Der Führer hat befohlen, wir werden ihm folgen. Wenn wir je treu und unverbrüchlich an den Sieg geglaubt haben, dann in dieser Stunde der nationalen Besinnung und der inneren Aufrichtung. "*

Diese Pathetik wirkt verlogen, und die frenetische Zustimmung der Zuhörer im Berliner Sportpalast verstärkt den Eindruck der Hoffnungslosigkeit: Musste dieser Krieg nicht bis in die totale Niederlage hinein, bis zur bedingungslosen Kapitulation geführt werden? War nicht der Krug bis zur Neige zu leeren? Ist diese Erklärung des „Führerbefehls" nicht die Rechtfertigung all jener Mitläufer und Angepassten, die sich nach dem 18. Februar 1943 in die Endkämpfe treiben ließen, die Bombardierungen stoisch auf sich nahmen, die zwei Jahre später durch Deutschland lange Marschkolonnen wanken sahen, „Todesmärsche" von Inhaftierten, von ausgemergelten menschlichen Gestalten aus den Konzentrations- und Vernichtungslagern? Wer den Krug auf diese Weise leeren wollte, der nahm auch den Völkermord hin!

V Die „Weiße Rose" im Widerstand gegen Totalitarismus und Krieg

Gewiss gibt es historische Zufälle, die sich in der Koinzidenz von Ereignissen an bloßen Daten ausdrücken. Dass aber einige Münchener Studenten den 18. Februar 1943 zum exemplarischen Tag der Geschichte des 20. Jahrhunderts, des Jahrhunderts der Diktaturen machten, war kein Zufall: Seit vielen Monaten hatten sie sich zusammengefunden, hatten diskutiert, Gemeinsamkeiten ausgelotet. Hans und Sophie Scholl entstammten einem liberal gesinnten Elternhaus und hatten in der eigenen Familie erfahren, was die Verhaftung eines nahen Verwandten, des Vaters, bedeutete. Sie waren wie andere Angehörige ihrer Generation mit der Jugendbewegung in Berührung gekommen und hatten sich sogar, wie Hans Scholl, der Hitlerjugend angeschlossen, nicht gezwungenermaßen, sondern in der selbstsicheren Überzeugung, so Einfluss auszuüben. Sie hatten erfahren, was es heißt: Ziele der Nationalsozialisten partiell zu teilen. Doch sie hatten schließlich diese Nähe überwunden, schmerzhaft, schockartig wie Hans Scholl, mitfühlend wie seine Schwester Sophie. Wer in dieser Weise mit den Herrschenden zusammenstößt, spürt, was Auslieferung bedeutet, der weiß, worum es geht.

Zu studieren bedeutete für das Geschwisterpaar Scholl und ihre Freunde, eine unglaubliche Freiheitserfahrung zu machen. Zwar war das Studium reglementiert, vor allem für die Studierenden, die sogenannten Studentenkompanien angehörten. Aber mit dem Studium erschlossen sich neue Welten, wenn man die Tore öffnete. Berühmt waren an der Münchener Universität damals die Vorlesungen eines jungen außerplanmäßigen Professors, Kurt Huber, eine Personifizierung der Interdisziplinarität – Musikwissenschaftler, Volkskundler, Psychologe, Philosoph, Leibnizkenner. Als außerplanmäßiger Professor hatte er keine feste Anstellung, sondern lebte von den Hörergeldern seiner vielen hundert Studenten, die aus den Nachbardisziplinen, etwa aus der medizinischen Fakultät, aus den Instituten für Chemie und Pharmazie, kamen. Hubers Vorlesungen wurden weiter empfohlen, nicht, weil sie fällig waren, sondern weil in ihnen vorgeführt wurde, woran es einer Universitätsbildung mangelte, die zunehmend zum Bestandteil einer abrichtenden Erziehung zur bloßen Nützlichkeit geworden war. In den Philosophievorlesungen von Kurt Huber wurde gedacht, wurde das Denken vorgeführt und zugleich der Sinn für die eigenständige Urteilsbildung geschärft.

In manchen der Mitschriften und Aufzeichnungen wird deutlich, dass auch Huber aus den Horizonten seiner Zeit heraus deutete und dachte – wer täte das nicht? Er war Volkskundler, konservativ, geprägt durch die Empfindungen des Bürgertums. Und zugleich wurde spürbar, dass er gerade in diesen Bindungen sich eine eigene Tradition nicht nur erschlossen hatte, sondern sie verkörperte. Konservativ zu sein bedeutete nicht, den Nationalsozialisten auf den Leim zu kriechen, sondern hieß in diesen Jahren nicht selten: die Verlogenheit ihrer Rhetorik zu durchschauen und so Positionen zu überwinden, die man zunächst mit ihnen geteilt hatte.

Zum Kreis um Sophie und Hans Scholl gehörten Alexander Schmorell, Christoph Probst und Willi Graf. Sie verkörperten in der Gruppe andere Erfahrungen und Traditionen. Graf hatte sich als Jugendlicher in einer katholischen Jungengruppe, dem „Neudeutschland", engagiert und war später zum „Grauen Orden" gestoßen, einem Zirkel, in dem der Wunsch bestimmend war, die Lethargie der Zeitgenossen zu überwinden und Prinzipien einer vertrauensfähigen Gemeinschaft zu leben. Auch Probst orientierte sich ganz entschieden an den Prinzipien des Christentums. Probst stand zudem bereits auf eine ganz andere Weise im Leben, denn er war seit 1940 verheiratet und hatte drei Kinder. Schmorell wiederum war in einer deutsch-russischen Familie aufgewachsen und konnte schon deshalb in den Russen keine „Untermenschen", in ihrer Kultur keinen Ausdruck des Kulturbolschewismus und der Minderwertigkeit sehen. Durch Sophie Scholl kam darüber hinaus noch eine andere Perspektive in die Gruppe: Denn sie durfte in der Bibliothek des Herausgebers einer der damals anregendsten Kulturzeitschriften, dem „Hochland", arbeiten. Carl Muth, der Herausgeber dieser Zeitschrift, war die Brücke zu vielen Deutungen klassischer politischer Philosophie und Theologie, die die Wirklichkeit nicht brachen, sondern verständlich machten.

Diese Gruppe vorrangig junger Menschen hatte sich bereits im Sommer 1942 zusammengefunden, Texte diskutiert, Leseerfahrungen ausgetauscht und schließlich Flugblätter geschrieben, die unter Ausnutzung bestehender Verbindungen zu anderen Studenten, etwa in Hamburg, zu Mitschülern wie in Ulm und Stuttgart, verteilt wurden. Einige dieser Flugblätter waren bei der Gestapo abgegeben worden. Man war irritiert, denn bis dahin kannte man parteipolitische Flugschriften, nicht aber Provokationen dieses Inhalts. Man gab sogar ein Sprachgutachten in Auftrag. Im Ergebnis stellte der Gutachter fest, dass es sich um bemerkenswerte, ungewöhnlich bemerkenswerte, um intelligente Texte handelte. Heute drängt sich rückblickend der Eindruck auf, dass die Flugblätter der „Weißen Rose" zum besten gehören, was in der Staatsphilosophie jener Zeit erarbeitet und hinterlassen wurde.

Die Geschichte dieser Gruppe ist aber nicht nur bemerkenswert, weil sie ein Beispiel dafür ist, wie sich Gleichgesinnte finden, wie sie sich vertrauen, sich anstacheln zu immer größerer Klarheit und Entschiedenheit. Ähnliches gilt ja auch für andere Gruppen, den „Roten Stoßtrupp", für die Gruppe „Neubeginnen", für die kommunistischen Gruppen um Knöchel, die Gruppe Baum, den Kreisauer Kreis oder die sich aus vielen Richtungen zusammenfindende Gruppe um Arvid Harnack und Harro Schultze-Boysen, die propagandistisch von den Nazis „Rote Kapelle" genannt wurde. Jede dieser Gruppen musste versuchen, sich durch Diskussionen Klarheit zu schaffen, ein Verhältnis zur sie umgebenden Welt des Schreckens und der Zerstörung zu finden, die Voraussetzungen für Außenkontakte zu schaffen, eine Ersatzöffentlichkeit zu erschließen, die dem verhassten Gegner den Anspruch auf den weltanschaulichen Führungsanspruch streitig machte.

Bemerkenswert an der „Weißen Rose", dieser Münchener Studentengruppe, ist der Anspruch, aus den Quellen des Abendlandes, der Antike, des Christentums und des Judentums, aus den Traditionen der Aufklärung und der Staatsphilosophie ein Gegenbild zum totalitären Staat zu entwerfen und zugleich die aufrüttelnde Wirklichkeit vor das Auge zu rücken; im zweiten Flugblatt etwa heißt es:

„Nicht über die Judenfrage wollen wir in diesem Blatte schreiben, keine Verteidigungsrede verfassen – nein, nur als Beispiel wollen wir die Tatsache kurz anführen, die Tatsache, dass seit der Eroberung Polens dreihunderttausend Juden in diesem Land auf bestialische Art ermordet worden sind. Hier sehen wir das fürchterlichste Verbrechen an der Würde des Menschen, ein Verbrechen, dem sich kein ähnliches in der ganzen Menschengeschichte an die Seite stellen kann. Auch die Juden sind doch Menschen – man mag sich zur Judenfrage stellen wie man will – und an Menschen wurde solches verübt. Vielleicht sagt jemand, die Juden hätten ein solches Schicksal verdient; diese Behauptung wäre eine ungeheure Anmaßung; aber angenommen, es sage jemand dies, wie stellt er sich dann zu der Tatsache, dass die gesamte polnische adelige Jugend vernichtet worden ist?"

Wer so spricht, will aufrütteln, will alles riskieren, um das Blatt zu wenden. Das Flugblatt signalisiert, dass der Parteipropaganda nicht alles geglaubt wird, dass Stalingrad kein Symbol des Siegeswillens ist, sondern das Synonym für ein massenhaftes Sterben.

> *„Wer hat die Toten gezählt, Hitler oder Goebbels - wohl keiner von beiden. Täglich fallen in Rußland Tausende. Es ist die Zeit der Ernte, und der Schnitter fährt mit vollem Zug in die reife Saat. Die Trauer kehrt ein in die Hütten der Heimat, und niemand ist da, der die Tränen der Mutter trocknet. Hitler aber belügt die, deren teuerstes Gut er geraubt und in den sinnlosen Tod getrieben hat."*

Hier wird das Gegenbild zum kollektiven Wahn sichtbar, den Goebbels am Abend des 18. Februar 1943 erneut entfachen will. Die Studenten, die am Morgen dieses 18. Februar vom Treppenhaus der Münchener Universität ihre Flugblätter in den Lichthof flattern lassen, halten dagegen fest, der „Tag der Abrechnung" sei gekommen. Sie fragen:

> *„Wollen wir weiter einem Dilettanten das Schicksal unserer Armeen anvertrauen? Wollen wir den niedrigsten Machtinstinkten einer Parteiclique den Rest der deutschen Jugend opfern?"*

Diese jungen Studenten rufen auf zum Widerstand gegen die „verabscheuungswürdigste Tyrannis"; sie fordern „vom Staat Hitlers" die „persönliche Freiheit, das kostbarste Gut der Deutschen zurück". Sie lassen keinen Zweifel daran, dass sie sich in der „erbärmlichste(n) Weise" betrogen fühlen. Das Deutsche Reich ist für sie nichts anderes als „ein Staat rücksichtsloser Knebelung jeder freien Meinungsäußerung":

> *„HJ, SA, SS haben uns in den fruchtbarsten Bildungsjahren unseres Lebens zu uniformieren, zu revolutionieren, zu narkotisieren versucht. Weltanschauliche Schulung hieß die verächtliche Methode, das aufkeimende Selbstdenken und Selbstwerten in einem Nebel leerer Phrasen zu ersticken. Eine Führerauslese, wie sie teuflischer und bornierter zugleich nicht gedacht werden kann, zieht ihre künftigen Parteibonzen auf Ordensburgen zu gottlosen, schamlosen und gewissenlosen Ausbeutern und Mordbuben heran, zur blinden, stupiden Führergefolgschaft."*

Sophie und Hans Scholl, die am Morgen des 18. Februar 1943 ihre Flugblätter ebenso ruhig wie gefasst, also keineswegs hektisch im Vorlesungsgebäude der Münchener Universität austeilen, wissen offensichtlich, was sie tun. Sie laufen nicht weg, als sie zur Rede gestellt werden. Alles setzen sie auf eine Karte: das Wort, die Wahrheit, die Einsicht. Sie lassen sich verhaften, denn sie wollen nicht vor Ort abgerichtet werden, nicht, wie sie schreiben, der „neuen Herrenschicht den Knüppel machen". Gegen die Partei, lautet ihre Parole; ihre Forderungen: Austritt aus den Parteigliederungen, Boykott der Hörsäle, ein Ende jeder Politisierung der Wissenschaft.

„Es geht uns um wahre Wissenschaft und echte Geistesfreiheit! Kein Drohmittel kann uns schrecken, auch nicht die Schließung unserer Hochschulen. Es gilt den Kampf eines jedes einzelnen von uns um unsere Zukunft, unsere Freiheit und Ehre in einem seiner sittlichen Verantwortung bewussten Staatswesen."

Die Nachricht von der Aufdeckung der „Weißen Rose" verbreitete sich rasch unter den Kommilitonen, aber auch in der Gestapo. Die Geheime Staatspolizei war schon in den Sommerwochen 1942 auf Flugblätter einer Gruppe gestoßen, die sich „Weiße Rose" nannte und offensichtlich gute Verbindungen in andere Städte hatte. Diese Flugblätter unterschieden sich vom letzten, dem sechsten. Dieses Flugblatt vom 18. Februar 1943 ist politisch, liest sich wie ein letzter Aufschrei, demaskiert das Böse und beschwört jene verratenen Begriffe „Freiheit und Ehre", die, so liest man, „Hitler und seine Genossen bis zum Ekel ausgequetscht, abgedroschen, verdreht" hätten, so „wie es nur Dilettanten vermögen, die die höchsten Werte einer Nation vor die Säue werfen".

Die frühen Flugblätter der „Weißen Rose" beriefen sich auf die abendländische Geschichte und ihre Staatsdenker, zitierten die Denker einer guten politischen Ordnung – Aristoteles, Platon, Cicero, Thomas von Aquin – die sich am Ziel der Gerechtigkeit, der Menschenwürde orientieren, an der Tradition des Naturrechts, auch des Gottvertrauens und der Verantwortung des Individuums. Im Flugblatt vom 18. Februar 1943 geht es dann aber um alles: Das Blutbad von Stalingrad müsse doch die Augen öffnen für die offensichtliche Katastrophe.

„(Eine Katastrophe, die) sie im Namen von Freiheit und Ehre der deutschen Nation in ganz Europa angerichtet haben und täglich neu anrichten. Der deutsche Name bleibt für immer geschändet, wenn nicht die deutsche Jugend endlich aufsteht, rächt und sühnt zugleich, seine Peiniger zerschmettert und ein neues geistiges Europa aufrichtet."

Die Verhöre beginnen unverzüglich. Deren Niederschriften sind zu einem großen Teil in den Akten erhalten geblieben, die sich nach dem Umbruch in der DDR fanden. Weshalb sie solange verborgen blieben, liegt im Dunstkreis der Spekulation. Vielleicht befürchtete man, dass manche der Schutzargumente, die einige der Verhafteten – es waren an die zwanzig Studenten aus der Münchener, der Hamburger, der Ulmer und der Stuttgarter Gruppe – vorbrachten, den Nimbus der Gruppe zerstören würden. Dass sich ein Beschuldigter mit allen Mitteln verteidigt, die möglich sind, kann aber nicht zur Schande gereichen; es verlangt vielmehr, die Zeichen der Entschlossenheit zu entschlüsseln. Auf das Regime lassen sich die Festgenommenen dabei nicht ein; sie verweisen nur auf Umstände, die jeden berühren müssen, der menschlich fühlt: auf die Familie, wie Christoph Probst, auf die eigene Herkunft, wie Alexander Schmorell, der als Wehrmachtssoldat in die Heimat seiner russischen Mutter einfiel. Und es gehört auch zu den Gesetzen der Selbstverteidigung im Verhör, dass man die bereits Hingerichteten belasten kann, denn ihnen ist nicht mehr zu schaden.

Was allein zählt, ist die Konsequenz. Keiner der Angeklagten distanziert sich von den Wahrheiten, die sie mit den Flugblättern verbreitet haben. Keiner nimmt zurück, dass es

„..eines Kulturvolkes unwürdig ist, sich ohne Widerstand von einer verantwortungslosen und dunklen Trieben ergebenen Herrscherclique ‚regieren' zu lassen.“

Keiner der Verhafteten relativiert seine Scham. Im ersten Flugblatt hatte die Gruppe gefragt:

„Ist es nicht so, dass sich jeder ehrliche Deutsche heute seiner Regierung schämt, und wer von uns ahnt das Ausmaß der Schmach, die über uns und unsere Kinder kommen wird, wenn einst der Schleier von unserem Auge gefallen ist und die grauenvollsten und jegliches Maß unendlich überschreitenden Verbrechen ans Tageslicht treten? Wenn das deutsche Volk schon so in seinem tiefsten Wesen korrumpiert und zerfallen ist, dass es ohne eine Hand zu regen, im leichtsinnigsten Vertrauen auf eine fragwürdige Gesetzmäßigkeit der Geschichte, das Höchste, das ein Mensch besitzt, und das ihn über jede andere Kreatur erhöht, nämlich den freien willen, preisgibt, die Freiheit des Menschen preisgibt, selbst mit einzugreifen in das Rad der Geschichte und es seiner vernünftigen Entscheidung unterzuordnen, wenn die Deutschen so jeder Individualität bar, schon so sehr zur geistlosen und feigen Massen geworden sind, dann, ja dann verdienen sie den Untergang.“

Hier wird eine Revolution eingefordert, die sich gegen die scheinrevolutionären Proklamationen der Diktatoren richtet. Revolutionen, das sind eigentlich Rückwälzungen, Versuche, in letzter Minute zu jenen Grundlagen zurückzukehren, die Gemeinwesen und Menschen Halt geben. Revolutionen haben stets die Welt, die Gesellschaften verändert, aber eigentlich orientieren sich Revolutionen an einer Substanz, die in der Vergangenheit entstanden ist. Erst in der Neuzeit richten sie sich gegen eine Gegenwart, die sich wandelt, deren Strukturen diese „Revolutionen“ zerstören wollen.

Den Diktatoren des 20. Jahrhunderts, die sich für Revolutionäre hielten, war jedes Mittel recht, um ihr Ziel zu erreichen, auch wenn es hieß, die bestehende Gesellschaft mit all ihren Traditionen zu zerstören. Genau hier setzen die Flugblätter der „Weißen Rose" an: Sie sichern eine Substanz, die sich in ihrem kritischen Potential gegen die Zerstörer richtet, eine Substanz, die ein Maß darstellt, an dem die Wirklichkeit vermessen werden kann. Dieses Maß liefert das Mittel, Abweichungen zu benennen von einer guten, einer menschenwürdigen, die Würde des Menschen ebenso sichernden wie fördernden Ordnung. Nur wer weiß, welches Potential ein Staatswesen in sich tragen muss, will es als gerecht anerkannt werden, ist in der Lage, die „Diktatur des Bösen" zu benennen. Staat ist ja niemals gleich Staat gewesen. Staaten unterscheiden sich nach Zielen und Zwecken. So heißt es im dritten Flugblatt unter dem Titel „Salus publica suprema lex" – das Gemeinwohl ist die höchste, die entscheidende Richtschnur:

> *„Es ist nicht zu vergessen, dass am Anfang einer jeden Kultur die Vorform des Staates vorhanden war. Die Familie ist so alt wie die Menschen selbst und aus diesem anfänglichen Zusammensein hat sich der vernunftbegabte Mensch einen Staat geschaffen, dessen Grund die Gerechtigkeit und dessen höchstes Gesetz das Wohl Aller sein soll. Der Staat soll eine Analogie der göttlichen Ordnung darstellen, und die höchste aller Utopien, die civitas dei, ist das Vorbild, dem er sich letzten Endes nähern soll."*

Wer überzeugt ist, dass „jeder einzelne Mensch einen Anspruch auf einen brauchbaren und gerechten Staat" hat, der verfügt über Maßstäbe, um Regime zu bewerten – und dies ganz im Sinn der antiken politischen Philosophie, unabhängig von ihrer Form. Denn die Regierung eines Volkes ist kein Selbstzweck. Entscheidend ist das Ziel, dem sie sich verpflichtet: Die Sicherung menschlicher Würde, der Gestaltung einer den Menschen und ihrer Bestimmung dienenden Ordnung.

> *„Jeder einzelne Mensch hat einen Anspruch auf einen brauchbaren und gerechten Staat, der die Freiheit des Einzelnen als auch das Wohl der Gesamtheit sichert. Denn der Mensch soll nach Gottes Willen und unabhängig im Zusammenleben und Zusammenwirken der staatlichen Gemeinschaft sein natürliches Ziel, sein irdisches Glück in Selbstständigkeit und Selbsttätigkeit zu erreichen suchen."*

Wer so denkt, durchschaut die Diktatoren und die Vertreter einer „Diktatur des Bösen". Aber er handelt deshalb noch nicht. Sondern er wehrt das Unausweichliche ab mit der Feststellung, das wisse „man doch lange". Der Appell liegt auf der Hand. Das dritte Flugblatt formuliert ihn:

„Warum regt Ihr euch nicht, warum duldet ihr, dass diese Gewalthaber Schritt für Schritt offen und im Verborgenen eine Domäne Eueres Rechtes nach der anderen rauben, bis eines Tages nichts, aber auch gar nichts übrigbleiben wird, als ein mechanisiertes Staatsgetriebe, kommandiert von Verbrechern und Säufern? Ist euer Geist schon so sehr der Vergewaltigung unterlegen, dass ihr vergesst, dass es nicht nur Euer Recht, sondern dass es Euere sittliche Pflicht ist, dieses System zu beseitigen? Wenn aber ein Mensch nicht mehr die Kraft aufbringt, sein Recht zu fordern, dann muss er mit absoluter Notwendigkeit untergehen."

Von Flugblatt zu Flugblatt steigert sich die Verzweiflung über die reaktionslose, auch angesichts der schlimmsten Verbrechen nicht zur Empörung fähigen Masse der Deutschen. Hitlers Herrschaft ist schon längst zum Ausdruck der „Macht des Bösen" geworden, das ist nicht nur den Mitgliedern der „Weißen Rose" klar. Sie aber haben sich entschieden, dass man den „Terrorstaat" bekämpfen muss. Und sie fühlen sich in dieser Widerstandshaltung zunehmend einsam. Erklären können sie die Passivität der Mehrheit nur durch das Böse selbst. Hinter dem „sinnlich Wahrnehmbaren" machen sie die Dämonie aus, die „Boten des Antichrist". Sie wollen mit solchen Begriffen aus den religiösen Traditionen ihre Zeitgenossen nicht nur aufrütteln, sie wollen stark machen für den Widerspruch.

„Überall und zu allen Zeiten haben die Dämonen im Dunkeln gelauert und die Stunde, da der Mensch schwach wird, da er seine ihm von Gott auf Freiheit gegründete Stellung im ordo eigenmächtig verlässt, da er dem Druck des Bösen nachgibt, sich von den Mächten höherer Ordnung loslöst und so, nachdem er den ersten Schritt freiwillig getan, zum zweiten und dritten immer mehr getrieben wird mit rasend steigender Geschwindigkeit – überall und zu allen Zeiten der höchsten Not sind Menschen aufgestanden, Propheten, Heilige, die ihre Freiheit gewahrt hatten, die auf den Einzigen Gott hinwiesen und mit seiner Hilfe das Volk zur Umkehr mahnten. Wohl ist der Mensch frei, aber er ist wehrlos wider das Böse ohne den wahren Gott."

Hier wird deutlich, welche Substanz im Jahrhundert der Diktaturen die Kraft zum Widerspruch gibt: Die Orientierung an Menschen, die in den Jahrhunderten und Jahrtausenden der europäischen Geschichte den Mut zur Wahrheit hatten.

„Wenn jeder wartet, bis der Andere anfängt" – so lautet der Aufruf des ersten Flugblatts der „Weißen Rose": Er ist ein Appell an die Verantwortung aus dem Geist der jüdisch-christlichen und abendländischen Kultur; er ist Ausdruck einer Hoffnung gegen das System eines absoluten, von allen Traditionen gelösten Staates. Dieser Staat diffamiert seit einem Jahrzehnt

Andersdenkende, ängstigt sie, indem er Mitmenschen gegen sie aufhetzt, andere veranlasst, ihre Hand gegen ihren Mitmenschen zu erheben. Der anfängliche Aufruf, „passiven Widerstand" zu leisten, wird von Flugblatt zu Flugblatt radikalisiert. Bald geht es um alles, ohne Rücksicht auf die das eigene Leben. Die Flugblätter des Sommers 1942 lesen sich noch wie Versuche einer Verständigung innerhalb der Gruppe, der verzweifelten Beschwörung einer gemeinsamen Grundlage für Urteil, Kritik und Verhalten.

Dass sich die „Kriegsmaschine" zur „Staatsmaschine" entwickeln würde, dass diese die Grundlagen der Zivilisation zerstört, das war den Mitgliedern der „Weißen Rose", die als Angehörige einer Studentenkompanie in Rußland gewesen waren, bewusst geworden. Diese Erfahrung hatte sie politisiert, auch radikalisiert, vor allem aber in die Verzweiflung getrieben. Sie weigerten sich, Traditionen und die Werte der europäischen Geschichte umzuwerten. Im Gegenteil: Sie bemühten sich um Traditionen, erarbeiteten sie, gaben sie mit ihren Möglichkeiten weiter. Es ging ihnen nicht um die bloße Auflehnung, sondern um ein Zeichen. Dies war um so notwendiger in einer Zeit, als jeder zu warten schien, bis der Andere anfing.

Dieses Zeichen der „Weißen Rose" wurde verstanden: Diejenigen, die nach 1933 verfolgt und vertrieben worden waren, trugen die Nachricht vom Aufstand der Münchener Studenten in die Welt. Den Nationalsozialisten galten die Mitglieder der „Weißen Rose" als Feinde des Neuen; sie aber wussten, dass Lagersysteme keine Zukunft haben. Diktatoren würden zwar auch weiterhin ihre Herrschaft auf Bajonetten errichten; aber immer wieder brachen die Diktaturen des 20. Jahrhunderts zusammen.

Hans und Sophie Scholl bezweifelten zu keiner Zeit die Notwendigkeit und den Sinn ihrer Tat, sie so wenig wie alle anderen Mitglieder der Gruppe. Kurt Huber, im Kreis gewiss der Konservative, führte in seiner Schlussansprache vor dem Volksgerichtshof den Richtern vor Augen, was ihn trieb. Er zitierte Fichte, den idealistischen Philosophen, den der deutsche Nationalsozialismus postum hatte vereinnahmen wollen. Huber hielt seinen Richtern den kategorischen Imperativ des Johann Gottlieb Fichte entgegen:

> „Und handeln sollst du so als hinge
> von Dir und deinem Tun allein
> das Schicksal ab der deutschen Dinge,
> und die Verantwortung wäre Dein."

VI Das Erbe des Widerstands

Nachlebende haben versucht, den Widerstand zu beerben, ihn in das deutsche Selbstverständnis einzubinden; einige haben damit auch versucht, von den Ausrottungsaktionen, ihrer Vorbereitung und Koordinierung abzulenken. Eine solche Umwertung aber ist unmöglich. Denn dieser Widerstand macht die Last der deutschen Geschichte schwerer, zeigt er doch deutlich, dass junge Studenten eine Verantwortung empfanden und wahrnahmen, die mancher hohe Funktionsträger und mancher Gebildete seinerzeit nicht nur abwehrte, sondern ausschlug. In der Tat ging es sehr bald um Verantwortung und Schuld.

> *„Es scheint so und ist es bestimmt, wenn der Deutsche nicht endlich aus seiner Dumpfheit auffährt, wenn er nicht protestiert, wo immer er nur kann gegen diese Verbrecherklique, wenn er mit diesen Hunderttausenden Opfern nicht mitleidet. Und nicht nur Mitleid muss er empfinden, noch viel mehr: Mitschuld. Denn er gibt durch sein apathisches Verhalten diesen dunklen Menschen erst die Möglichkeit, so zu handeln. Er leidet diese ‚Regierung‘, die eine so unendliche Schuld auf sich geladen hat, ja er ist doch selbst schuld daran, dass sie überhaupt entstehen konnte. Ein jeder will sich von einer solchen Mitschuld freisprechen, ein jeder tut es (und) schläft dann wieder mit ruhigstem, bestem Gewissen. Aber er kann sich nicht freisprechen, ein jeder ist schuldig, schuldig, schuldig!"*

Die überlieferten Verhörprotokolle bekräftigen den Eindruck, den bereits die Flugblätter der „Weißen Rose" hervorrufen: Man spürt direkt, wie die Verhörbeamten in die Defensive geraten, und zuweilen scheint es, sie wollten den Beschuldigten beistehen, die sie im Grunde wegen ihrer Konsequenz, ihrer Gradlinigkeit, ja wegen ihrer – und hier sei das Wort gestattet – Tapferkeit bewundern. So wird die noch nicht zweiundzwanzigjährige Sophie Scholl gefragt, ob sie denn in Kenntnis ihrer schweren Verfehlung und der großen Gefahr, in der sie sich befinde, noch einmal machen würde, was sie getan hätte. Sie bejaht diese Frage ohne Zögern; und ihr Gegenüber spürt: Diese Frau verachtet das System, dem ich mich zur Verfügung stelle, abgrundtief.

Wer vom Widerstand im Jahrhundert der Diktaturen spricht, der darf nicht vom Mitläufer und Vollstrecker schweigen. Die fanden sich immer wieder. Nicht nur aus ideologischer Übereinstimmung verfolgten die Anhänger der großen Zerstörer des 20. Jahrhunderts all die kunstvoll Diffamierten, sondern sie verunglimpften, jagten und vernichteten aus Egoismus, aus Karrieredrang und Besitzgier. Es war den Diktatoren gelungen, über Jahrhunderte gewachsene Hemmungen der Mitmenschlichkeit abzubauen und so denen ein „gutes Gewissen" zu geben, die das Verbrecherische taten, weil sie ihnen einhämmerten, doch nur das Beste zu wollen. Viele der Mitläufer redeten sich später schamvoll damit heraus, sie hätten sich an den unermesslichen Verbrechen nur unter Zwang beteiligt, hätten Bedrohten nicht geholfen, weil sie den Terror, die Repression, die Strafaktion fürchteten. Anpassung, Folgebereitschaft und Gehorsam wurden bemäntelt, der Widerstand gegen diktatorische Systeme gleichzeitig verächtlich gemacht. Und auch der Umkehrschluss gilt: Den Nachlebenden, die einmal Mitläufer waren, blieb gar nichts anderes übrig. Denn jeder Widerspruch, jede Verweigerung und jede Widersetzlichkeit machte deutlich, dass es eine Alternative zu ihrer Anpassung gab, einer Anpassung, die sich zum Kadavergehorsam steigerte.

Niemand, der klar zu denken vermochte, konnte den Tätern später ihr „gutes Gewissen" abnehmen; sie selbst jedoch beschworen wieder und wieder ihre eigene Befindlichkeit, und sei es bloß, um sich selbst in ihrer Schuld auszuhalten. Dies erklärt die heftigen geschichts- und erinnerungspolitischen Kontroversen der vergangenen Jahrzehnte. Die Flugblätter der „Weißen Rose" jedoch machen klar: Es kann in der historischen Dimension nicht darum gehen, die Täter, die Angepassten, die Werkzeuge zu verstehen; es geht vielmehr um ein Verstehen jener, die widerstanden, die sich als die wirklich Handelnden empfanden. Die Mitglieder der „Weißen Rose" haben sich zu keiner Zeit ausgeliefert, und sie haben auch nicht leichtfertig ihren Tod gesucht. Die Verhörprotokolle zeigen, dass die Gruppe bereits am 17. Februar 1943 verraten war. Mitglieder des Kreises hatten gegenüber der Gestapo Aussagen gemacht. Im Licht der nachfolgenden Gestapo-Ermittlungen ist nicht auszuschließen, dass die Geschwister Scholl und ihre Freunde wussten, dass sie verloren waren. Ihre Flugblattaktion vom Morgen des 18. Februar 1943 war ein Versuch, ihren Widersachern und Peinigern die Initiative zu entwinden, die Bedingungen des eigenen Endes in die Hand zu nehmen. Diese Widerständigen standen zu ihrer Verantwortung und suchten die Tat.

Was sie jedoch nicht verhindern konnten, war die Usurpation ihrer Spuren, die die Herrschenden nach 1945 weiter zu fürchten schienen. Die bemächtigten sich der Zeugnisse eines unbeugsamen Verhaltens, deuteten sie um oder schlossen sie weg. So gestatte erst der Untergang der DDR den Blick auf die dort archivierten Lebenszeugnisse der letzten Tage. Sie machen deutlich, dass die Mitglieder der „Weißen Rose" bis in den Tod hinein die Zeichen setzten. Sie widerlegen jede Art von verlogener Überlieferung, jegliches Gerede über Opferbereitschaft und Opfermut. Diese jungen Deutschen widersetzten sich dem Wunsch der Zerstörer von Freiheit und Menschenwürde, jenen Endpunkt der Geschichte zu erreichen, an dem keine Entwicklung mehr möglich ist.

VII   Die Selbstbehauptung des Menschen gegen totalitäre Macht

Die Geschichte des 20. Jahrhunderts macht deutlich, dass die Zahl derer die sich Diktatoren widersetzen, um so kleiner wird, je länger Diktatoren herrschen. Denn mit ihrer Herrschaft und deren totalitären Mitteln zerstören sie Widerständigkeitspotentiale. Sie zerstören Kulturen und Traditionen, ganze Ethnien, und bezeichnen selbst noch den Mord als Säuberung. Sie vernichten Gesellschaftsklassen, weil sie in ihnen Relikte einer überwundenen Zeit sehen, die absterben muss. Sie huldigen sozialen und rassistischen Reinheitsidealen; und sie finden breite Unterstützung nicht vorrangig deshalb, weil ihre Handlanger Angst vor der Zukunft haben, sondern weil sie sich in einem Geflecht ihrer Gegenwart verfangen und selber einspinnen, ein Geflecht, das entsteht aus der Unfähigkeit, sich über Gewalttat und Unterdrückung zu empören, das entseht aus dem Willen zur Anpassung, aus der Neigung zur Bequemlichkeit, der Sehnsucht nach der Nische, in der man angeblich seinen Frieden finden kann.

Andererseits prägten – es sei nochmals gesagt – nicht nur diktatorische Zerstörer und ihre willigen Helfer das 20. Jahrhundert, sondern prägend waren vor allem deren Gegner: Widerständige, Eigensinnige, Zeitgenossen, die nicht alle Maßstäbe vergessen hatten, die ihnen überliefert wurden. Anhänger der Diktaturen und Regimegegner waren aufeinander bezogen. Das 20. Jahrhundert wurde deshalb keineswegs allein durch den Parteigänger geprägt, sondern viel stärker durch die wenigen Einzelnen, die in der Lage waren, in Einsamkeit zu reflektieren und zu entscheiden. Als einsame Gegner der Mächtigen hatten diese Einzelnen gegenüber einem Konglomerat aus Verblendung, Machtwillen, Anpassung und Feigheit kaum eine Chance zu überleben. Aber sie hinterließen lesbare Spuren!

Es ging im 20. Jahrhundert also nicht nur um Ideologien und Bündnisse, sondern vor allem um die individuelle Entscheidung angesichts des Bösen. Diese individuelle Entscheidung setzt die Kraft zur Eindeutigkeit voraus; und diese Entscheidung bleibt auch dann noch wertorientiert, traditionsgebunden und normgeleitet, wenn die Mehrheit sich an Trends orientiert und gerade deshalb die handlungsbestimmenden Werte, Traditionen und Normen gar nicht mehr anerkennen kann.

Dies verbindet alle Veränderungen von Wahrnehmungs- und Beurteilungsmustern, unabhängig von den Regimen und Systemen, die das 20. Jahrhundert kennzeichnen, bis hin zum Politmarketing und zu medialer Vereinnahmung. Es war der Kreisauer Otto Heinrich von der Gablentz, der in den sechziger Jahren sogar vor dem „totalitären Antitotalitarismus" warnte und deutlich machte, dass die Gefährdung der Freiheit ein Grundzug der Geschichte ist, und nicht einmal die vollmundigen Anhänger der Freiheit davor bewahrt, der Unfreiheit zu huldigen.

Angesichts der zur Macht strebenden ideologisierten Parteigänger, die sich des Staates und seiner Institutionen bemächtigen und ihn totalitär vergesellschaften, um anschließend die Gesellschaft zu „durchstaatlichen", angesichts dieses fortdauernden Prozesses mit all seiner Bedrohlichkeit stellt sich immer wieder die entscheidende Frage: „Wer hält stand?" Wer verfügt über die Kraft zum Widerstand gegen die Tendenzen einer totalitären Vergesellschaftung, der Fraglosigkeit und selbst der Unfähigkeit, Empörung zu empfinden? Wer verfügt über den Willen zu einem Engagement, das in die soziale Distanzierung, ja in die Isolation führt, einem Engagement, das so gerade jene Grenzen zu wahren und zu verteidigen weiß, die totalitäre Bewegungen und Bestrebungen einzureißen suchen?

Das Spannungsverhältnis zwischen Zerstörern von Menschlichkeit und von Abermillionen von Menschenleben sowie ihren Gegnern wird im 20. Jahrhundert niemals so deutlich wie am 18. Februar 1943: Die Rede von Goebbels, die Beschwörung des totalen Krieges am Abend des 18. Februar 1943; das Bekenntnis zur Freiheit, zur Verantwortung, zum Widerstand und auch zur Schuld am Morgen des Tages, als Sophie und Hans Scholl ihre letzten Flugblätter verbreiteten, festgenommen und bereits vier Tage später hingerichtet wurden. Dieser Bogen charakterisiert einen Tag, der wie kein anderer deutlich macht, worum es im 20. Jahrhundert als dem Jahrhundert der Diktaturen, der Parteigänger, eigentlich ging: Um die Selbstbehauptung des Menschen gegen die Zumutungen der Macht, um die Demonstration seiner Würde gerade in der Auflehnung – bis hin in einen Tod, dem niemand seine Würde nehmen kann, auch kein Diktator.

Bernardin Schellenberger

Jahrgang 1944. Nach dem Abitur Klostereintritt. Studium der Philosophie und Theologie in München, Salzburg, Freiburg sowie in Frankreich und den USA. Schwerpunkt: mittelalterliche Geschichte und Spiritualität. 1975 - 1981 Prior der Trappistenabtei Mariawald (Eifel). Inzwischen freier Schriftsteller und literarischer Übersetzer vorwiegend kulturgeschichtlicher und spiritueller Literatur.

Dr. Eberhard Hermes

Jahrgang 1921. 1939 - 1945 Wehrdienst; 1946 - 1951 Studium der Klassischen Philologie, Philosophie, Geschichte und Germanistik in Kiel. Gymnasiallehrer in Schleswig-Holstein und Nordrhein-Westfalen; 1969 Lehramtsprüfung in Soziologie; 1976 - 1985 in der Lehrerausbildung tätig. Zahlreiche Veröffentlichungen: Schulbücher (Latein, Griechisch, Deutsch, Soziologie); Bücher und Aufsätze zu Themen der Gymnasialdidaktik, Mediävistik und Literaturwissenschaft.

Prof. Dr. Dr. Helmut Feld

Jahrgang 1936. 1956 - 1965 Studium der Philosophie, Theologie, Klassischen Philologie und Geschichte in Trier, Rom und Tübingen. Professor für Historische Theologie an der Universität des Saarlandes, sowie wissenschaftlicher Mitarbeiter am Institut für Europäische Geschichte, Mainz und Mitglied der Internationalen Kommission zur Herausgabe der Werke J. Calvins. Letzte Veröffentlichungen: Ioannis Calvini in Euangelium secundum Ioannem Commentarius, 2 Bde., Genéve 1997. 1998; Frauen des Mittelalters, Köln – Weimar - Wien 2000.

Dr. Peter Kamber

Jahrgang 1953. 1972 - 1980 Studium der Geschichte mit Promotion. Arbeitet seither als Historiker, Journalist und freier Autor. Buchveröffentlichungen: Geschichte zweier Leben - Wladimir Rosenbaum und Aline Valangin, 1990 (erw. Neuauflage Zürich 2000); Ach, die Schweiz... Über einen Kleinstaat in Erklärungsnöten, Zürich - Hamburg 1998.

Prof.Dr. Jan Milic Lochmann

Jahrgang 1922. Nach dem Abschluss theologischer und philosophischer Studien Professur an der Comenius-Fakultät in Prag und Professor für systematische Theologie und Rektor an der Universität Basel. In der ökumenischen Bewegung tätig, zeitweise Vorsitzender der theologischen Abteilung des Reformierten Weltbundes. Veröffentlichungen u.a. : Das radikale Erbe, 1972; Marx begegnen, 1975; Wegweisungen der Freiheit - Grundriss der Ethik in der Perspektive des Dekalogs, 1979 (2. Aufl. 1995).

Prof. Dr. Wolfgang Huber

Jahrgang 1942. Studium der Theologie in Heidelberg, Göttingen und Tübingen; Promotion 1966, dann Vikar und Pfarrer in Württemberg. Ab 1968 Mitarbeiter und Stv. Leiter der Forschungsstätte der Evangelischen Studiengemeinschaft in Heidelberg. Habilitation 1972. 1980 - 1994 Professor für Sozialethik und systematische Theologie in Marburg und Heidelberg. Seit Mai 1994 Bischof der Evangelischen Kirche in Berlin-Brandenburg. Neuere Buchveröffentlichungen: Gerechtigkeit und Recht. Grundlinien christlicher Rechtsethik, Gütersloh 1996; Zur Freiheit berufen. Biblische Einsichten, Gütersloh 1996; Kirche in der Zeitenwende, Gütersloh 1998.

Prof. Dr. Klaus Ulrich Leistikow

Jahrgang 1929. Nach Fronteinsatz und Gefangenschaft Studium der Naturwissenschaften und Philosophie in Köln, Tübingen und Glasgow. Promotion 1962; Kustos der Spez. Botanik und Arbeiten zur Paläobotanik; 1970 - 1972 Gastprofessor in Brasilien; 1973 - 94 Professor am Botanischen Institut / Botanischer Garten der Universität Frankfurt / M.; Hon. Res. Fellow, Univ. London; ehrenamtlicher Mitarbeiter der Senckenberg Nat. Forsch. Gesellschaft. Gestalter zahlreicher Ausstellungen und Autor von Essays in Zeitschriften und im Rundfunk.

Dr. Ulrich Kronauer

Jahrgang 1944. Studium der Philosophie und Germanistik in Heidelberg; 1977 Promotion. Seit 1974 Mitarbeiter am Deutschen Rechtswörterbuch bei der Heidelberger Akademie der Wissenschaften. Veröffentlichungen u. a.: Rousseaus Kulturkritik und die Aufgabe der Kunst (1978); Vom Mitleid (1999); als Hrsg. zusammen mit J. Garber: Recht und Sprache in der deutschen Aufklärung (2000). Hrsg. einer Reihe philosophischer Lesebücher

(Exkursionen) sowie, zusammen mit P.König und H. P. Schütt, der Gesammelten Schriften von Carl Gustav Jochmann.

Dr. Michael Winter

Jahrgang1946. Studium der Germanistik, Geschichte und Musikwissenschaft in Berlin. Lehr- und Forschungstätigkeit in Saarbrücken und am Zentrum für interdisziplinäre Forschung in Bielefeld (Spezialgebiet: Utopieforschung). Seit 1987 als freier Mitarbeiter bei überregionalen Zeitungen und beim Rundfunk sowie als Schriftsteller tätig.

Prof. Dr. Peter Steinbach

Jahrgang 1948. Studium der Geschichte, Philosophie, Politikwissenschaft in Marburg. Promotion 1973. Doppel-Habilitation 1978 für Neuere Geschichte und Politikwissenschaft (FU-Berlin). 1982 - 92 Professor für Grundlagen der Politik an der Universität Passau, seit 1983 wissenschaftlicher Leiter der ständigen Ausstellung „Widerstand gegen den Nationalsozialismus" in Berlin und seit 1992 Professor und Leiter der Forschungsstelle Widerstandgeschichte an der FU-Berlin. Zahlreiche Buchveröffentlichungen, Aufsätze zur deutschen und europäischen Geschichte im 19. und 20. Jahrhundert.

Dr. Bernd H.Stappert

Jahrgang 1944. Studien in Tübingen, Rom und an der Harvard University. Seit Anfang 1973 Redakteur im Süddeutschen Rundfunk, zuerst im Kultur- und Bildungsbereich, seit 1989 in der Redaktion Radioessay in Stuttgart.

Religion & Kultur Verlag

Der Verlag Religion & Kultur bietet Bücher an, mit denen thematisiert wird, wie der Bereich Religion in Wissenschaft, Politik, Wirtschaft, Gesellschaft und Kultur begegnet. Von Interesse sind Formen von Zivilreligion und subjektiver Religion ebenso wie der Umgang mit verfassten Formen von Religion in den verschiedenen, genannten Lebensbereichen. Geboten werden Bücher, bei denen wissenschaftliche Interdisziplinarität, die Verbindung von Wissenschaft und Popularität sowie vernetztes Denken gewichtet sind. Adressaten sind Wissenschaftler, die bestimmte Themen ihres Gebietes in einem über ihre Disziplin hinaus gehenden Horizont bedenken möchten sowie der allgemein gebildete Zeitgenosse. Texte, mit denen Religion vorwiegend oder gar ausschießlich als immanentes Thema der Wissenschaft oder gar einer einzelnen Fachdisziplin reflektiert ist, werden in unserem Verlag nicht publiziert. Das Verlagsangebot umfasst sowohl Bücher zu einschlägigen historischen Vorgängen (Abteilung Religionsgeschichte) als auch zur Gegenwart (Abteilung Gegenwartsfragen).

Aufgrund der fortgeschrittenen Säkularität und Pluralität in unserer Gesellschaft wird nach Religion als Phänomen in der Kultur außer in Theologie und Religionswissenschaft, die Religion als ihren Hauptgegenstand thematisieren, in fast allen Humanwissenschaften gefragt. Zunehmend finden Erziehungswissenschaft, Philosophie und Ethikdidaktik, Kulturwissenschaft, Kunstwissenschaft, Geographie, Rechtswissenschaft und andere Disziplinen zu eigenständigen Themen und Standpunkten betreffend Fragen der Religion. Die evangelische und katholische Theologie haben angesichts der zunehmenden Entkirchlichung der Religion noch mehr als zuvor ihre Wissenschaftsgrenzen geöffnet und thematisieren Religion zunehmend nicht mehr nur innertheologisch. Für alle diese Bemühungen möchte der Verlag Religion & Kultur ein Publikationsforum bieten.

Erkundigen Sie sich über unser Verlagsangebot unter

http://members.aol.com/rkverlag
eMail: rkverlag@aol.com

Verlag Religion & Kultur
Bismarckstr. 15
D – 97080 Würzburg
Fax: 040 3603 264022